Peter Lorenz

Entwerfen

Peter Lorenz

Entwerfen
25 Architekten – 25 Standpunkte

Deutsche Verlags-Anstalt
München

Bibliografische Information Der Deutschen
Bibliothek
Die Deutsche Bibliothek verzeichnet diese Publikation
in der Deutschen Nationalbibliografie; detaillierte
bibliografische Daten sind im Internet über
http://dnb.ddb.de abrufbar.

© 2004 Deutsche Verlags-Anstalt GmbH, München
Grafische Gestaltung: Iris von Hoesslin, München
Lithographie: reproteam siefert, Ulm
Druck: Jütte-Messedruck GmbH, Leipzig
Bindung: Kunst- und Verlagsbuchbinderei, Leipzig
Printed in Germany

ISBN 3-421-03448-6

Inhalt

Vorwort

Der Entwurf eines Gebäudes ist der zentrale Arbeitsschritt bei der Bauplanung. Die Entwurfskonzeption entscheidet über die Funktionalität des Bauwerkes, über sein Erscheinungsbild im öffentlichen Raum und auch über seine Wirtschaftlichkeit. Die Qualität von Gebäudeentwürfen bestimmt die Qualität unserer gebauten Umwelt; sie ist auch entscheidend für den Erfolg des Architekten, denn seine Entwürfe sind seine Referenz, und mit ihnen stellt er sich der Konkurrenz der Mitbewerber.

Wir möchten Antworten finden auf die Frage, wie gute und erfolgreiche Entwürfe entstehen – nicht in theoretischen Anleitungen, sondern anhand konkreter Beispiele. Fünfundzwanzig namhafte und erfolgreiche Architekten beziehungsweise Architektengruppen des deutschen Sprachraums zeigen, wie sie entwerfen: Planer unterschiedlichster Stilrichtungen, auch verschiedener Altersgruppen. Entsprechend groß ist die Vielfalt der Aussagen und die Bandbreite der Anregungen.

Die Porträtierten zeigen nicht nur in Arbeitszeichnungen und Fotos, was sie entwerfen, sondern sie sagen auch, wie sie dies tun, und geben aufschlußreiche Einblicke in ihre Arbeitsweisen, Ansätze und Grundüberzeugungen.

Die Bereitschaft der Architekten, »aus dem Nähkästchen zu plaudern« und vielleicht sogar ihre »Erfolgsgeheimnisse« zu offenbaren, hat uns stark beeindruckt: Die Porträts zeigen die Offenheit und auch das Engagement, mit der diese Entwerferpersönlichkeiten eigene Positionen vorstellen und auch zur Diskussion stellen.

Wenn der Leser den einen oder anderen Namen renommiertester Gebäudeentwerfer aus dem deutschen Sprachraum vermißt, so liegt das daran, daß einige, zumeist aufgrund von Arbeitsbelastung, ihre Mitwirkung versagen mußten.

Ich danke allen Architektenkollegen, die mit ihren Materialien und Stellungnahmen zu diesem Buch beigetragen haben, sowie den im Anhang genannten Fotografen, deren Bildmotive wir zur Illustration aufnehmen durften. Schließlich sei noch auf eine Selbstverständlichkeit hingewiesen: Bezeichnungen wie Architekt, Entwerfer oder Planer stehen natürlich auch in diesem Buch geschlechtsneutral, gemeint sind immer ArchitektInnen, EntwerferInnen und PlanerInnen.

Esslingen, im Februar 2004
Peter Lorenz

Erfolgreich Entwerfen – Lernen von Vorbildern

Aus dem Leistungsbild der deutschen Honorarordnung für Architekten und Ingenieure könnte man schließen, die Konzeption eines Gebäudes – dort mit den Phasen Vorentwurf und Entwurf bezeichnet – stelle nur eine relativ kurze Arbeitsphase am Anfang des Gesamtplanungsprozesses dar, der sich Genehmigungs- und Ausführungsplanung sowie Ausschreibungen, Vergabe und Bauleitung anschließen. Das Honorar für diese Phase, die wir hier insgesamt als Entwurfsphase bezeichnen wollen, beträgt nicht einmal ein Fünftel des gesamten Architektenhonorars, und leider vernachlässigen manche Planer die Entwurfsarbeit auch dementsprechend, getrieben von ihren Bauherren, nur ja so rasch wie möglich den Bauantrag auf Basis des »fertiggestellten« Entwurfes einzureichen. Zumeist rächt sich dieses Vorgehen: Weil der Entwurf nicht sorgfältig und ganzheitlich bearbeitet wurde, weil er nicht ausreifen konnte und nicht »zu Ende gedacht« wurde, zeigt das Gebäude später schwere funktionale Mängel, erweist sich in seiner Grundanlage oder den gewählten Konstruktionen als unwirtschaftlich oder läßt schlicht in seinem Erscheinungsbild als Teil der gebauten Umwelt zu wünschen übrig.

Stellenwert und Bedeutung der Entwurfsarbeit im Gesamtplanungsprozeß für ein Gebäude werden meistens unterschätzt. Entwurfsentscheidungen haben in aller Regel größere Konsequenzen als die Detailentscheidungen späterer Planungsphasen. Die für den öffentlichen Raum so wichtige äußere Gestaltung macht dabei nur einen kleinen Teil der Entwurfsarbeit aus. Im Entwurf muß aus der Analyse der städtebaulichen Situation und der inneren Anforderungen aus Nutzung und Funktionsabläufen der maßgeschneiderte Bautyp für die Bauaufgabe entwickelt werden, mit optimaler innerer Erschließung und bestmöglichen Flächen- und Funktionszuordnungen. Wird hier nicht sorgfältig gearbeitet, so entstehen später nicht mehr zu korrigierende Mängel, sei es durch städtebauliche Unverträglichkeit, sei es durch falsche Funktionszuordnungen, falsche Flächendimensionierungen oder unangemessene Erschließungen mit langen und unübersichtlichen Wegen. Gerade die letzteren Entwurfsmängel können zur Unwirtschaftlichkeit eines Gebäudes führen; sie können auch durch optimale Planung und Ausführung im Detail nicht mehr korrigiert werden. Werden beim Gebäudeentwurf Entwicklungen und Anforderungen der Zukunft, beispielsweise durch sich wandelnde Arbeitsprozesse in Gewerbebauten, nicht von vornherein durch entsprechende Flexibilität berücksichtigt, so kann der daraus entstehende Bau sehr rasch unbrauchbar werden und überproportional hohe Folgekosten im Betrieb, bei nötigen Umbauten oder gar beim unvermeidlichen Abriß verursachen.

Auch falsch oder vorschnell im Entwurf festgelegte Materialien oder nicht optimierte Konstruktionen schaden nicht nur der Qualität des danach Gebauten, sie verhindern auch ein wirtschaftlich optimales Ergebnis. Gleiches gilt für Entwurf und Integration der haustechnischen Systeme. Spätestens hier wird deutlich, daß Entwurfsarbeit angesichts der heutigen Komplexität der Anforderungen und Bautechnologien immer auch zu einem gewissen Grad interdisziplinäre Teamarbeit mit ganzheitlich optimierendem Ansatz sein muß, in die frühzeitig Tragwerks- und Haustechnikplaner sowie weitere Fachleute je nach Komplexität der Aufgabenstellung eingebunden werden müssen.

Zusätzlich zu diesen offensichtlichen »harten« Faktoren, die beim Entwerfen bearbeitet werden müssen und die über die spätere Funktionalität und Wirtschaftlichkeit eines Gebäudes entscheiden, machen »weiche« Faktoren einen wesentlichen Teil der Entwurfsleistung aus: Welche prägende Idee steckt hinter dem Gebäudekonzept? Kann der Entwerfer dem Gebäude die wünschenswerte Identität und das der Aufgabenstellung entsprechende individuelle Wesen einhauchen? Ist das Gebäude in seiner Haltung ein Gewinn für den öffentlichen Raum, und ist es angenehm, sich in diesem Gebäude aufzuhalten? Diese Aspekte haben natürlich auch, aber nicht nur mit formaler Gestaltung zu tun, darüber hinaus mit ganzheitlichem und umfassendem Ansatz. Der Entwerfer muß sich in sorgfältiger Grundlagenanalyse einfach der Problematiken und Chancen einer Entwurfsaufgabe bewußt werden, muß die nötigen Fragen stellen und die richtigen Antworten darauf finden.

»Der gesamte Planungsprozeß für ein Gebäude ... ist für mich Entwurfsprozeß«, formuliert Josef Paul Kleihues im Interview zu diesem Buch, und sein Kollege Jan Störmer ergänzt: »Der Entwurf und seine Durchsetzung ist eben alles«. Besonders das erste Zitat belegt die Grundhaltung vieler namhafter Entwerfer, nach der das Entwerfen nicht mit der Fertigung eines Bauantrags beendet sein kann, sondern sich der Entwurfsprozeß bis in die Detailgestaltung fortsetzen muß, damit der Grundgedanke der Konzeption bis in die Ausführung spürbar umgesetzt und Qualität durch konsequente Gestaltung bis ins Detail gesichert wird.

Das Entwerfen ist also offensichtlich die zentrale Phase der Gebäudekonzeption, in der die Voraussetzungen für funktionale, städtebauliche, ökonomische und übrigens auch ökologische Qualität und Verträglichkeit eines Gebäudes gelegt werden oder nicht. Der Architekt als Entwerfer trägt dabei eine hohe Verantwortung gegenüber seinem Bauherren als Auftraggeber, aber auch gegenüber der Gesamtöffentlichkeit, da die Qualität seines Entwurfes direkte Auswirkungen hat auf die Qualität des Ortes und des öffentlichen Raums.

Die Qualität des Entwurfes ist wesentliche Voraussetzung für den Erfolg eines Projektes, und in diesem Sinn ist die Fähigkeit zu qualitätvollem Entwerfen im Grunde (über)lebenswichtig für den planenden Architekten gerade in Zeiten verschärfter Konkurrenz. Seine gebauten und ungebauten Entwürfe sind seine Referenz, und die verbreitete Auftragsvergabe für anspruchsvolle Projekte über Entwurfswettbewerbe läßt nur den besten und engagiertesten Entwerfern mit den überzeugendsten Konzeptionen zur jeweiligen Aufgabenstellung eine Chance.

Die Voraussetzungen für erfolgreiches Entwerfen muß sich jeder Architekt selbst erarbeiten. Neben einer gewissen Grundbegabung und der Begeisterung für die komplexe Aufgabe des Entwerfens sind vielfältige Fähigkeiten und auch Erfahrung unentbehrlich. Dabei haben erfolgreiche Entwerfer schon immer auch von Vorbildern gelernt: Kleihues bezieht sich unter anderem auf das Vorbild des frühen Mies van der Rohe. Gerade in den Biografien erfolgreicher Architekten fällt auf, daß sie über-

durchschnittlich häufig in jungen Jahren gezielt in anerkannten, renommierten Entwurfsbüros gearbeitet haben oder dort »in die Lehre« gegangen sind und die dabei gesammelten Erfahrungen für ihre eigene erfolgreiche Arbeit nutzen: Betrachtet man etwa die Liste der Mitarbeiter des Architekten Günter Behnisch in den vergangenen fast fünfzig Jahren, so fällt eine ungewöhnlich große Anzahl von Namen auf, deren Träger heute renommierte Entwerfer und auch Hochschullehrer sind.

Lernen ist dabei nicht im Sinne von vordergründigem Kopieren zu verstehen – das Kopieren eines Entwurfes ohne Verständnis für dessen Geist führt in der Regel zu Mittelmaß, oft gar zu schlechten und unpassenden Lösungen. Lernen von Vorbildern bedeutet vielmehr sich anregen lassen von Prinzipien und Haltungen, sich mit diesen Vorbildern auseinandersetzen bei der Entwicklung der eigenen Position und der Verfeinerung des eigenen Standpunktes. So verstanden erleichtert die Beschäftigung mit erfolgreichen Vorbildern jedem Entwerfer den Weg zu eigenem Erfolg, da sie den eigenen Horizont weitet, nicht nur zu Zeiten des Studiums und der Ausbildung, sondern im gesamten Berufsleben, das mit immer neuen Aufgaben- und Themenstellungen sowie sich wandelnden Anforderungen lebenslanges Lernen erfordert.

In der Begegnung mit vorbildhaften Entwerfern wird auch deutlich, daß diese – Genialität bei einzelnen nicht ausgeschlossen – in aller Regel keineswegs »zaubern« können, sondern auch »mit Wasser kochen«, ihre Arbeit jedoch mit großem Engagement, mit Überzeugung und eigenständiger Position tun und sich immer wieder hart fordern, die eigenen Erfahrungen zu erweitern und für die jeweils bestmögliche Entwurfslösung einzusetzen. Die erfolgreichen Entwerfer unserer Zeit ersinnen ihre Konzepte nicht spontan, »aus dem Bauch heraus«, sondern arbeiten zumeist sehr systematisch, setzen dabei Ratio und Analyse gleichermaßen ein wie Intuition und Phantasie.

An den realisierten Bauten läßt sich bereits viel ablesen von den Ansätzen, Haltungen und Überzeugungen des Entwerfers, wirklich erschließen lassen sich die Hintergründe und Zusammenhänge aber erst im Blick auf seine Arbeitsweise, seine

Kommentare und erläuternden Aussagen sowie durch weitere authentische Informationen.

Die Vorstellung der Arbeit erfolgreicher Entwerfer in diesem Buch beschränkt sich daher nicht auf die Darstellung gebauter Projekte in Entwurfszeichnungen und Fotos. Vielmehr wurden alle mitwirkenden Architekten um Antworten auf zehn Fragen zu Arbeitsweise und persönlichen Hintergründen gebeten. Aus den Antworten lassen sich Parallelen und Gegensätze zwischen den einzelnen Persönlichkeiten ableiten. Zusätzlich haben die Entwerfer in freien Texten die Aspekte dargestellt, die ihnen bei ihrer Arbeit besonders wichtig sind und ihre Grundgedanken prägen. Entwurfs- und Arbeitsskizzen oder Präsentationszeichnungen verraten in Form und Inhalt viel über die Arbeitsweise des Entwerfers und seinen Umgang mit der Zeichnung, dem Modell oder auch den neuen Medien als Arbeitsmittel beim Entwurf.

Jedem Porträt ist ein kurzer Lebenslauf nach Angaben des Architekten vorangestellt. Bisweilen lassen sich durchaus begründende Parallelen finden zwischen Vita und individuellem Standpunkt des vorgestellten Entwerfers, manchmal werden auch Bezüge sichtbar zwischen dem selbstgewählten Porträtfoto oder dem handschriftlichen Namenszug und dem »Temperament«, das sich dann in Aussagen, Skizzen und der Realität der gebauten Projekte entfaltet.

Zur Vergleichbarkeit der Aussagen wurde für die Entwerferporträts eine einheitliche inhaltliche Gestaltung vorgegeben, bestehend aus Vita, Fragen und Antworten sowie freiem Text, illustriert durch Porträt, Skizzen und Fotos von Projekten oder Modellen. Die Detailgestaltung der Inhalte und die Schwerpunktsetzung erfolgte individuell durch die Porträtierten: Deren Auswahl von Projekten, von Arbeitsskizzen oder ausgearbeiteten Präsentationszeichnungen, von knappen oder ausführlichen Texten gibt zusätzliche Informationen und rundet das Bild ab. Den Entwerferporträts schließt sich der Versuch einer Auswertung der Aussagen an, in dem Quervergleiche gezogen werden, aber gleichzeitig auch der »rote Faden« für die Entwurfsarbeit jedes einzelnen deutlich wird. Erwartungsgemäß zeigen viele Aussagen angesichts der Unterschiedlichkeit von Persönlichkeiten und architektonischem Ansatz auch sehr unterschiedliche Standpunkte und Überzeugungen. Um so erstaunlicher ist es, daß zahlreiche Antworten und Aussagen unter anderem zu Arbeitsweise und Arbeitstechniken beim Entwerfen große Übereinstimmungen zeigen – hierin dürften besonders wertvolle Hinweise auf erfolgversprechende Entwurfstechniken zu finden sein.

Allmann
Sattler
Wappner

Markus Allmann

2. Juni 1959   geboren in Ludwigshafen am Rhein

Amandus Sattler

26. März 1957   geboren in Marktredwitz

Ludwig Wappner

10. November 1957   geboren in Hösbach

1987   Gründung des Architekturbüros
         Allmann Sattler in München

1993   Erweiterung des Architekturbüros
         zu Allmann Sattler Wappner,
         Architekten

Zehn Fragen – zehn Antworten

1. Welche Arbeitsmittel sind für Sie beim Entwerfen am wichtigsten – Handskizze, CAD-Technik, Arbeitsmodelle –, und wie hat sich der Computer als Arbeitsmittel auf Ihre Entwurfsarbeit und auf Ihre Entwurfsergebnisse ausgewirkt?

Die Arbeit mit Handskizzen und Arbeitsmodellen schafft den Grundstock für einen Entwurf. Der Computer als Arbeitsmittel ermöglicht eine präzise Überprüfung des Konzepts und eine weitere Ausarbeitung/Ausformulierung. Der Vorteil des Computers besteht hierbei in der Möglichkeit eine Vielzahl von Varianten und Modifikationen mit relativ geringem Zeitaufwand zu erstellen und diese als Diskussionsgrundlage zu verwenden.

2. Welches sind Ihre ersten Arbeitsschritte am Beginn einer neuen Entwurfsaufgabe, in welche Arbeitsschritte gliedert sich der Prozeß eines Gebäudeentwurfes in Ihrem Büro idealerweise?

Zu Beginn eines Entwurfs stellt sich die Frage nach der gesellschaftlichen und soziokulturellen Relevanz der geforderten Aufgabe. Dafür findet eine ausgiebige Recherche zum Thema statt. Aufgrund dieser Recherche wird das Thema analysiert und die einzelnen Argumente werden gegeneinander abgewägt. Die Analyse schafft die Basis für die weiteren Schritte.

Wie in der Medizin wird eine Diagnose gestellt, und die Wahl der »Behandlungsmethode« kann getroffen werden. Unsere Herangehensweise ist daher eher wissenschaftlich geprägt, aber immer mit dem Gedanken an die gesellschaftlichen Hintergründe und Entwicklungen.

3. Welcher Anteil an der Entwurfsarbeit entfällt in Ihrem Büro auf die konzeptionelle Arbeit, welcher auf Darstellung und Präsentation? Mit welchen Mitteln präsentieren beziehungsweise vermitteln Sie Ihre Entwurfskonzepte?

Der Hauptanteil an der Entwurfsarbeit entfällt auf die konzeptionelle Arbeit.

Mobile Solution Center, Bremen

links von oben nach unten

Raumprogramm

Voids

Natur

rechts von oben nach unten

Wegebezeichnungen

zentrale Mittelzone

Fluchtwege

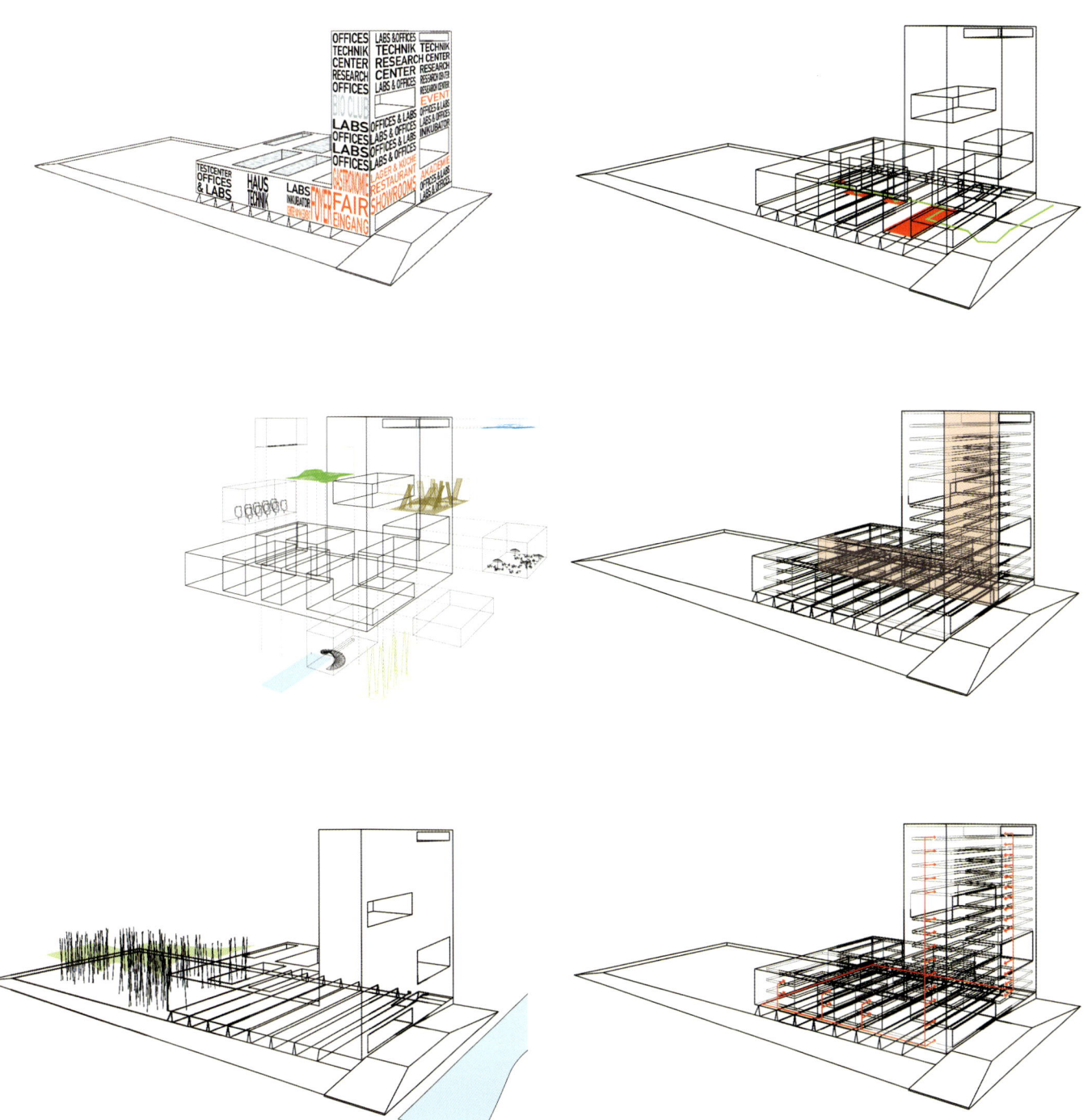

Mobile Solution Center, Bremen, Computer-Visualisierung
des Entwurfs

Mittels vereinfachter grafischer Darstellungen/Piktogramme
wird dem Bauherrn das Konzept vorgestellt; im weiteren Verlauf
einer Projektarbeit können die einfachen Darstellungen dann vi-
suell präzisiert werden. Die Präsentation ist somit das Kommunikationsmittel, das dem Bauherrn die Konzeption näherbringen
soll. Sie stellt aber immer nur einen vorläufigen Zwischenschritt
dar, ist also Mittel zum Zweck.

**4. Kann Entwerfen Teamarbeit sein, oder ist es immer das
Werk eines einzelnen? Welche Rolle spielen Bauherr und
weitere fachlich Beteiligte beim Entwurf?**
Ja – Entwerfen bedeutet Teamarbeit! Doch es muß immer einen Moderator geben, der die Ideen sammelt, die Richtungen
angibt und die Entscheidungen fällt. Ein Team besteht aber nicht
nur aus Architekten, sondern auch aus Vertretern aller relevanten Disziplinen. So können die verschiedensten Bedürfnisse benannt werden und in die Arbeit eingehen.
Bauherren spielen beim Entwerfen in unserem Hause insofern
nur eine kleine Rolle, als die meisten Realisierungen aus
Wettbewerbsgewinnen hervorgegangen sind. Der potentielle
Bauherr hat sich damit schon für eben diese Konzeption entschieden.

**5. Was sind für Sie wesentliche Merkmale eines gelungenen
Gebäudeentwurfes?**
Das wesentliche Merkmal eines gelungenen Entwurfs ist die
positive Rezeption von Nutzer und Betrachter.

**6. Welchen Stellenwert beziehungsweise Anteil hat das Ent-
werfen für Sie am Gesamtplanungsprozeß für ein Gebäude?**
Siehe Frage 2 und 3. Die Entwurfsphase hat den größten Stellenwert für ein Gesamtplanungskonzept. Die angewandten
Mittel dürfen nicht der alleinige Inhalt des Projekts sein, sondern der Anlaß des Handelns und damit die Konzeption stehen
im Vordergrund 1

**7. Welche Entwürfe Ihres Büros halten Sie selbst für be-
sonders wichtig beziehungsweise charakteristisch für Ihre
Arbeit?**
Charakteristisch für unsere Arbeit ist die Suche nach einem
Konzept, das die Entwurfsaufgabe am ehesten erfaßt. Dabei
geht es nicht um den Rückgriff auf bestehende Typologien, sondern um einen individuellen Typus, der Raum und Stil generiert.
Dazu gehört auch die Suche nach neuen Techniken und Materialien, die, in neuem Kontext eingesetzt, das bestehende Bild
»aufbrechen«.

**8. Welche Kenntnisse beziehungsweise fachlichen und
persönlichen Eigenschaften sind für einen Entwerfer
besonders wichtig?**
Der Entwerfer muß ein Generalist sein – von allem etwas mitbringen, nicht zuviel spezielles Wissen gesammelt haben, was
seine Abstraktionsfähigkeit beeinträchtigen könnte, und die Fähigkeit besitzen, seine Tätigkeit gesellschaftlich einzuordnen.
Nur aus dieser Mischung kann sich ein qualitätvolles Ergebnis
erzielen lassen.

**9. Entwerfen Sie eher spontan oder systematisch, eher
rational oder gefühlsbetont?**
Beides.

**10. Was wäre Ihre liebste Entwurfsaufgabe beziehungs-
weise welchen Entwurf würden Sie niemals bearbeiten?**
Das neue Headquarter von »Q« im neuen James-Bond-Film.

»Mehr oder Weniger«
der Versuch einer Definition der architektonischen Haltung von Allmann Sattler Wappner Architekten

In der heutigen Zeit fällt es schwer, Architekten beziehungsweise gebaute Werke einer bestimmten Kategorie oder Epoche zuzuordnen. Der Zerfall in verschiedene Subdisziplinen und der daraus entstehende Pluralismus erschweren eine Qualitätsdefinition und eine Zuordnung zu verschiedenen Genres.
Wir verstehen uns zuallererst als Generalisten; in dieser Funktion wollen wir Lebensentwürfe begreifen und umsetzen, in diesem Sinne ist Architektur für uns eine reaktive Disziplin.
»... Bauen ist wohl meist ein Nachvollziehen von Entscheidungen, die anderswo gefallen sind ...« (Rudolf Schwarz, 1930)
Ohne Resignation gilt festzustellen, daß Architektur nur begrenzt einen Lebensentwurf evozieren kann, sie kann ihn bestenfalls wiedergeben, insofern lehnen wir eine missionarische Architektur in Form einer Stil- und Raumkunde ab. Wir suchen nach einem Konzept, welches das Wesen und die Eigenart der gestellten Aufgabe am konkretesten erfaßt. Die Entwurfsmethodik erfordert daher, daß wir den vorschnellen Rückgriff auf bestehende Typologien vermeiden. Das Konzept verlangt einen Typus, dieser Typus generiert Stil und Raum. Am ehesten läßt sich die Annäherung an eine Entwurfsmethodik über Wortpaare, die in einem dialektischen Zusammenhang stehen, beschreiben. Sie stellen einen Rahmen der Reflexion dar, in dem ein »Mehr oder Weniger« abgewogen wird.

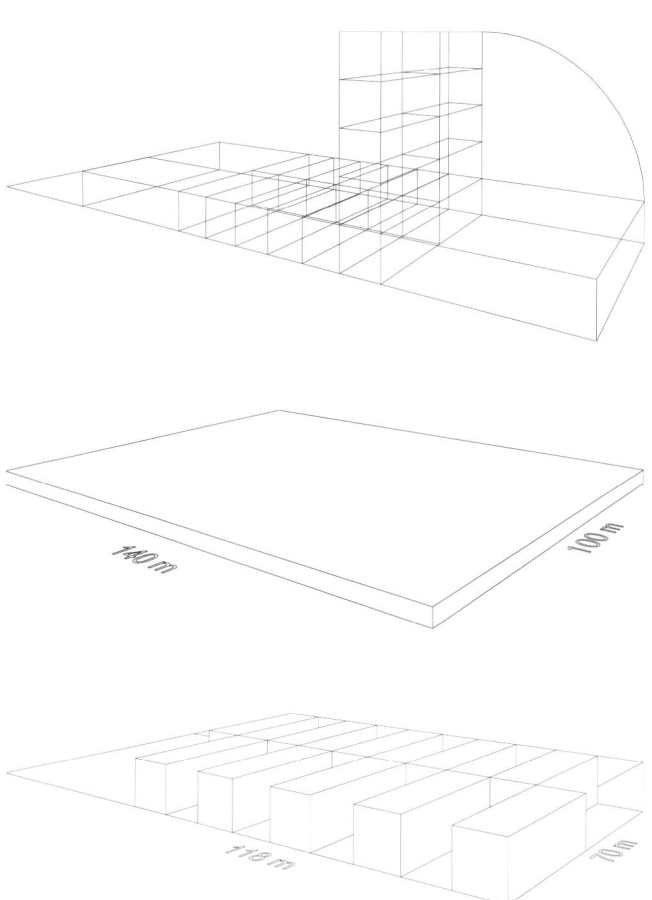

Mobile Solution Center, Bremen, Raumprogramm eingeschossig, Ausbildung eines räumlichen Gefüges, Auffaltung der »Landmark«

Praxis–Diskurs
»... Architektur ist eine Praxis und kein Diskurs ... Architektur liefert keine Kommentare zur Welt, sie wirkt in der Welt. Sie produziert Ideen und Effekte über das Medium vergänglicher Artefakte, wobei sie die etablierten Pfade von Theorie und Praxis umgeht ...« (Stan Allen, 2002). Selten überzeugt gebaute Philosophie beziehungsweise ist leistungsfähig im Sinne des eigentlichen Zwecks, eher überzeugt der bauende Philosoph; daher sollte es eine Unterscheidung in diskursive und materielle Praktiken geben. In diesem Sinne halten wir den gebauten Diskurs für fragwürdig; wir denken, es ist nötig, Architektur und ihre Entstehungsprozesse zu entmystifizieren.

Kontinuität–Veränderung
Der Zusammenhang zwischen Kontinuität und Veränderung ist für den Organismus »Stadt« lebenswichtig. Jeder Organismus braucht Kräfte, die seine Stabilität stützen. Er muß aber auch dem Neuen ausgesetzt sein, um seine Vitalität zu sichern. Es geht nicht um wahr oder falsch, um hell oder dunkel oder um vollkommen oder unvollständig. Es geht immer nur um zuviel

oder zuwenig, also um die Angemessenheit der angewandten Strategie.

Semantik-Syntax
Bevor wir überlegen, wie ein Projekt entsteht, müssen wir begreifen, warum es entsteht. Die angewandten Mittel dürfen nicht der Inhalt des Projekts sein, sondern der Anlaß des Handelns muß geklärt sein. Das heißt, bei falscher Wortwahl hilft auch nicht die richtige Satzstellung oder konkreter ausgedrückt: dem falschen Konzept hilft auch nicht die richtige Ausführung! Prinzipiell ist die Frage nach dem gesellschaftlichen beziehungsweise soziokulturellen Anlaß für ein Gebäude zu stellen. Die Architektur wird sich verstärkt nach den gesellschaftlichen Bedürfnissen orientieren müssen; rein formale Ansätze rufen auf Dauer keine Entwicklung hervor. Um diesen Anlaß abzubilden, muß das gebaute Objekt lesbar sein, schlüssig in Aufbau und Fügung seiner Buchstaben, Wörter und Sätze und über die Vermittlung von Sachverhalten hinaus emotionalisierend. So kann auf gesellschaftliche und soziokulturelle Veränderungen durch den Einsatz neuer Techniken oder Materialien aus einem ande-

Mobile Solution Center, Bremen

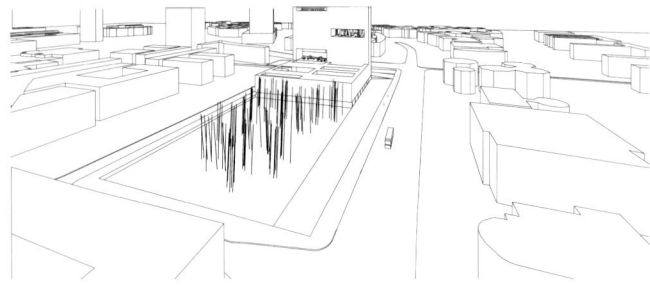

Südwestansicht

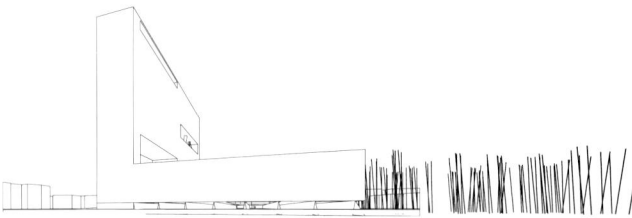

Nordansicht

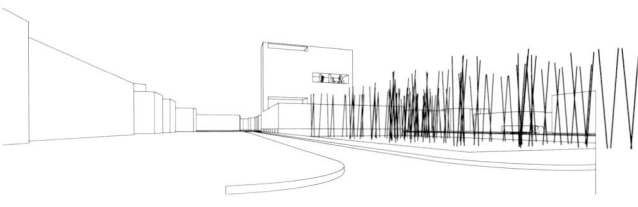

Nordwestansicht

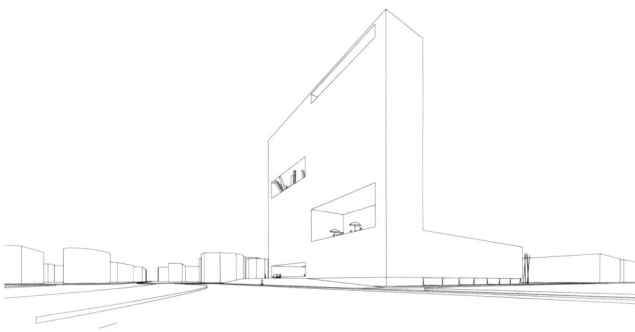

Nordostansicht

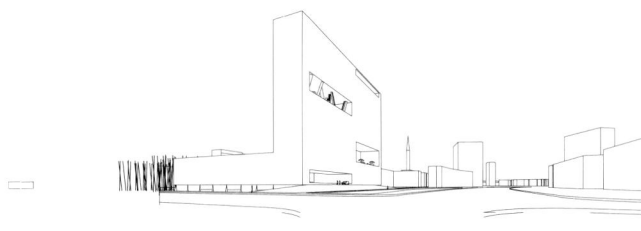

Südostansicht

ren Kontext reagiert werden. Bedeutung ist jedoch nichts, was der Architektur als Eigenschaft innewohnt, sie entsteht, wenn Architektur und Publikum zusammentreffen.

Analyse–Intuition

Die Analyse beschreibt quantitative und qualitative Aspekte einer Aufgabe. Die Analyse bedeutet auch die Integration von Vertretern relevanter Disziplinen. Die Analyse schafft die Basis für Wissen, auf das sich das Handeln berufen kann. Zur Formulierung des Konzepts bedarf es jedoch einer eindeutigen Willensentscheidung; diese Willensentscheidung ist intuitiv; Basis dieser Intuition ist ein eigens erfahrener Begriff für Lebens- und Gestaltungsqualität. Die Analyse generiert also keine Konzepte, sie ermöglicht sie.

Ordnung–Störung

Wie ein Damoklesschwert schwebt die Ordnung über uns, unverzichtbar als Grundlage, unerfüllbar in ihrem Absolutheitsanspruch. Jedoch braucht die Ordnung eine Störung, sonst berührt sie uns nicht. Muß Ordnung sein? Ordnung ist immanent, wenn man Chaos als den Zustand einer nicht erkannten Ordnung begreift. Zum Einschätzen, Begreifen und Vergleichen ist sie unerläßlich.

Hülle–Inhalt

Das Schema »außen und innen« erscheint in seiner Absolutheit zur Definition von Raumkategorien nicht mehr anwendbar. Uns interessieren die Möglichkeiten, graduelle Abstufungen von innen und außen zu erreichen und die Grenzen zwischen Wand und Öffnung zu verwischen. Bei der Herz-Jesu-Kirche geschieht dies durch das Öffnen eines großformatigen Eingangstors, beim Gymnasium in Markt Indersdorf läßt sich durch eine zu öffnende Fassade bei Bedarf der Pausenhof mit der Aula zu einem Raum verbinden; das Verwaltungsgebäude für den Arbeitgeberverband Südwestmetall wiederum arbeitet mit der Magie der kompletten Verhüllung und dem graduellen Öffnen dieser Hülle. Den Übergängen zwischen innen und außen kommt dabei eine besondere Bedeutung zu: sind sie definitiv, sind sie graduell, sind sie kontinuierlich? In der Regel gibt es eine Kohärenz zwischen dem Äußeren und dem Inneren. Es kann aber auch eine Methode der Subversion sein, beide in der Erscheinung und insbesondere in der Zeichenhaftigkeit inhärent zu machen.

Kommunikation–Rezeption

Der architektonische Diskurs wurde in den siebziger und achtziger Jahren zunehmend zu einer Privatsprache und nicht Inhalt einer öffentlichen Debatte. Wir möchten Architektur sozusagen im eigentlichen Sinne des Wortes veröffentlichen: Wie werden

14

Qualitätsbegriffe in der Architektur definiert, und welche Personen oder Phänomene steuern dies? Wie entsteht ein Dialog zwischen Gebäude und Betrachter und Benutzer? Wie kann ein Gebäude im ursprünglichen Sinn des Wortes »populär« werden durch die Sprache seiner Formen, ohne dabei opportunistische Attitüden zu benötigen?

Die Erarbeitung einer architektonischen Position ist wertlos ohne die Fähigkeit, diese gesellschaftlich zu integrieren und zu verfestigen. Ziel sollte es sein, die Kommunikationsfähigkeit von Architektur und Architekt zu steigern. Dazu gehört auch die realistische Einschätzung der Möglichkeiten und des Wirkungsgrads von Architektur. Gebäude sind inzwischen größtenteils nach rein marktwirtschaftlichen Prinzipien entwickelte »Waren«. Diese Prinzipien müssen verstanden werden, um ihnen begegnen zu können und sich darin Freiräume zu erarbeiten. Das Durchsetzen des Unrentablen muß eine der größten Herausforderungen des Architekten werden, denn Lebensqualität beginnt da, wo die Maßstäbe für Rentabilität keine Bedeutung mehr haben. Das Deutlichmachen und Aufzeigen dieser Tatsache sind die vorrangigen Aufgaben des Architekten und die eigentliche Daseinsberechtigung des Berufsstands.

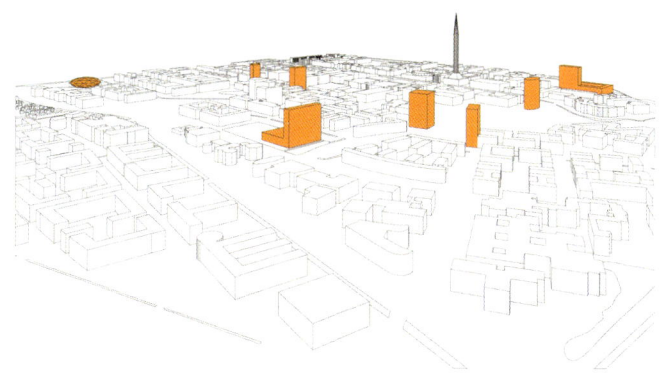

Mobile Solution Center, Bremen, Lageplan

Zu den Abbildungen des Entwurfs des Mobile Solution Centers (Seite 11 bis 15)

Das Grundstück des geplanten Mobile Solution Centers belegt eine städtebaulich prominente Position im Technologiepark Universität Bremen. Am stark frequentierten Kreuzungspunkt von Universitätsallee und Autobahnzubringer sollen circa 14 000 qm Nutzfläche für ein neuartiges Entwicklungszentrum errichtet werden, das Elemente eines Forschungs-, Technologie- und Gründerzentrums kombiniert. Konzeptionell basiert dieser fünfzehngeschossige L-Winkel auf einer einfachen Grundstruktur. Die im Raumprogramm des ersten Bauabschnitts geforderte Nutzfläche wird flächig auf dem gesamten Baugrundstück verteilt. Die Baumasse wird auf drei Geschosse komprimiert und somit an die Traufhöhe der Umgebung angepaßt. Um ausreichende Belichtung und Belüftung der einzelnen Mietbereiche zu garantieren, wird das Volumen in Einzelkörper zerteilt und in einer Achse gedehnt. Durch das Auseinanderziehen der einzelnen Kuben entstehen Höfe, die die ausreichende Belichtung und Belüftung der Regelgeschosse gewährleisten. Diese Freiräume bleiben auch nach dem Aufklappen dieser Matrix um 90 Grad in der vertikalen Scheibe existent. Angepaßt an ihre angrenzenden Programmflächen, werden sie mit spezifischen Nutzungen und Oberflächen belegt und erhöhen somit die Arbeits- und Lebensqualität im gesamten Gebäude. Durch ihre Signifikanz prägen sie den Landmark-Charakter des Mobile Solution Centers in einer durch gedrungene Backsteinbauten dominierten Umgebung. Eine zentral verlaufende Erschließungsachse verbindet beidseitig alle aufgereihten Büromodule miteinander. Im Flachbau weitet sich dieser Gang wechselseitig auf und formt eine mehrfach bespielbare Zone im Eingangsbereich der Mieteinheiten. Im Hochhaus wird dieser Strang von drei Aufzügen weitergeführt. Dem Kreuzungspunkt der vertikalen und horizontalen Achse vorgelagert liegt das zentrale Foyer. Alle Geschosse werden über die beiden Stirnseiten des Gebäudes entflüchtet. Für jeden Mietbereich steht ein zweiter Rettungsweg über ein zentrales Treppenhaus zur Verfügung. Die Kubatur des Mobile Solution Centers ist von der Geländeoberfläche um drei Meter abgehoben. Ein auf die 165 Stellplätze optimiertes Stützenraster lastet den Flachbau in diesem Bereich ab. Das Sockelgeschoß unter der Hochhausscheibe nimmt die Haustechnikflächen des gesamten Gebäudes auf.

Fritz Auer

1933	geboren in Tübingen
Studium	TH Stuttgart und Cranbrook Academy of Arts, USA
1959	Master of Architecture
1962	Diplom TH Stuttgart
1960–1965	Mitarbeit bei Behnisch + Lambart, Stuttgart Yamasaki + Assoc., USA Jäger + Müller, Stuttgart
seit 1980	Bürogemeinschaft mit Carlo Weber, Auer + Weber + Architekten, München/Stuttgart
1985–1992	Professur für Baukonstruktion und Entwerfen, FH München
1993–2001	Professur für Entwerfen, Staatliche Akademie der Bildenden Künste, Stuttgart
seit 1993	Mitglied der Akademie der Künste, Berlin
1998–2002	Mitglied des Gestaltungsbeirates der Stadt Regensburg

Zehn Fragen – zehn Antworten

1. Welche Arbeitsmittel sind für Sie beim Entwerfen am wichtigsten – Handskizze, CAD-Technik, Arbeitsmodelle –, und wie hat sich der Computer als Arbeitsmittel auf Ihre Entwurfsarbeit und auf Ihre Entwurfsergebnisse ausgewirkt?

Nach wie vor sind für meine konzeptionelle Arbeit die Skizzenrolle und das Arbeitsmodell am wichtigsten. Da ich selbst mit dem Computer nicht umgehe und mir dies auch nicht mehr antun möchte, spielt dieses Medium für mich in der Konzeptionsphase keine Rolle.

2. Welches sind Ihre ersten Arbeitsschritte am Beginn einer neuen Entwurfsaufgabe, in welche Arbeitsschritte gliedert sich der Prozeß eines Gebäudeentwurfes in Ihrem Büro idealerweise?

Am Anfang steht das Kennenlernen der Aufgabenstellung und der Situation, in der die Aufgabe verwirklicht werden soll, aber auch die Recherche vergleichbarer Beispiele. Danach folgt die Visualisierung des Programms über ein grafisches Flächenlayout mit funktionalen Bezügen und dessen dreidimensionaler Vernetzung in kleinem Maßstab, um ein Gefühl für das Volumen und dessen innere Zuordnungen zu bekommen. Der Weg der Lösungsfindung führt über eine Vielzahl grundsätzlicher Varianten mit der Überprüfung und Bewertung ihrer Eignung für die gesetzten Kriterien. Erst relativ spät ergibt sich aus diesem Spiel ein »Bild« des Gebäudes, das dann in Modellen, Skizzen und Zeichnungen weiterverfolgt wird.

3. Welcher Anteil an der Entwurfsarbeit entfällt in Ihrem Büro auf die konzeptionelle Arbeit, welcher auf Darstellung und Präsentation? Mit welchen Mitteln präsentieren beziehungsweise vermitteln Sie Ihre Entwurfskonzepte?

Die konzeptionelle Arbeit beansprucht den Hauptteil der Entwurfsarbeit, das heißt der räumlichen und letztlich auch formalen Entwicklung eines Projektes, in dessen Entstehungsphase der Auftraggeber idealerweise schon von Anfang an einbezogen ist.

Die Darstellung und Präsentation erfolgen zu einem relativ späten Zeitpunkt anhand von Arbeitsmodellen, die für die räumliche Vermittlung des Entwurfsgedankens für die vielen am Entstehungsprozeß Beteiligten unerläßlich sind, sowie anhand räumlicher Simulationen über Skizzen bis hin zu CAD-gefertigten Schaubildern. Dabei gewinnt die Powerpoint-Präsentation zunehmend an Bedeutung, weil mit ihr die Konzentration auf das Vorzustellende vor allem in Gremien besser gelenkt werden kann.

4. Kann Entwerfen Teamarbeit sein, oder ist es immer das Werk eines einzelnen? Welche Rolle spielen Bauherr und weitere fachlich Beteiligte beim Entwurf?
Für mich ist Entwerfen gleichzusetzen mit Teamarbeit. Gerade die Phase des Brainstormings unter mehreren ist ein gutes Mittel, um eine große Bandbreite von Lösungsansätzen zu diskutieren, aus denen sich allmählich das geeignete Konzept herausschält.

Bauherr und fachlich Beteiligte sind wichtige Faktoren, die den Entwurfsprozeß und letztlich auch die Gestalt des Baulichen mitbestimmen. So ist zum Beispiel das Konzept für den Sevilla-Pavillon aus einer frühzeitigen und engen Zusammenarbeit zwischen Architekt, Künstler, Klimatologen und Tragwerksingenieur entstanden.

5. Was sind für Sie wesentliche Merkmale eines gelungenen Gebäudeentwurfes?
Als Kriterien für einen gelungenen Gebäudeentwurf würde ich ansehen, daß die wesentlichen Belange der Aufgabenstellung in einer bestimmten örtlichen Situation in Einklang stehen mit den Belangen der Beteiligten und vor allem der späteren Nutzer, die in der Regel nur durch den Bauherrn als Auftraggeber repräsentiert sind.

Landratsamt Starnberg, Ideenskizze und
realisiertes Projekt

6. Welchen Stellenwert beziehungsweise Anteil hat das Entwerfen für Sie am Gesamtplanungsprozeß für ein Gebäude?

Das Entwerfen ist bei der Entstehung eines Gebäudes keine in sich abgeschlossene Disziplin etwa nach dem Muster Entwerfen – Planen – Umsetzen, sondern zieht sich als roter Faden durch alle Entwicklungsstufen eines Projekts, mit Ausnahme vielleicht der Realisierungsphase der Planung vor Ort. Insofern reflektieren alle Entscheidungen bis ins Detail und dessen Umsetzung ins Materielle das der Planung zugrunde liegende Entwurfskonzept.

7. Welche Entwürfe Ihres Büros halten Sie selbst für besonders wichtig beziehungsweise charakteristisch für Ihre Arbeit?

Grundsätzlich alle, da jeder Entwurf eine weitere Erkenntnis- und Erfahrungsstufe, im Positiven wie gegebenenfalls auch im Negativen, bedeutet. Daß einige Entwürfe und Projekte herausragen, hat in der Regel mit der Ungewöhnlichkeit der Aufgabenstellung und der damit verbundenen Lösungsfindung, Umwege eingeschlossen, zu tun.

8. Welche Kenntnisse beziehungsweise fachlichen und persönlichen Eigenschaften sind für einen Entwerfer besonders wichtig?

Der Entwerfende muß nach meinem Dafürhalten ein Bewußtsein für Raumerfahrungen unter Einschluß aller Sinne mitbringen, das in der Regel nicht angelernt werden kann, sondern in der Erfahrung von Orten, Jahreszeiten, Materialqualitäten, Lichtführungen und so fort gegründet ist. Diese Erfahrungen angesichts neuer Aufgabenstellungen intuitiv und bewußt in jeweils neue Zusammenhänge zu bringen, scheint mir beim konzeptionellen Entwerfen eine besondere Qualität.

9. Entwerfen Sie eher spontan oder systematisch, eher rational oder gefühlsbetont?

Das Entscheidende ist das Wechselspiel zwischen den Polen Intellekt und Gefühl. Beide bedingen sich gegenseitig, beflügeln und kontrollieren sich. Beide Faktoren müssen in einem gültigen Entwurf vertreten sein, ebenso wie im persönlichen Lebenslauf.

10. Was wäre Ihre liebste Entwurfsaufgabe beziehungsweise welchen Entwurf würden Sie niemals bearbeiten?

Die liebsten Entwurfsaufgaben sind für mich gleichzeitig die anstrengendsten, die komplexen, gesteigert noch durch ein begrenztes Budget, solche, bei denen man anfänglich konzeptionell vor dem Nichts steht, gegenüber solchen, die sich wiederholende Tendenzen beinhalten beziehungsweise nahelegen. Ich würde nicht für Auftraggeber planen wollen, die sich ihrer gesellschaftlichen Verantwortung nicht bewußt sind oder sich ihr entziehen.

ESO-Hotel, Cerro Paranal, Chile, Modell und realisiertes Projekt

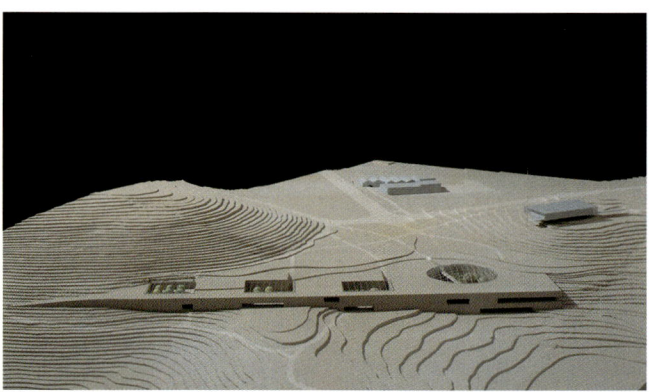

Die Schönheit des Gewöhnlichen

Je nachdem, wo der inhaltliche Schwerpunkt einer Bauaufgabe liegt, kann dieser oder jener Aspekt für die Gestalt des Gebauten zum Tragen kommen, wobei die Rahmenbedingungen und Bindungen, seien es geografische, klimatische, kulturelle, materielle, ökonomische und nicht zuletzt auch personelle Einflüsse, das Ergebnis mitbestimmen. Insofern und darin begründet gibt es kein durchgehendes gestalterisches Erkennungsmerkmal im Erscheinungsbild der von mir verantworteten Bauten, also keine »Marken«-Architektur, wie sie von bestimmten Auftraggebern bevorzugt wird. Anstatt die Gestalt a priori festzulegen nach einem gewollten formalen Kanon möchte ich sie aus den Bedingungen einer jeweils anders gearteten Aufgabenstellung entstehen lassen.

Dies soll jedoch nicht so verstanden werden, daß kein architektonisches Konzept oder »Leitbild« existiert, das sich, jeweils neu und nicht vorgefaßt, unwillkürlich im Laufe der Auseinandersetzung mit einer Bauaufgabe einstellt. In jeder auf mich zukommenden Aufgabenstellung sehe ich immer auch die Chance, Verbindungen herzustellen und aufzuzeigen zwischen Vergangenheit, Gegenwart und Zukunft, zwischen Vorhandenem und Zugefügtem, ganz im Sinne eines Gewebes, das weitergesponnen oder einer Geschichte, die weitererzählt werden möchte.

Das heißt aber auch, daß die Mittel, die zum Einsatz kommen, seien es die Materialien an sich oder deren Zusammenwirken innerhalb eines baulichen Gefüges, anschaulich und im wörtlichen Sinne begreifbar sein sollten, um diese »Fortsetzung« nicht abreißen zu lassen. Deshalb wirken die so entstandenen

Bauten eher selbstverständlich und unspektakulär. Wenn ich zwischen zwei Extremen zu entscheiden hätte, läge mir die Schönheit des Gewöhnlichen näher als das Auffällige des Extravaganten.

Entwerfen, Planen und Bauen bedeutet demnach für mich in erster Linie nicht Selbstverwirklichung, sondern Dienstleistung in Verantwortung denjenigen gegenüber, denen das Gebaute dienen soll, also dessen Bewohnern und Nutzern, darüber hinaus aber auch gegenüber der Allgemeinheit, deren räumliches und soziales Bewußtsein durch das Gebaute beeinflußt und konsequenterweise verändert wird, zum Positiven oder zum Negativen. Deshalb hat unsere Tätigkeit immer auch eine politische Dimension – in der öffentlichen Wirksamkeit und Wertschätzung von Bauten, die sich oftmals erst in längeren Zeiträumen entfaltet.

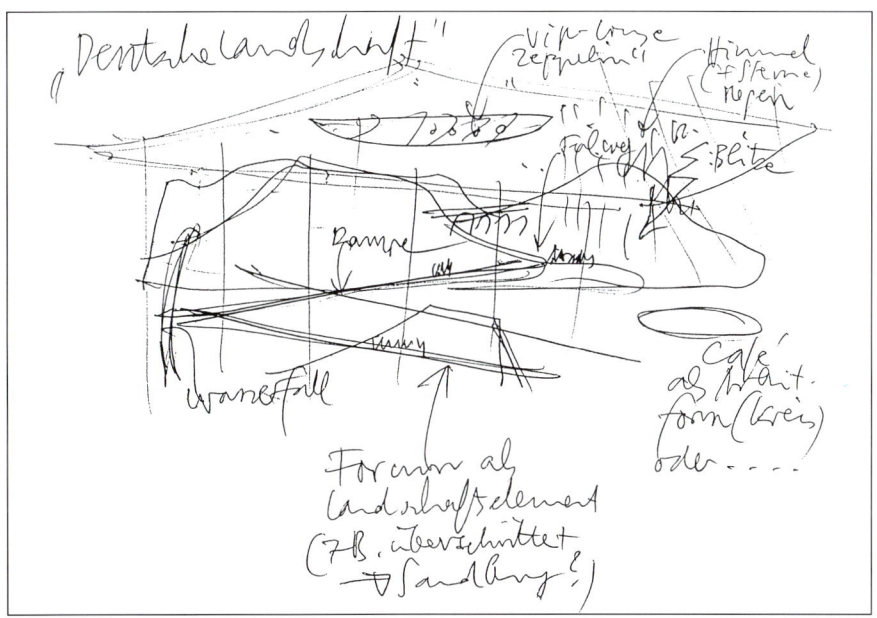

Expo-Pavillon
Sevilla, Ideenskizze
und Entwurfs-
modell

Hinrich Baller
Doris Baller

Hinrich Baller

4. Juli 1936	geboren in Stargard, Pommern
seit 1945	in Berlin lebend
1956	Abitur und Studium an der Hochschule für Musik Berlin
1957–1964	Studium der Architektur an der Technischen Universität Berlin, Abschluß Dipl.-Ing.
1964–1970	Wissenschaftlicher Mitarbeiter/Assistent an der Technischen Universität Berlin
1967–1989	gemeinsames Büro mit Inken Baller
seit 1972	Professor an der Hochschule für bildende Künste in Hamburg
seit 1989	gemeinsames Büro mit Doris Baller

Doris Baller

7. Oktober 1956	geboren in Niederelbert, Westerwald
seit 1958	in Kleinholbach, Westerwald, aufgewachsen
1979	Studium an der Fachhochschule Rheinland Pfalz in Koblenz
1980	Wechsel zur Fachhochschule Hamburg
1982	Abschluß Dipl.-Ing. FH, Studium an der Hochschule für bildende Künste, Hamburg, Fachbereich Architektur
1986	Abschluß Dipl.-Ing.
1986	Wissenschaftlicher Mitarbeiterin/Assistentin an der Hochschule für bildende Künste Hamburg, Fachbereich Architektur
1986	Planung und Ausführung von 10 Wohneinheiten in Oberursel
seit 1989	gemeinsames Büro mit Prof. Hinrich Baller

Wohnbau mit Innengarten, Berlin,
Krausnickstraße, Ideenskizze,
Entwurfsgrundriß

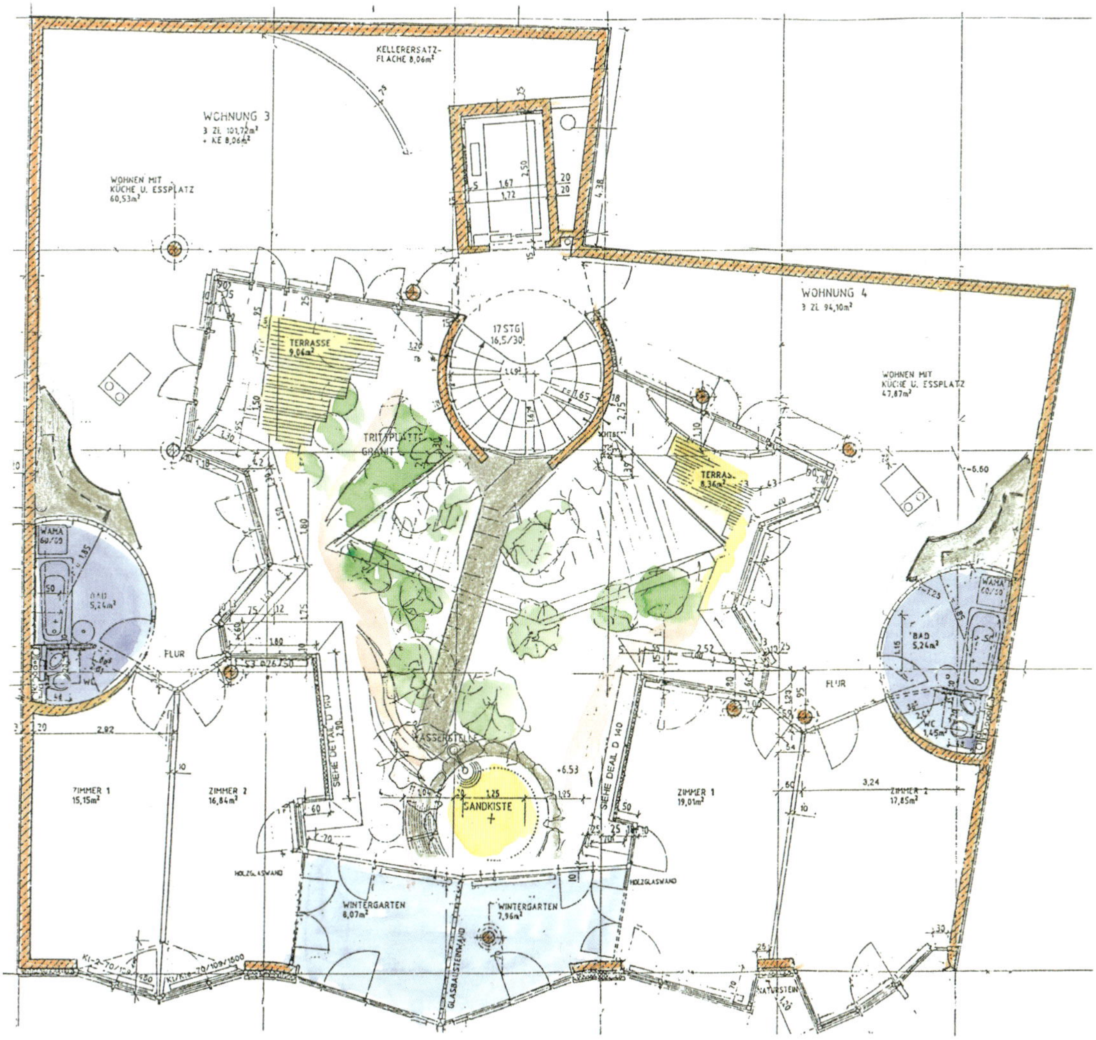

Zehn Fragen – zehn Antworten

1. Welche Arbeitsmittel sind für Sie beim Entwerfen am wichtigsten – Handskizze, CAD-Technik, Arbeitsmodelle –, und wie hat sich der Computer als Arbeitsmittel auf Ihre Entwurfsarbeit und auf Ihre Entwurfsergebnisse ausgewirkt?

Wichtigstes Element ist das Denken, Entwerfen heißt Vorausdenken, sich vorstellen, was noch nicht ist, aber wünschenswert – ein Aspekt der Hoffnung. Insofern sind statistische Arbeitsmittel im Bereich des Vergleiches, der Prüfung hilfreich, nicht aber um Hoffnung zu konkretisieren. Handskizzen und Elemente der CAD-Techniken veranschaulichen, sie können der Kommunikation dienen, eventuell auch der eigenen Auseinandersetzung, wenn sie dem Denken und nicht dem Selbstzweck verpflichtet werden. Die organische Architektur, der wir uns verpflichtet fühlen, versucht, die Logik organischer Strukturen zum Maßstab zu wählen, hier liegt auch die Brücke zu den Vorgängen menschlichen Zusammenseins, wofür die Gebäude erdacht werden. Diese Vorgänge sind a priori organisch.

2. Welches sind Ihre ersten Arbeitsschritte am Beginn einer neuen Entwurfsaufgabe, in welche Arbeitsschritte gliedert sich der Prozeß eines Gebäudeentwurfes in Ihrem Büro idealerweise?

Am Anfang steht die Suche nach einem Prinzip, das den Vorgängen der Aufgabenstellung innewohnt, etwas Grundsätzliches, welches wie in der organischen Welt auch widersprüchliche und unter Umständen auch in sich unvereinbare Elemente enthalten kann, die freigelegt, charakterisiert und definiert werden (historische Parklandschaft an der Autobahn mit individuellen Wohngärten an den Häusern). Organische Strukturen haben gerade für extreme Situationen lebensfähige Antworten gefunden. Erste Schritte sind, die außerordentlichen Anforderungsparameter nach Lösungen und Gestaltmöglichkeiten auszuforschen.

3. Welcher Anteil an der Entwurfsarbeit entfällt in Ihrem Büro auf die konzeptionelle Arbeit, welcher auf Darstellung und Präsentation? Mit welchen Mitteln präsentieren beziehungsweise vermitteln Sie Ihre Entwurfskonzepte?

Die Entwurfsarbeit ist immer konzeptionell. Dem folgen die Darstellungsweisen, auch Repräsentationsleistungen; diese sind meist aquarellierte Federzeichnungen, weil diese Art am

Wohnbau mit Innengarten, Berlin, Krausnickstraße, Straßenansicht

schnellsten den aktuellen Stand des im Wandel befindlichen Denkprozesses wie in einer Momentaufnahme vermitteln kann und sich deshalb gleichermaßen für Bauherrendiskussion, Firmengespräche und so fort eignet – überall da, wo Veranschaulichung gefragt ist.

4. Kann Entwerfen Teamarbeit sein, oder ist es immer das Werk eines einzelnen? Welche Rolle spielen Bauherr und weitere fachlich Beteiligte beim Entwurf?

Zusammenfassendes Darstellen des Erarbeiteten muß aus einer Hand sein, die komplexe Entwurfsarbeit kann nur mit vielen entstehen, es ergibt sich aus der Größenordnung der Komplexität bei jeder Aufgabenstellung. Die notwendige Zusammenschau als künstlerisches Prinzip setzt ein Ordnen der Elemente und Zuordnen voraus, das im Team diskutiert, nicht aber entwickelt werden kann.

5. Was sind für Sie wesentliche Merkmale eines gelungenen Gebäudeentwurfes?

Seine Selbstverständlichkeit, das heißt die Homogenität seiner Idee mit seiner Erscheinung und den menschlichen Vorgängen darin.

6. Welchen Stellenwert beziehungsweise Anteil hat das Entwerfen für Sie am Gesamtplanungsprozeß für ein Gebäude?

Das Entwerfen hört nie auf, die Kunst liegt darin, auch Vorgänge des Gesamtablaufs im Sinne einer stetigen Gestaltwerdung zu beeinflussen, nicht grundsätzlich zu verändern, aber zu verdichten.

7. Welche Entwürfe Ihres Büros halten Sie selbst für besonders wichtig beziehungsweise charakteristisch für Ihre Arbeit?

Das Bemühen, innerstädtische Verdichtung, ökologischen Anspruch und Orientierung der Lebensvorgänge auf einen verbindenden Garten übereinander zu legen, beantworten bei uns vier Projekte.

– Krausnickstraße, zehn Wohnungen um einen Innengarten auf einer zweigeschossigen Gewerbefläche in Berlin-Mitte
– Judith-Auer-Straße, 200 Wohnungen um zwei Hofgärten auf einer Einkaufspassage am öffentlichen Plattensiedlungs-Park in Berlin-Lichtenberg
– Württembergische Straße, 144 Wohnungen um einen verdichteten Landschaftsgarten auf der Tiefgarage mit einem ökologischen Teichkonzept in Berlin-Wilmersdorf
– Potsdam-Babelsberg, 200 Wohnungen an der Autobahn um einen idyllischen Garten und eine Teichanlage, Schallschutz und Parkbezug über die Autobahn hinweg zu Hermann Pücklers romantischem Babelsberger Park

8. Welche Kenntnisse beziehungsweise fachlichen und persönlichen Eigenschaften sind für einen Entwerfer besonders wichtig?

Zuhören können, nachdenken über das Erfahrene und hochkarätige Fähigkeit in einem Denken, dessen Symbole nicht nur Buchstaben, sondern visuelle Strukturen sind.

9. Entwerfen Sie eher spontan oder systematisch, eher rational oder gefühlsbetont?

Jede Aufgabe erzwingt auch eine bestimmte Systematik, dazu gehören auch spontane und gefühlsbetonte Denkstrukturen, wenn sie rational eingebunden werden können. Ein Lampenschirm und eine Siedlung entstehen nicht im gleichen Raster.

10. Was wäre Ihre liebste Entwurfsaufgabe beziehungsweise welchen Entwurf würden Sie niemals bearbeiten?

Aufgaben, die Vorgänge menschlichen Lebens überhöhen, sind unser Ziel, und solche, die dem entgegenstehen oder sich selbst genug sind, lehnen wir ab.

Wohnbau mit Innengarten, Berlin,
Krausnickstraße, Schnittbild

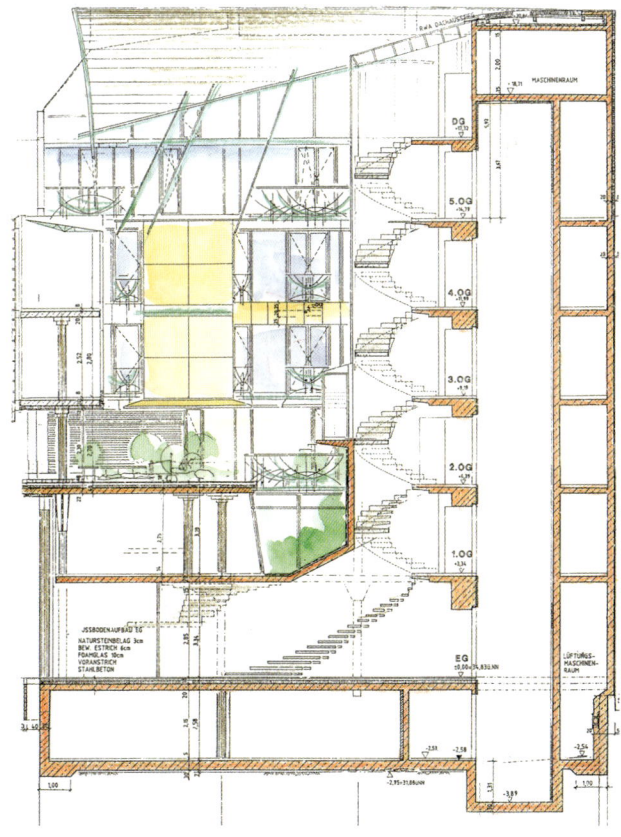

Das »individuelle Gesetz«

Die Moderne als archaische Kunst nach dem 19. Jahrhundert liegt hinter uns, und das neue »individuelle Gesetz« harrt seiner künstlerischen Konkretisierung. Emotionaler Umgang miteinander und individuelle Differenzierung prägen den Lebensraum. Hier hinkt die Architektur geistig hinterher und wird nicht akzeptiert, geschweige denn geliebt, sondern »cool« in Kauf genommen.

Ökologische Umbauten der Stadt (Biotope City) sind romantische Visionen von einem Lebensraum, in dem organische und nichtorganische Welt einander Harmonie bieten, wie im Garten Eden. Hier anzusetzen ist unsere Arbeit: städtische Verdichtung, ohne die erwiesenermaßen Urbanität nicht funktioniert, auf einer Ebene der Welt als Garten zu suchen und zu realisieren, im dichten Kiez, auf dem Einkaufszentrum und an der Autobahn. Ausnutzung ausgefuchster Technik in Konstruktion, im Ökologischen, aber auch im Baurechtlichen sich anzueignen, um individuelles Wohnen zu realisieren, wo dies nur irgend möglich ist, ist unser Ziel. Erfahrungsgemäß eignen sich dafür Grundstücke, Gegenden oder auch Bauweisen, an die bisher nicht gedacht wurde, am ehesten. Gegenden, deren Zerstörungsgrad im ökologischen Gleichgewicht oder auch im sozialen Gleichgewicht am größten ist.

Peter Lenné, Fürst Pückler, Schinkel, Persius und viele andere haben vor 200 Jahren Berlin als Stadtlandschaft konzipiert und große Teile realisiert, die wir heute bewundern. Sie haben Sandhügel in hochgewachsene Laubbaumparks verwandelt mit technisch raffinierter Bewässerung. Nicht zufällig spricht auch Hans Scharoun von Stadtlandschaft, und wir arbeiten daran, die Stadt mit grünen Oasen sowie die gewachsenen Park- und Platzanlagen gerade in den verdichteten Zonen der Stadt zu entwickeln im Sinne einer Biotope City.

Wohnbauten in Potsdam-Babelsberg mit
Garten- und Teichanlage, städtebauliche
Entwurfsskizze und Teilansicht

Carlo Baumschlager
Dietmar Eberle

Carlo Baumschlager

1956	geboren in Bregenz, Vorarlberg
1974–1975	Design-Volontariat bei BBC Bregenz
1975–1982	Studium an der Hochschule für angewandte Kunst in Wien: Industrie-Design (Prof. Hans Hollein), Architektur (Prof. Wilhelm Holzbauer, Prof. Oswald M. Ungers)
1982	Diplomabschluß bei Prof. Wilhelm Holzbauer
1982–1984	Selbständiger Baukünstler
1984–1985	Arbeitsgemeinschaft Baumschlager-Eberle-Egger
ab 1985	Arbeitsgemeinschaft und Büro mit Dietmar Eberle
2004	Ehrenmitglied, The American Institute of Architects
	Lehrtätigkeit
1994	Syracuse University, New York, USA
1997	FH Stuttgart

Dietmar Eberle

1952	geboren in Hittisau, Vorarlberg
1973–1978	Studium an der Technischen Hochschule in Wien (Diplomabschluß bei Prof. Anton Schweighofer)
1976–1977	Arbeitsaufenthalt im Iran, Städtebaustudie
1979–1982	Arbeitsgemeinschaft Cooperative Bau- und Planungsgesellschaft.m.b.H. mit Markus Koch, Norbert Mittersteiner und Wolfgang Juen
1982–1984	Arbeitsgemeinschaft Eberle-Egger (ab 1984 mit Carlo Baumschlager)
ab 1985	Arbeitsgemeinschaft und Büro mit Carlo Baumschlager
2004	Ehrenmitglied, The American Institute of Architects
	Lehrtätigkeit
1983–1988	Technische Universität Hannover
1987–1989	Technische Universität Wien, Institut für Wohnbau
1989–1990	Hochschule für künstl. und ind. Gestaltung, Linz
1991–1993	ETH Zürich, Schweiz
1994	Syracuse University, New York, USA
1996–1999	TU Darmstadt
ab 1999	ETH-Zürich, Professur für Architektur und Entwerfen, Leiter des ETH Wohnforums

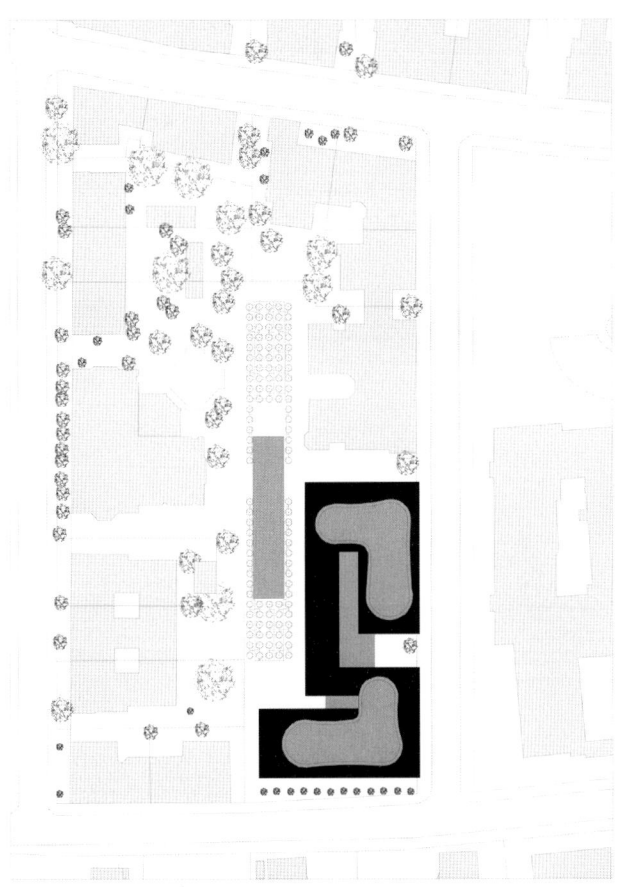

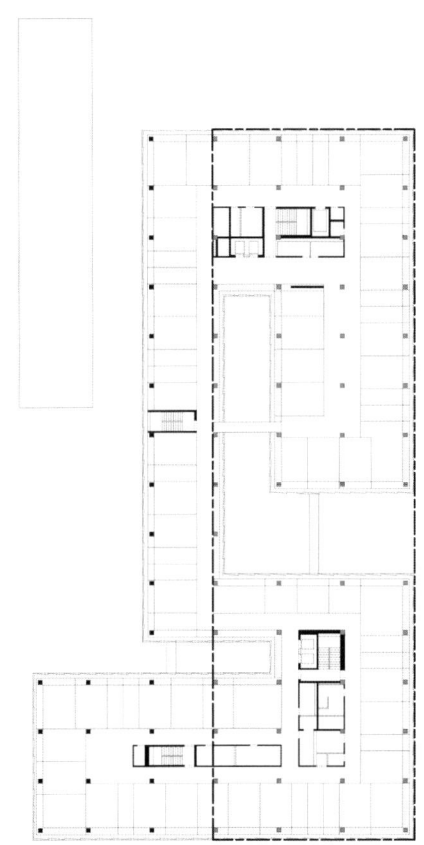

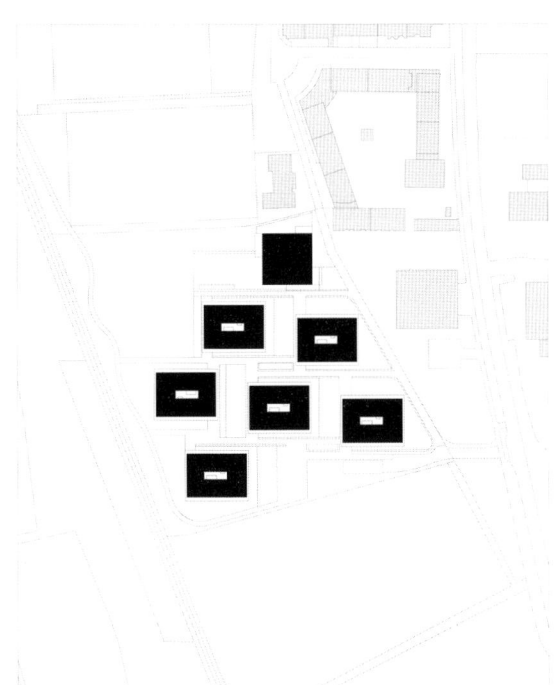

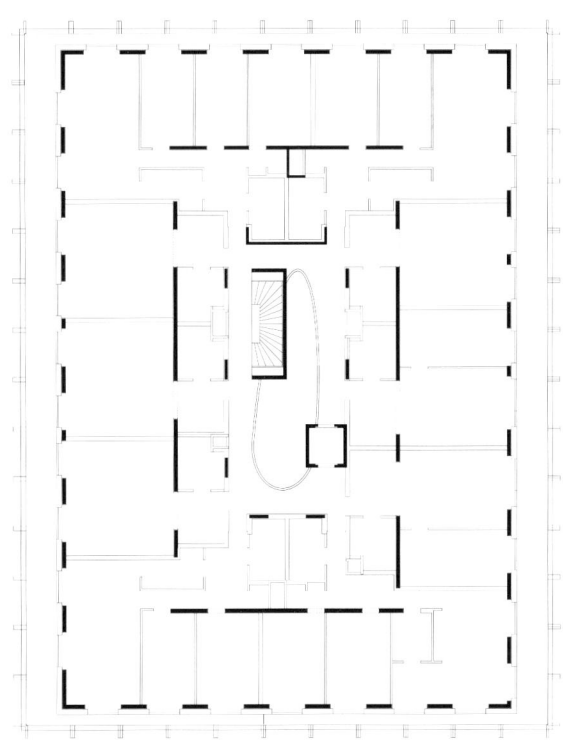

Klare und sachliche Entwurfsdarstellungen
von Carlo Baumschlager und Dieter Eberle:
oben Münchener Rückversicherung, Lageplan und Grundriß, unten Wohnen am
Lohbach, Innsbruck, Lageplan und Grundriß

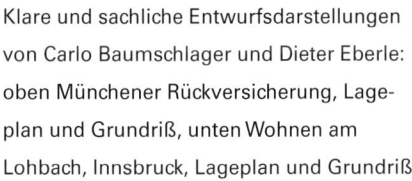

Münchener Rückversicherung, realisiertes Projekt

Zehn Fragen – zehn Antworten

1. Welche Arbeitsmittel sind für Sie beim Entwerfen am wichtigsten – Handskizze, CAD-Technik, Arbeitsmodelle –, und wie hat sich der Computer als Arbeitsmittel auf Ihre Entwurfsarbeit und auf Ihre Entwurfsergebnisse ausgewirkt?

Die Arbeitsmittel beim Entwerfen hängen von der Aufgabe, dem Maßstab und der Präzisionsstufe ab, wobei der Computer sicher eines der wichtigsten Werkzeuge ist. Der Einsatz der Computer hat aber inhaltlich nichts mit dem Ergebnis zu tun.

2. Welches sind Ihre ersten Arbeitsschritte am Beginn einer neuen Entwurfsaufgabe, in welche Arbeitsschritte gliedert sich der Prozeß eines Gebäudeentwurfes in Ihrem Büro idealerweise?

Der wichtigste Schritt vor Beginn des Entwurfes ist das Feststellen der Rahmenbedingungen. Danach läuft das Entwerfen in perfekten Bahnen.

3. Welcher Anteil an der Entwurfsarbeit entfällt in Ihrem Büro auf die konzeptionelle Arbeit, welcher auf Darstellung und Präsentation? Mit welchen Mitteln präsentieren beziehungsweise vermitteln Sie Ihre Entwurfskonzepte?

Die konzeptionelle Arbeit ist der eigentliche Auftrag des Architekten und hat somit das entsprechende Gewicht. Darstellung und Präsentation sind in unserem Büro reduziert. Das heißt, alle Schritte sind exakt definiert bis hin zu Format, Farbgebung, Strichstärke und Schrifttypen.

4. Kann Entwerfen Teamarbeit sein, oder ist es immer das Werk eines einzelnen? Welche Rolle spielen Bauherr und weitere fachlich Beteiligte beim Entwurf?

Die Qualität eines Entwurfes liegt in seiner Komplexität, seiner Vielschichtigkeit. Je mehr Information intelligent verarbeitet wird, je mehr Fragen beantwortet werden, um so überzeugender ist die Arbeit. Daß ein Team das am besten bewerkstelligen kann, ist selbstverständlich. Entscheidend jedoch ist die Qualität der Teamführung. Sie ist der ausschlaggebende Faktor für das Niveau eines Entwurfes. Das Team selbst ist in jeder organisierten Größe und Konstellation möglich, natürlich inklusive Bauherr, Behörden, Sonderplaner und so fort.

5. Was sind für Sie wesentliche Merkmale eines gelungenen Gebäudeentwurfes?

Der wesentlichste Punkt des Entwurfes ist seine Komplexität. Der Reichtum an Lösungen auf verschiedenen Ebenen und seine Disziplinierbarkeit definieren einen »gelungenen« Entwurf.

6. Welchen Stellenwert beziehungsweise Anteil hat das Entwerfen für Sie am Gesamtplanungsprozeß für ein Gebäude?

Das Entwerfen hat im gesamten Planungsprozeß den höchsten Stellenwert, da der Entwurf alle anderen Schritte determiniert.

7. Welche Entwürfe Ihres Büros halten Sie selbst für besonders wichtig beziehungsweise charakteristisch für Ihre Arbeit?

Wohnen am Lohbach, BTV, Münchener Rückversicherung, Dalmannkai, Flughafen Wien, Stadion Zürich.

8. Welche Kenntnisse beziehungsweise fachlichen und persönlichen Eigenschaften sind für einen Entwerfer besonders wichtig?

Wissen, Erfahrung und vor allem ein hohes Maß an Offenheit und Aufnahmebereitschaft den Dingen des Lebens gegenüber sind die wichtigsten Qualitäten eines guten Entwerfers.

9. Entwerfen Sie eher spontan oder systematisch, eher rational oder gefühlsbetont?

Grundsätzlich systematisch – rational. Aber auch anders möglich.

10. Was wäre Ihre liebste Entwurfsaufgabe beziehungsweise welchen Entwurf würden Sie niemals bearbeiten?

Es gibt keine »liebste Entwurfsaufgabe«, alle Arbeiten sind die liebsten. Es kann andererseits Aufgaben geben, deren Inhalt unzugänglich ist, davon sollte man Abstand nehmen.

Zur Entwurfsarbeit von Baumschlager und Eberle

Peter Lorenz

Wohnen am Lohbach, Innsbruck, realisiertes Projekt

Noch vor nicht allzu langer Zeit galt die »Vorarlberger Schule« fast als Geheimtip. Interessierte Architekten und Studenten entdeckten dort spannende Ansätze im Umgang mit der Moderne und frische Konzepte in der Anwendung von Formen und Materialien. Heute gilt Vorarlberg als eine der wichtigsten Stätten der architektonischen Weiterentwicklung in Europa. Die führenden Köpfe der »Vorarlberger Schule« sind längst auch jenseits der Landesgrenzen tätig, allen voran das namhafteste und erfolgreichste Planungsbüro der Region: B + E. Carlo Baumschlager und Dietmar Eberle gründeten ihre Arbeitsgemeinschaft im Jahre 1985 und realisierten seitdem bereits mehr als 350 Projekte. Sie arbeiten heute nicht nur mit an der Erweiterung des Flughafens in Wien, sondern sie sind europaweit tätig und planen unter anderem auch schon in der Volksrepublik China.

Ein ganz wesentlicher Punkt im Werk von Baumschlager und Eberle ist das Engagement für umfassende Qualität der Architektur. Sie ist vor allem begründet in einer sehr sorgfältigen und gewissenhaften Entwurfsarbeit, denn »das Entwerfen hat im gesamten Planungsprozeß den höchsten Stellenwert, da der Entwurf alle anderen Schritte determiniert« (Carlo Baumschlager, s. o.). Mit diesem Selbstverständnis betrachten sie das Entwerfen von Architektur als eine ganzheitliche und äußerst komplexe Aufgabe und lehnen die einseitige Betonung von Form und Gestalt als unzureichend ab. Qualitätvolle Architektur als Dienstleistung gegenüber dem Bauherren, aber auch als Beitrag zur gebauten Umwelt umfaßt für Baumschlager und Eberle mehr: Sie muß auch ökonomisch effizient sein, städtebaulich verträglich und von höchstmöglichem Nutzwert. Oft müssen dabei Entwurfsentscheidungen wiederholt überdacht, neu diskutiert, auch revidiert werden, neue Wege müssen beschritten werden – ein zeitraubender Prozeß, der den Vorarlbergern aber wichtig ist auf dem Weg zur optimalen Lösung. Die inhaltlichen Themen sind ihnen wesentlich, sei es in Fragen von Grundriß- und Bautypologien, sei es bei der Weiterentwicklung von Konstruktionen. Den Freiraum dafür verschaffen sie sich durch die Beschränkung auf manchmal fast spröde und karg wirkende Entwurfszeichnungen und durch den Verzicht auf Show-Aufwand: »Darstellung und Präsentation sind in unserem Büro reduziert, ... alle Schritte sind exakt definiert bis hin zu Format, Farbgebung, Strichstärke und Schrifttypen.«

Für Baumschlager und Eberle kann gute Architektur keine zufällig-subjektive, individuelle Äußerungsform sein, sondern sie ist immer ein gesellschaftlich-öffentliches Ereignis. Entsprechend gründlich und verantwortungsbewußt gehen sie inhaltlich auch beim Entwerfen vor: »Die Qualität eines Entwurfes liegt in seiner Vielschichtigkeit. Je mehr Information intelligent verarbeitet wird, je mehr Fragen beantwortet werden, um so überzeugender ist die Arbeit.«

Die Vielschichtigkeit der Bearbeitung und der Informationsverarbeitung führt zu einer sehr kommunikativen und professionell geleiteten Teamarbeit. »Erst reden, dann planen« überschrieb der Architekturkritiker Wolfgang Jean Stock sehr treffend einen Essay über die Arbeitsweise von B + E, Carlo Baumschlager definiert das Vorgehen wie folgt: »Unsere Arbeitsmethode ist ganz leicht zu beschreiben, denn sie basiert auf dem Dialog. Dem Dialog in jeder Form – zwischen uns als Entwerfer, mit den Mitarbeitern im Büro, mit den Firmen, mit den Behörden und mit dem Bauherren. Natürlich läuft der Entwurfsprozeß selbst ganz traditionell ab, im Kopf, auf dem Papier, aber es kommt praktisch nicht vor, daß einer von uns etwas hinzeichnet, das dann einfach nicht hinterfragt wird. Wir verbalisieren alles, alle Probleme werden diskutiert. Das ist sicher eine Entwurfshaltung, die man auf keiner Hochschule lernt, die lehrt einen nur die Praxis.« Und Dietmar Eberle ergänzt, daß für diese professionellen Dienstleister in Sachen Baukultur trotz grundsätzlich systematisch-rationaler Arbeitsweise auch das emotionale Element in der Zusammenarbeit und im Blick auf die Arbeitsergebnisse wichtig ist: »Wenn einer von uns spürt, daß der andere irgendwelche Vorbehalte gegenüber einer Entscheidung hat, dann wird diese noch einmal hinterfragt und neu diskutiert, bis beide emotional zustimmen. Emotion unterstreiche ich, weil sich Vorbehalte auch in Verhaltensweisen ausdrücken können. Wegschauen beispielsweise bedeutet: der andere will das nicht.«

Günter Behnisch

[signature]

Günter Behnisch

12. Juni 1922	geboren in Dresden-Lockwitz, verheiratet mit Johanna Behnisch, drei Kinder
1947–1951	Studium an der Technischen Hochschule Stuttgart, Diplom-Ingenieur
1951–1952	Tätigkeit bei Prof. Rolf Gutbrod
ab 1952	eigenes Büro, bis 1961 in Partnerschaft mit Bruno Lambart
ab 1966	Behnisch & Partner Behnisch, Auer, Büxel, Tränkner, Weber, Sabatke (ab 1970) ab 1979: Behnisch- Büxel- Sabatke- Tränkner heute: Günter Behnisch und Manfred Sabatke
1967	Professor für Entwerfen, Industriebauten und Baugestaltung Direktor des Instituts für Baunormung an der Technischen Hochschule Darmstadt
1982	Mitglied der Akademie der Künste Berlin-Brandenburg
1984	Dr. E. h. der Universität Stuttgart
1987	emeritiert
ab 1989	Büro Innenstadt Stuttgart, heute: Behnisch, Behnisch & Partner
1991	Professor der International Academy of Architecture, Sofia
1992	Ehrenmitglied der Royal Incorporation of Architects in Scotland, Edinburgh
1992	Auszeichnung »Medaille d'Or« der Académie d´Architecture, Paris
1992	Ehrenpreis des Internationalen Olympischen Komitees für besondere Leistungen im Bereich Sport und Architektur
1993	Hans-Molfenter-Preis der Landeshauptstadt Stuttgart für besondere künstlerische Leistungen
1994	Heinrich-Hertz-Professur an der Technischen Universität Karlsruhe
1994	Mitglied der International Academy of Architecture, Sofia
1994	Ehrenplakette des Litauischen Architektenverbandes, Vilnius
1995	Ehrenmitglied des Royal Institute of British Architects, London
1996	Gründungsmitglied der Sächsischen Akademie der Künste, Dresden
1997	Verdienstorden der Bundesrepublik Deutschland
1998	Fritz-Schumacher-Preis der Alfred Toepfer Stiftung F.V.S., Hamburg
1999	Mitglied der Bayerischen Akademie der Schönen Künste
2001	Wolfgang-Hirsch-Auszeichnung der Architektenkammer Rheinland-Pfalz, Mainz
2001	International Architectural Culture Festival Honorable Mention, Busan/Korea

Kindergarten in Stuttgart-Luginsland, Skizze und Entwurfszeichnung

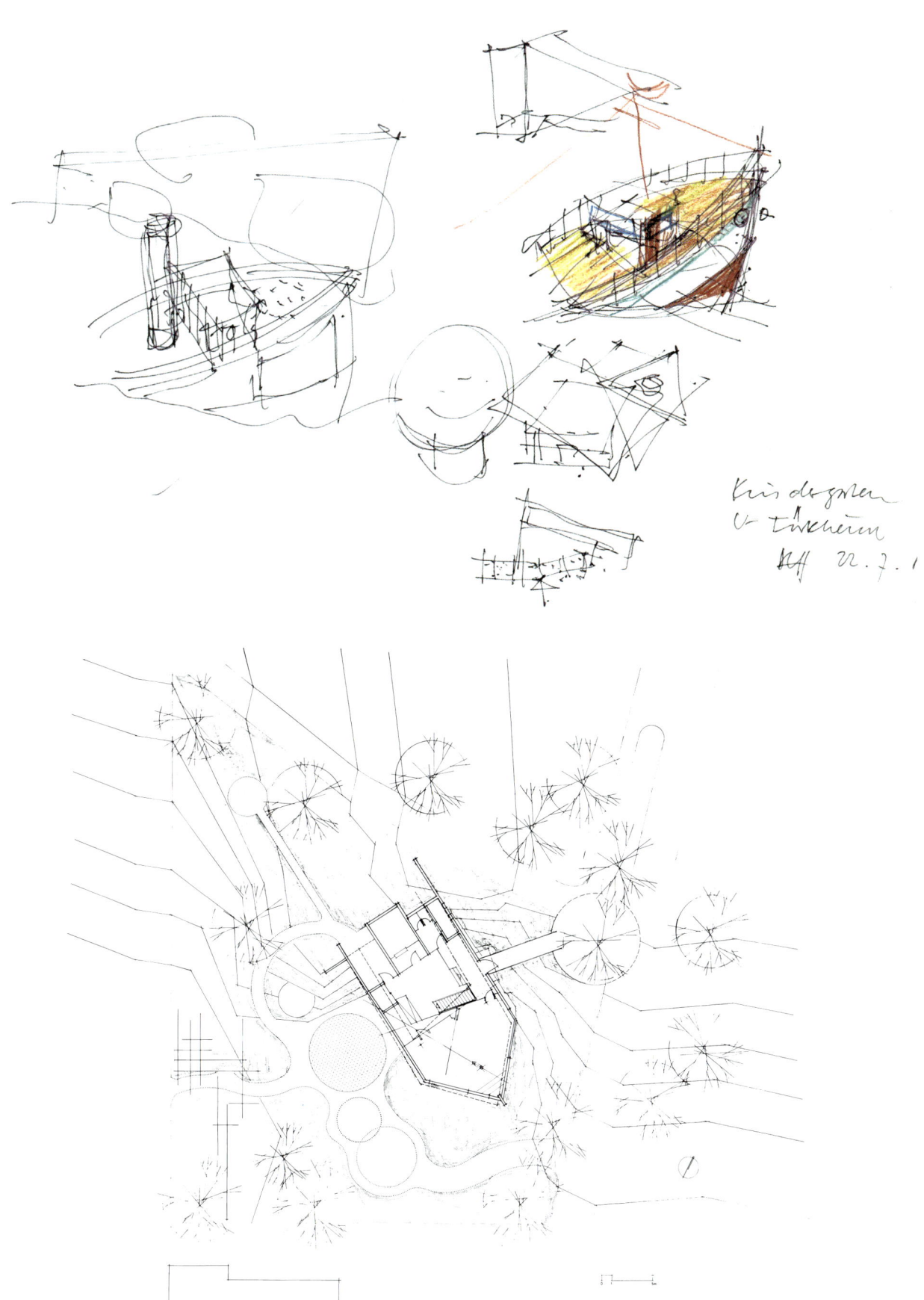

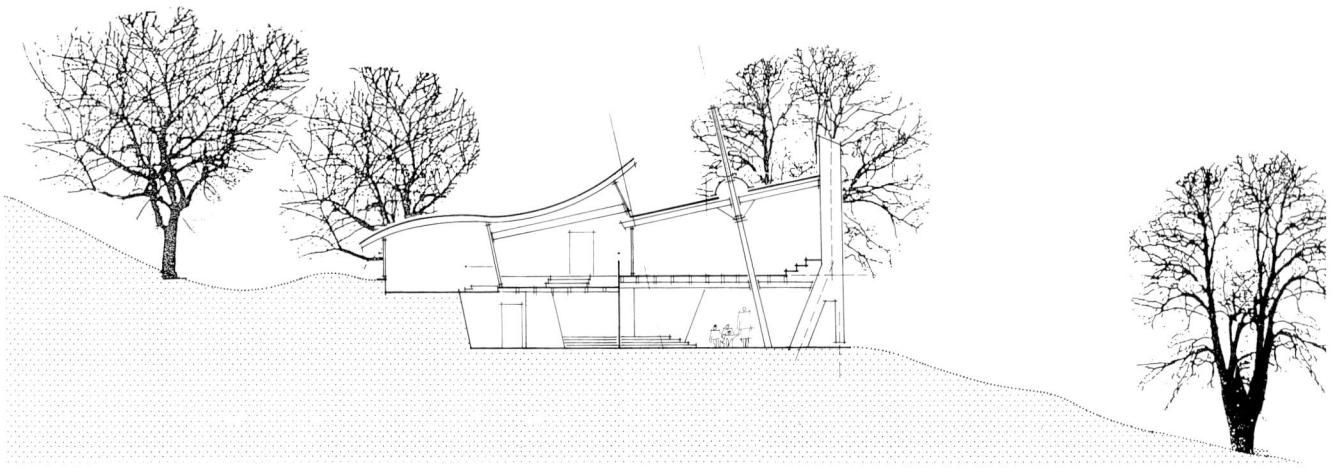

Zehn Fragen – zehn Antworten

1. Welche Arbeitsmittel sind für Sie beim Entwerfen am wichtigsten – Handskizze, CAD-Technik, Arbeitsmodelle –, und wie hat sich der Computer als Arbeitsmittel auf Ihre Entwurfsarbeit und auf Ihre Entwurfsergebnisse ausgewirkt?

Neunzig Prozent unserer Aufträge beruhen auf Wettbewerbserfolgen. Die folgenden Aussagen beziehen sich auf unsere Arbeit an Wettbewerbsentwürfen: – Handskizze – Handzeichnung mit Tusche – Arbeitsmodelle – Computereinsatz, wenn überhaupt, bisher nur für Fotobearbeitung

2. Welches sind Ihre ersten Arbeitsschritte am Beginn einer neuen Entwurfsaufgabe, in welche Arbeitsschritte gliedert sich der Prozeß eines Gebäudeentwurfes in Ihrem Büro idealerweise?

– Genaue Analyse des Ortes und der Aufgabenstellung, ohne Wertung der Anforderungen
Arbeitsschritte:

1. Informationsphase
– Sammlung der für das Projekt relevanten Informationen
– Diskussionen unterschiedlicher Lösungsansätze

2. Kreative Phase
Erarbeitung von Lösungsvarianten auf der Grundlage einer »Null-Fehler-Lösung« (stimmige Funktionen und Massen)

3. Bewertungsphase
– Diskussion der Alternativen
– Entscheidung über weiteres Vorgehen

4. Ausarbeitungsphase
– Ausarbeitung der gewählten Variante
– Diskussion der angemessenen und wirkungsvollsten Art der Darstellung und Präsentation
– Bemühen, die Ansätze abzusichern (Konsultation von Spezialisten, Sonderfachleuten u. a.)

3. Welcher Anteil an der Entwurfsarbeit entfällt in Ihrem Büro auf die konzeptionelle Arbeit, welcher auf Darstellung und Präsentation? Mit welchen Mitteln präsentieren beziehungsweise vermitteln Sie Ihre Entwurfskonzepte?

75 % Konzeption, 25 % Präsentation, Pläne, Modelle, Texte

4. Kann Entwerfen Teamarbeit sein, oder ist es immer das Werk eines einzelnen? Welche Rolle spielen Bauherr und weitere fachlich Beteiligte beim Entwurf?

In unserem Büro ist Entwerfen Teamarbeit. Bei den raren Direktaufträgen wird in enger Abstimmung mit dem Bauherrn gearbeitet. Sonderfachleute s.o.

5. Was sind für Sie wesentliche Merkmale eines gelungenen Gebäudeentwurfes?

Keine Aussage.

6. Welchen Stellenwert beziehungsweise Anteil hat das Entwerfen für Sie am Gesamtplanungsprozeß für ein Gebäude?

Der Entwurf hat den höchsten Stellenwert, er bestimmt, womit man die Zeit der Durchplanung und Ausführung verbringt.

7. Welche Entwürfe Ihres Büros halten Sie selbst für besonders wichtig beziehungsweise charakteristisch für Ihre Arbeit?

Sie sind alle wichtig, nur alle mehr oder weniger gelungen.

8. Welche Kenntnisse beziehungsweise fachlichen und persönlichen Eigenschaften sind für einen Entwerfer besonders wichtig?

Klarer Kopf, Phantasie, Offenheit.

9. Entwerfen Sie eher spontan oder systematisch, eher rational oder gefühlsbetont?
Die Arbeitsweise hat System. Der Charakter des Entwurfs kann, je nach Aufgabenstellung und Lösungsansatz, streng, rational und gefühlsbetont, poetisch gefärbt sein.

10. Was wäre Ihre liebste Entwurfsaufgabe beziehungsweise welchen Entwurf würden Sie niemals bearbeiten?
Unter guten, annehmbaren Rahmenbedingungen fast jeden.

Kindergarten in Stuttgart-Luginsland ,
Entwurfszeichnung und Entwurfsmodell

Lebendige Gefühle

Mit der Absicht, das Vielfältige unserer Welt in Architektur widerzuspiegeln, sitzen wir vor dem leeren Papier.

Und ich denke an Ratschläge: Man solle das Gebäude zunächst im Kopf entwerfen und erst dann zum Stift oder zur Feder greifen, wenn der Entwurf fertig sei im Kopf. Mir half solcher Rat nicht weiter, sei es, daß mein Kopf solchen Anforderungen nicht genügte, sei es, daß ich meinte, der Kopf alleine könnte Architektur nur unvollkommen erfassen, daß es auch Dimensionen gäbe, die sich dem Rationalen entzögen, sei es, daß ich erkannt habe, daß es uns nicht gegeben ist, viele Dimensionen der Wirklichkeit auf einmal im Kopf zu erfassen.

Ein anderer Rat lautete: Mach einfach einen Strich auf das leere Papier, dann mach einen zweiten und einen dritten Strich. Und dann ist das Papier schon nicht mehr leer, und du kannst das Gezeichnete weiterentwickeln, und die Aussicht besteht, daß das einfach Begonnene differenziert und vielfältig wird. Auch Goethe hat über Ähnliches gesprochen, so etwa: daß der Anlaß, von dem aus man beginne, seine Bedeutung verliere. Wenn man nur recht voranschreite, komme man schon zu einem guten Ende.

Eins meiner Probleme bestand freilich darin, daß ich in der Regel zuerst einen Tuschfleck auf das weiße Blatt machte – durchaus nicht mit Absicht. Bis ich mich dem Bleistift wieder zuwandte statt des Rapidographen; nicht nur des Kleckses wegen; vielmehr störte mich, daß dieser die der Feder noch innewohnende Freiheit der Tuschzeichnung verdrängt hatte. Die Tuschfeder, die mit leichter Hand nach allen Richtungen geführt werden kann, in kühnen Kurven, in wirren Knäueln oder klaren Linien, war aus der Mode gekommen. Gegen diese jedoch war der Rapidograph ein armer Wicht. Er lehnte sich ängstlich an die Reißschiene oder das Zeichendreieck, war nur schwer dazu zu bewegen, sich von diesen Ordnungen zu lösen und freien Linien zu folgen, und ließ unsere Architektur hart werden.

Es scheint so, als beeinflußten Material und Technik das Ergebnis unserer Bemühungen, deutlich zu erkennen an den extrem verarmten Ergebnissen von mit CAD-Systemen entwickelten Architekturen. Verständlich, wenn man bedenkt, daß mittels dieser Systeme ja nur die mathematischen und geometrischen Strukturen vorgedachter und programmierter Elemente manipuliert werden können. Wie sollte dabei eine architektonisch-schöpferische Leistung entstehen, ein Ergebnis, welches sich gerade auszeichnen sollte dadurch, daß bisher noch nicht Gedachtes, bisher noch nicht Erfaßtes, bisher noch nicht Formuliertes sich entfalten kann.

Etwas wehmütig denken wir an unsere alten 6B-Skizzen, scheinbar Schmuddel-Skizzen, die unscharf waren, in denen man, wenn sie durch fortwährendes Überzeichnen zu kleinen Papierhügeln angewachsen waren, plötzlich Dinge durchscheinen sah, durch mehrere Lagen transparenten Papiers; Dinge, die man nicht kannte bis dahin; Dinge, die man nicht gezeichnet hatte, die einfach so entstanden sind, scheinbar aus sich selbst heraus. Und man erkannte, daß Dinge offensichtlich ohne unser bewußtes Planen auch aus sich heraus entstehen können, daß nicht alles von vornherein geordnet sein muß, daß es immer mehrere Möglichkeiten gibt, daß das früh Bestimmte und Feste eigentlich Ausflucht ist, Vorwand, um den unterschiedlichen, der Aufgabe innewohnenden, vielfältigen Möglichkeiten auszuweichen. Wir neigen dazu, den Dingen Gewalt anzutun. Wir lauschen nicht auf das, was aus sich heraus werden möchte.

Der Entwurf eines Bauwerkes steht am Anfang unserer Arbeit. Sicher kommt ihm große Bedeutung zu. Aber der Entwurf ist nur Anfang, entstanden in mehreren Wochen oder vielleicht mehreren Monaten. Manchmal sogar in wenigen Stunden.

Wir meinen, der Entwurf eines Werkes sollte wohl stark sein, offen aber zugleich. In ihm soll vieles angelegt werden, und aus ihm heraus soll vieles wachsen können; Momente, die wir zu Beginn unserer Arbeit überhaupt nicht kennen konnten.

Inhalt und Erscheinung von Architektur wandeln sich, während wir planen. Ich meine, man versteht dieses Wandeln, wenn man bedenkt, daß tatsächlich zahlreiche Disziplinen einfließen in die Arbeit, daß wir viele neue Erkenntnisse gewinnen, und daß wir am Ende solcher Arbeit andere sind als wir es zu Beginn waren.

Vielleicht haben wir zunächst nur die Räume disponiert und die praktischen Funktionen. Dann sorgen wir uns um die städtebauliche Einordnung, die plastische Erscheinung, dann um das statische Gefüge, das Material, aus dem das Gebäude sein soll, dann bearbeiten wir den Wärmeschutz, den Schallschutz, die Raumakustik. Wir klären, wie das Gebäude klimatisiert, wie belichtet und beleuchtet werden soll; dazwischen kommen Fragen der Wasserwirtschaft, vielleicht der Denkmalpflege, des Verkehrs, der Sicherheit, dann des Firmenimages; danach müssen wir die Bauelemente durcharbeiten, komplizierte Fassaden werden entwickelt, begrünte Dächer, der Innenausbau, der Sonnenschutz, die Farben und so fort.

Ein komplexes und kompliziertes Gefüge, beeinflußt von zahllosen Kräften aus zahlreichen Disziplinen, diese wiederum vertreten von Spezialisten, von denen mancher meint, die eigene Disziplin stünde über allem. Ein lebendiges Gefüge mit Tendenz zum Chaos. Dem einen bereitet das Sorge, dem anderen Freude, er genießt das Gefühl lebendig zu sein.

Dieses Gefüge kann man vergleichen mit einem Getriebe aus Zahnrädern, sagen wir aus dreißig bis einhundert Zahnrädern, die unauflösbar ineinander greifen. Wird nun an nur einem dieser Räder gedreht, dann bewegt sich das ganze Gefüge. Da nun immer an den Rädern gedreht wird, oft kontinuierlich an

Kindergarten Stuttgart-Luginsland

vielen Rädern, ist dieses komplexe Getriebe immer in Bewegung über die gesamte Planungs- und Bauzeit hinweg. Das heißt aber, daß sich die Erscheinung des Bauwerkes fortwährend wandelt. Einmal müssen wir dann sagen: Halt! Und das ist es dann. Würden wir weiterarbeiten, ergäben sich andere Lösungen.

In glücklichen Fällen entsteht so ein wohl ausgewogenes Bündel all dieser wirksamen Kräfte, eine Kräftekonstellation widerspiegelnd, die – in besonders glücklichen Fällen – die Situation des Geistes unserer Zeit widerspiegelt, unsere Realität, in den glücklichsten Fällen aber auch unsere Wünsche und Hoffnungen und Ideale.

Jens Bothe
Kai Richter
Hadi Teherani

Jens Bothe

1959	geboren in Kirchen/Sieg
1978–1986	Studium an der TU Braunschweig
1986	Diplom an der TU Braunschweig
1986–1987	Mitarbeit im Planungsbüro Professor Joachim Schürmann, Köln
1988	freier Mitarbeiter im Büro Professor Kraemer, Sieverts und Partner, Köln
seit 1988	selbständiger Architekt
1991	Gründung des Büros BRT Architekten Bothe Richter Teherani mit Sitz in Hamburg
seit 1994	verschiedene Vorträge und Publikationen im Bereich Technologie, Gestaltung, CAD, Datenverarbeitung und Kommunikation

Kai Richter

1958	geboren in Cuxhaven
1977–1985	Studium an der TU Braunschweig
1985	Diplom an der TU Braunschweig
1985–1987	angestellter Architekt in Braunschweig
1987–1990	Mitarbeit im Planungsbüro Professor Joachim Schürmann, Köln
seit 1990	selbständiger Architekt
1991	Gründung des Büros BRT Architekten Bothe Richter Teherani mit Sitz in Hamburg

Hadi Teherani

1954	geboren in Teheran, Iran
1977–1984	Studium an der TU Braunschweig
1984	Diplom an der TU Braunschweig
1984–1987	Mitarbeit im Planungsbüro Professor Joachim Schürmann, Köln
1989–1991	Lehrtätigkeit an der TU Aachen, Lehrstuhl Professor Volkwin Marg
seit 1990	selbständiger Architekt
1991	Gründung des Büros BRT Architekten Bothe Richter Teherani mit Sitz in Hamburg
1993	Hamburger Stadtentwicklungsforum
1995	Internationaler Workshop Innsbruck
1995	Internationaler Workshop Chemnitz
1995	IAAS Summer Design Studio Barcelona
1996	Lehrauftrag Muthesius-Hochschule Kiel
1996	Lehrauftrag Fachhochschule Hamburg
seit 1999	Mitglied der Freien Akademie der Künste, Hamburg

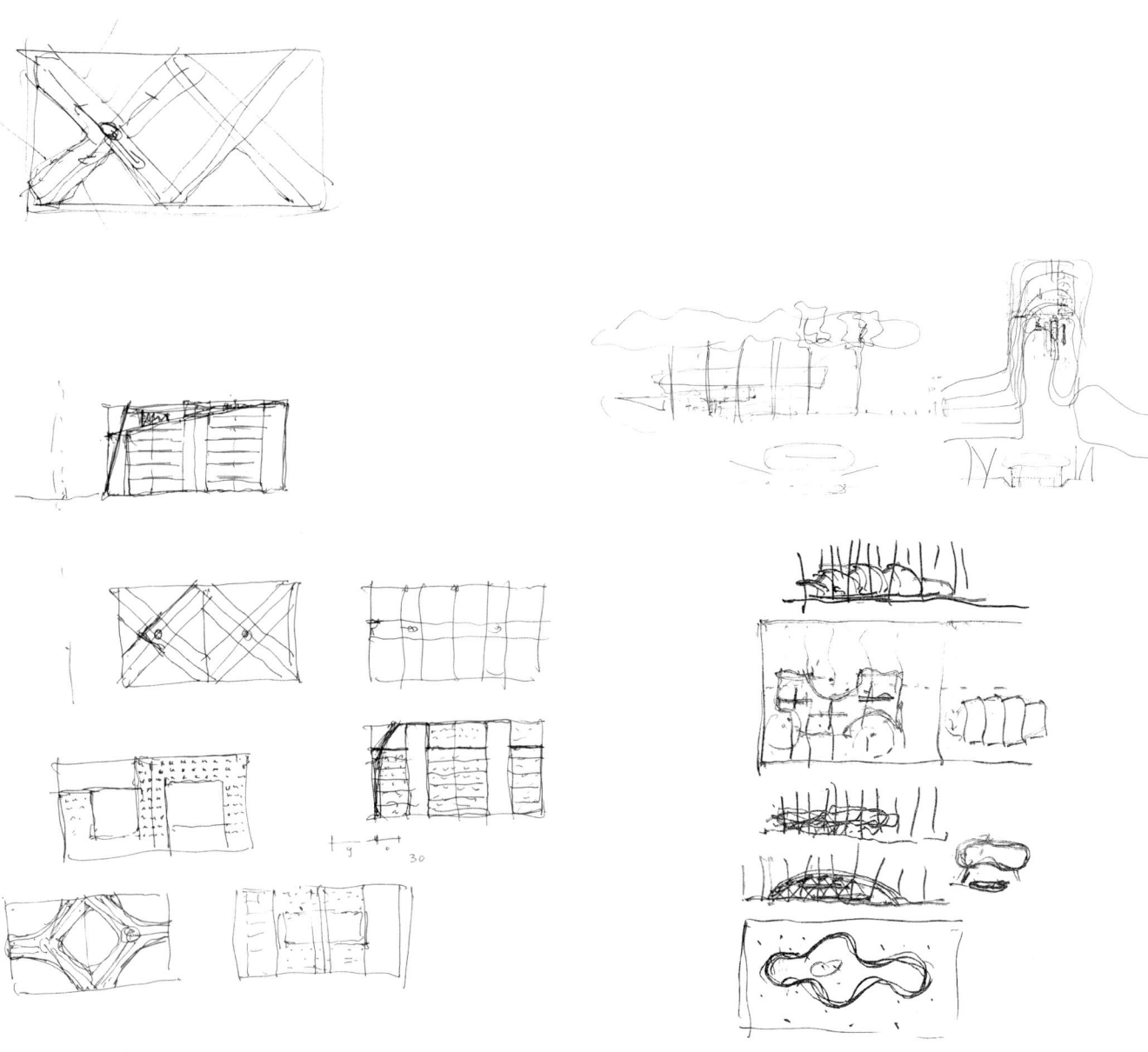

Projekt Doppel-XX in Hamburg, Skizzen

Projekt Villa Moskau, Skizzen

Zehn Fragen – zehn Antworten

von Hadi Teherani

1. Welche Arbeitsmittel sind für Sie beim Entwerfen am wichtigsten – Handskizze, CAD-Technik, Arbeitsmodelle –, und wie hat sich der Computer als Arbeitsmittel auf Ihre Entwurfsarbeit und auf Ihre Entwurfsergebnisse ausgewirkt?

Der Entwurf beginnt mit einer Handskizze. Parallel entstehen ein Arbeitsmodell und frühe Visualisierungen am Computer. Durch den Computer haben sich natürlich die einzelnen Arbeitsprozesse beschleunigt, und wir können Bilder erzeugen wie es früher nicht oder nur mit großem Aufwand möglich war.

Projekt Doppel-XX in Hamburg, Entwurfsmodell

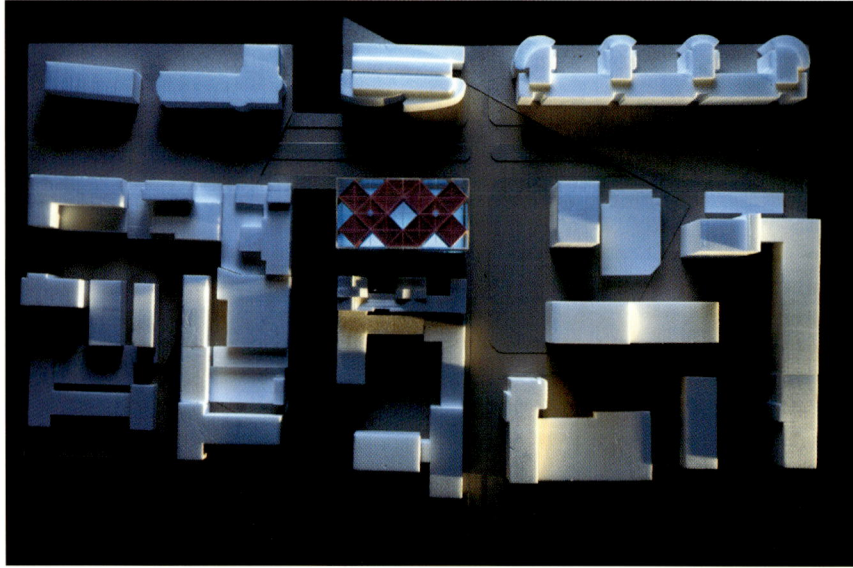

2. Welches sind Ihre ersten Arbeitsschritte am Beginn einer neuen Entwurfsaufgabe, in welche Arbeitsschritte gliedert sich der Prozeß eines Gebäudeentwurfes in Ihrem Büro idealerweise?

Genius loci und Aufgabenstellung ergeben eine erste Grundidee, aus der sich wiederum neue Fragestellungen zur Umgebung, zum Auftraggeber, zur Historie des Ortes, zur Ökologie und Ökonomie, zum Städtebau ergeben. Auf der Basis einer exakten Analyse aller Komponenten entwickeln wir parallel drei bis vier Alternativen. Idealerweise ist die Ausarbeitung dieser Ideen gleichzeitig eine Prüfung auf Machbarkeit, so daß sich daraus schließlich die endgültige Version entwickelt.

3. Welcher Anteil an der Entwurfsarbeit entfällt in Ihrem Büro auf die konzeptionelle Arbeit, welcher auf Darstellung und Präsentation? Mit welchen Mitteln präsentieren beziehungsweise vermitteln Sie Ihre Entwurfskonzepte?

Bei der Bearbeitung eines Wettbewerbs beispielsweise entfallen von etwa vier Wochen zweieinhalb auf die Konzeption, eine Woche entfällt auf die finale Ausarbeitung und drei bis vier Tage brauchen Vorbereitung und Layout der Präsentation mit allen Grundrissen, Perspektiven und Ansichten. Handskizzen werden für die Präsentation kaum noch benötigt.

4. Kann Entwerfen Teamarbeit sein, oder ist es immer das Werk eines einzelnen? Welche Rolle spielen Bauherr und weitere fachlich Beteiligte beim Entwurf?

Bei uns ist Entwerfen Teamarbeit. Jedoch geht das nicht ohne mich. Ich steuere jedes Projekt, gebe im entscheidenden Moment die Richtung vor. Die Aufgabe des Bauherrn sehe ich darin, die Aufgabenstellung für sein Grundstück zu definieren, wodurch sich für uns die wesentlichen Vorgaben eines Entwurfs ergeben. Darüber hinaus hat der Bauherr auf den gestalterischen Prozeß in dieser Phase wenig Einfluß. Ebenso die Fachplaner. Sie unterstützen uns in erster Linie bei der technischen Umsetzung unserer Ideen.

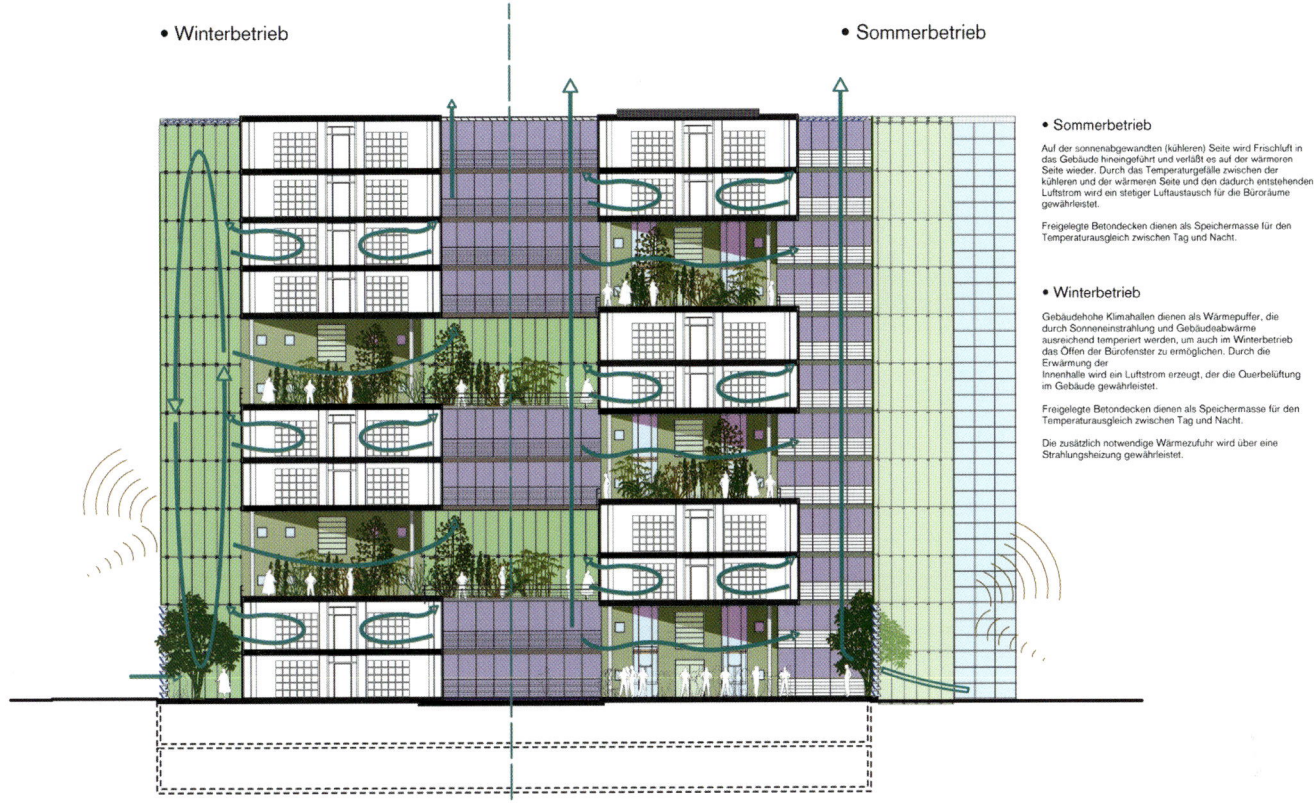

• Sommerbetrieb

Auf der sonnenabgewandten (kühleren) Seite wird Frischluft in das Gebäude hineingeführt und verläßt es auf der wärmeren Seite wieder. Durch das Temperaturgefälle zwischen der kühleren und der wärmeren Seite und den dadurch entstehenden Luftstrom wird ein stetiger Luftaustausch für die Büroräume gewährleistet.

Freigelegte Betondecken dienen als Speichermasse für den Temperaturausgleich zwischen Tag und Nacht.

• Winterbetrieb

Gebäudehohe Klimahallen dienen als Wärmepuffer, die durch Sonneneinstrahlung und Gebäudeabwärme ausreichend temperiert werden, um auch im Winterbetrieb das Öffen der Bürofenster zu ermöglichen. Durch die Erwärmung der Innenhalle wird ein Luftstrom erzeugt, der die Querbelüftung im Gebäude gewährleistet.

Freigelegte Betondecken dienen als Speichermasse für den Temperaturausgleich zwischen Tag und Nacht.

Die zusätzlich notwendige Wärmezufuhr wird über eine Strahlungsheizung gewährleistet.

Projekt Doppel-XX in Hamburg, Schnittzeichnung

5. Was sind für Sie wesentliche Merkmale eines gelungenen Gebäudeentwurfes?

Ein gelungener Entwurf ist einfach verständlich. Einfach gelungen!

6. Welchen Stellenwert beziehungsweise Anteil hat das Entwerfen für Sie am Gesamtplanungsprozeß für ein Gebäude?

Den höchsten Stellenwert, denn für uns hört das Entwerfen nie auf. Der Entwurfsprozeß begleitet eine Gebäudeplanung bis zur Fertigstellung: Der Entwurf ist das Ziel.

7. Welche Entwürfe Ihres Büros halten Sie selbst für besonders wichtig beziehungsweise charakteristisch für Ihre Arbeit?

Das Autohaus Car & Driver, die Bürogebäude Elbberg, Doppel XX und Berliner Bogen in Hamburg, die Firmengebäude von Tobias Grau in Rellingen sowie der ICE Bahnhof Frankfurt und der Firmensitz der SwissRe in München waren und sind bis heute markante Eckpunkte unserer Bürogeschichte.

8. Welche Kenntnisse beziehungsweise fachlichen und persönlichen Eigenschaften sind für einen Entwerfer besonders wichtig?

Das Wissen eines Entwerfers kann gar nicht fundiert und vielseitig genug sein. Und alles läuft parallel: sehen, analysieren, entwerfen, koordinieren, kanalisieren, entscheiden. Dementsprechend sollten Entwerfer schnell, aufnahmefähig und wachsam sein. Eine starke Persönlichkeit ist ein Muß! Auch Sympathie und Charme sind nicht zu unterschätzen.

9. Entwerfen Sie eher spontan oder systematisch, eher rational oder gefühlsbetont?

Spontan, systematisch, rational und gefühlsbetont.

10. Was wäre Ihre liebste Entwurfsaufgabe beziehungsweise welchen Entwurf würden Sie niemals bearbeiten?

Jedes neue Projekt birgt ungeahnte Herausforderungen, denn Architektur ist immer anders. Meine liebste Entwurfsaufgabe? Das ist immer die, an der ich gerade arbeite.

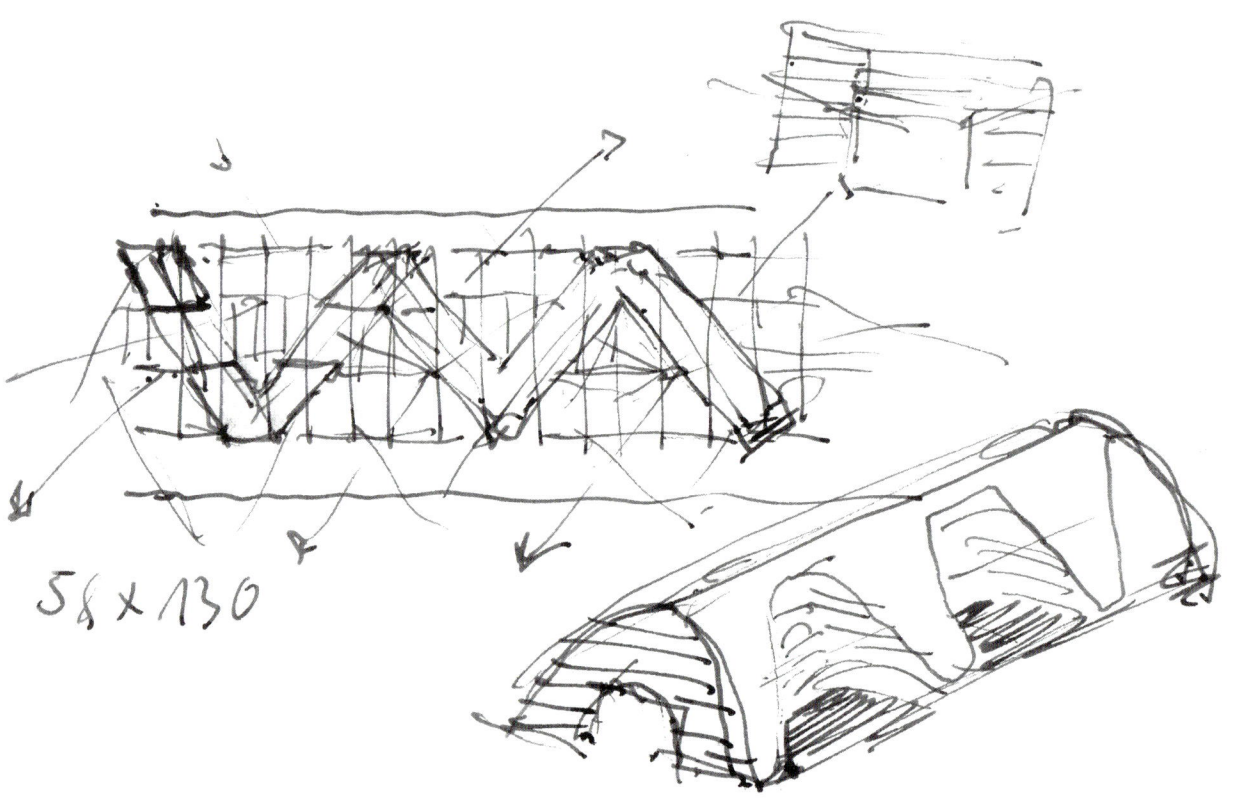

$5 \delta \times 130$

Ganzheitlich

Wir werden oft nach unserer Philosophie gefragt, nach den Ansätzen und Prinzipien, die unsere Arbeit beeinflussen. Es sind
zahlreiche Komponenten, die für unsere Architektur von Bedeutung sind. Und diese sind stets eng verknüpft mit der individuellen Bauaufgabe. Auguste Rodin schreibt 1914: »Die Mittel, die
zum Verständnis führen, sind rings um euch. Die Kathedrale ist
die Synthese des Landes. Ich wiederhole: Felsen, Wälder, Gärten, die Sonne des Nordens, dies alles ist in ihrem gigantischen
Körper enthalten, unser ganzes Frankreich ist in unseren Kathe-
dralen, wie ganz Griechenland im Parthenon war.« Im Baukörper der Kathedrale sieht der Bildhauer alles Wesentliche vereint
zu einem vollkommenen Ganzen. Ein Anspruch, den nicht nur
gotische Baukunst, sondern auch zeitgenössische Architektur
erfüllen kann. Ganzheitlich – so beschreiben wir unseren Entwurfsansatz. Ganzheitlichkeit umfaßt alle essentiellen Aspekte,
die für BRT eine Rolle spielen: von der Ökonomie zur Ökologie,
von der Soziologie zum Genius loci. Der Entwurf liegt im
Grundstück, wir müssen ihn nur erkennen, lautet meine kurze
Entwurfsphilosophie. Ein gelungener Entwurf ist wie ein Maß-
anzug für das entsprechende Grundstück: nicht variabel, nicht
beliebig. Sondern hundertprozentig und exakt. Verständlich.
Sentir le site, sagen die Franzosen, wenn sie den besonderen

Geist eines Ortes meinen. Und den gilt es aufzuspüren! Dadurch finde ich im Ort bereits die wesentlichen Antworten auf die Fragen, die ein Entwurf aufwirft. Das Grundstück ist Teil des städtebaulichen Kontextes. Hier manifestieren sich historische Aspekte. Darüber hinaus gilt für uns immer noch Sullivans *form follows function*. Funktion ist selbstverständlich das Wichtigste. Denn jeder Funktion können wir anschließend eine schöne Form geben. Unsere Architektur soll Emotionen wecken, Identität schaffen. Für die Menschen. Für den Ort. Weil seit der Moderne zunehmend Funktionalität und rechter Winkel Vorrang haben, sind jene wichtigen Aspekte der Architektur leider verloren gegangen. Maßstab für uns ist der Mensch. BRT versucht, eine Wirkung, wie sie beispielsweise von den Räumen einer Ju-

gendstilvilla ausgeht, aufzugreifen und hierfür eine innovative, zeitgenössische Sprache zu finden. Grundsätzlich ist Entwerfen eine Aufgabe, die mich jederzeit beschäftigt. Tag und nacht und überall. Während der Entwurfsphase eines neuen Projekts bin ich für jegliche Inspiration empfänglich. Dann kann Entwerfen nicht auf geregelte Bürozeiten oder auf die Arbeit am Schreibtisch beschränkt sein. Und Entwerfen ist für mich in erster Linie reine Kopfsache. Auf dem Papier ist das Ergebnis zu sehen, welches vorher im Geiste entwickelt wurde.

Hadi Teherani

Projekt Berliner Bogen in Hamburg, Ideenskizze und Entwurfsmodell

Mario Botta

1. April 1943	geboren in Mendrisio, Tessin (Schweiz)	1991	Ausstellung Architectures 1980–1990 im Centre Culturel Suisse in Paris und Musée Rath in Genf
1958–1961	Lehre als Bauzeichner im Architekturbüro Carloni und Camenisch, Lugano (Schweiz)		
1961–1964	Kunstgymnasium in Mailand	1991	Preis 1991 Stiftung Iside und Cesare Lavezari, Chiasso (Schweiz)
1964–1969	Studium am Universitätsinstitut für Architektur IUAV in Venedig (Italien)	1995	Merit Award for Excellence in Design-AIA, Kalifornien, für das San Francisco Museum of Modern Art, in Zusammenarbeit mit Hellmuth, Obata & Kassabaum Inc., SF
1965	Praktikum im Architekturbüro Le Corbusier in Venedig, mit Jullian de la Fuente und José Oubrerie		
1969	Begegnung und kurze Zusammenarbeit mit Louis I. Kahn in Venedig, Diplomarbeit am IUAV in Venedig, mit den Referenten: Carlo Scarpa und Giuseppe Mazzariol	1996	Mit der Gründung der neuen Universität der Italienischen Schweiz Erarbeitung des Programms für die neue Architekturakademie in Mendrisio, Tessin; seit Oktober 1996 dort Lehrtätigkeit
1969	Beginn der selbständigen Berufstätigkeit in Lugano		
1976	Gastdozent an der Eidgenössischen Technischen Hochschule in Lausanne (Schweiz)	1997	Ausstellung Emozioni di pietra, Palazzo Reale, Neapel
1985	Architekturpreis *Beton*, Zürich	1999	Chevalier dans l'Ordre national de la Légion d'Honneur, Paris
1986	Chicago Architecture Award	2002	Direktor der Architekturakademie in Mendrisio für das Studienjahr 2002/03
1987	Gastdozent an der Yale School of Architecture in New Haven, Connecticut (USA)		
1982–1987	Mitglied der Eidgenössischen Kunstkommission	2003	Swiss Award 2003 für Kultur, Zürich
		2003	Ausstellung Luce e Gravità, Palazzo della Ragione, Padova
1987	Einzelausstellung im Museum of Modern Art in New York	2004	22nd Annual Seoul Architectural Award: Hauptpreis für den Kyobo Tower in Seoul (Korea)
1989	Baksteen Award, Royal Dutch Brick Organization (Holland)		
seit 1983	Professor der Eidgenössischen Technischen Hochschule in Lausanne (Schweiz)		

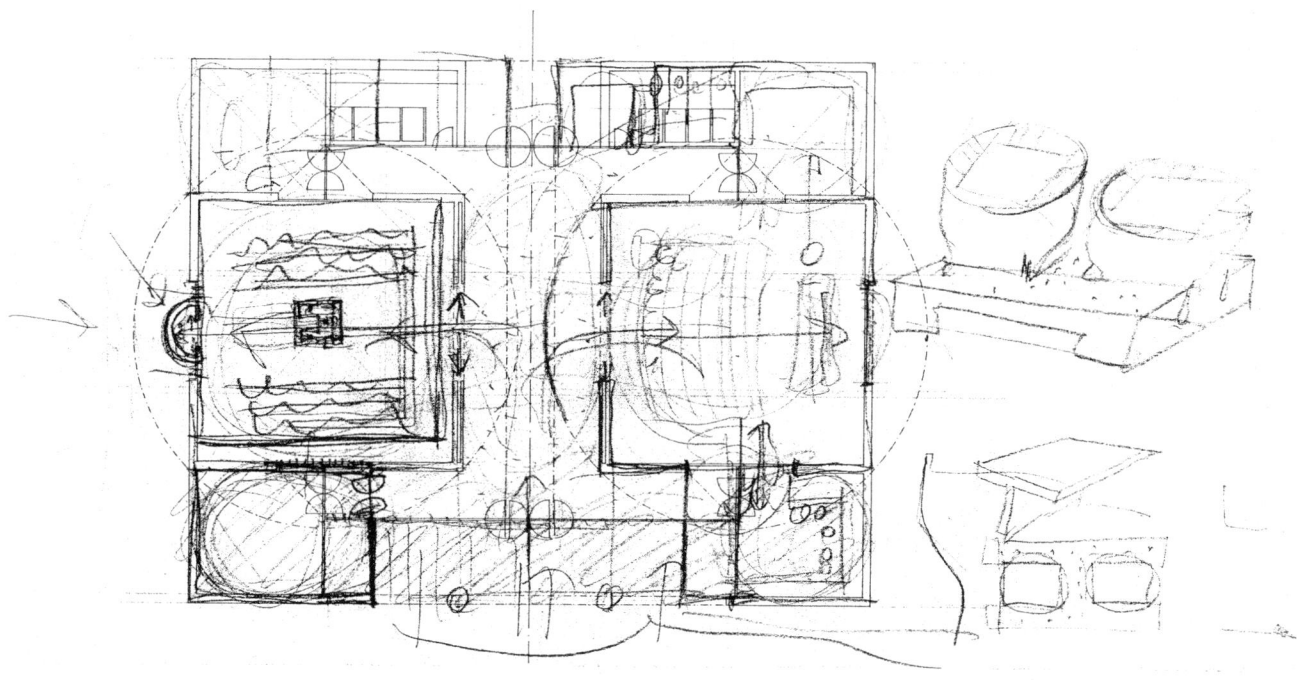

Cymbalista Synagoge, Tel Aviv, Entwurfsskizzen

Zehn Fragen – zehn Antworten

1. Welche Arbeitsmittel sind für Sie beim Entwerfen am wichtigsten – Handskizze, CAD-Technik, Arbeitsmodelle –, und wie hat sich der Computer als Arbeitsmittel auf Ihre Entwurfsarbeit und auf Ihre Entwurfsergebnisse ausgewirkt?

Mein Arbeitsmittel ist grundsätzlich der Bleistift. Ich entwerfe von Hand und korrigiere anschließend die von meinen Mitarbeitern überarbeiteten Pläne, abermals von Hand. Der Computer ist ein hervorragendes Arbeitsmittel für meine Mitarbeiter. Mir persönlich hingegen läßt die Bleistiftskizze noch Entwicklungsmöglichkeiten für den Entwurf, die ich im Computer nicht sehen kann.

2. Welches sind Ihre ersten Arbeitsschritte am Beginn einer neuen Entwurfsaufgabe, in welche Arbeitsschritte gliedert sich der Prozeß eines Gebäudeentwurfes in Ihrem Büro idealerweise?

Die Kenntnis der Lage steht am Anfang. Schon die kritische Auseinandersetzung mit dem Baugelände ist ein Entwurfsakt.

3. Welcher Anteil an der Entwurfsarbeit entfällt in Ihrem Büro auf die konzeptionelle Arbeit, welcher auf Darstellung und Präsentation? Mit welchen Mitteln präsentieren beziehungsweise vermitteln Sie Ihre Entwurfskonzepte?

Es gibt keine feste Regel. Einige Projekte führen zu einer gelungenen und schnellen Studie, während andere immer wieder neue Überlegungen erfordern. Bei der Präsentation eines Projektes bevorzuge ich Plankopien.

4. Kann Entwerfen Teamarbeit sein, oder ist es immer das Werk eines einzelnen? Welche Rolle spielen Bauherr und weitere fachlich Beteiligte beim Entwurf?

Der Vorentwurf ist in den meisten Fällen das Werk eines einzelnen, das immer wieder mit den Mitarbeitern diskutiert wird. Was daraus folgt, ist aber wiederum Werk des einzelnen. Der Bauherr sollte die Aufgabenstellung darlegen können, aber nicht Lösungen suggerieren.

5. Was sind für Sie wesentliche Merkmale eines gelungenen Gebäudeentwurfes?

Jeder Entwurf , der sich in die Realität einfügen kann, ist gelungen.

6. Welchen Stellenwert beziehungsweise Anteil hat das Entwerfen für Sie am Gesamtplanungsprozeß für ein Gebäude?

Die Entwurfsphase ist die Grundlage eines Projektes und macht fünfzig Prozent des Gesamtplanungsprozesses aus.

7. Welche Entwürfe Ihres Büros halten Sie selbst für besonders wichtig beziehungsweise charakteristisch für Ihre Arbeit?

Jeder Entwurf ist wichtig.

8. Welche Kenntnisse beziehungsweise fachlichen und persönlichen Eigenschaften sind für einen Entwerfer besonders wichtig?

Jeder Entwerfer sollte alles wissen und gleichzeitig alles vergessen können.

9. Entwerfen Sie eher spontan oder systematisch, eher rational oder gefühlsbetont?

Das einzig Wahre am Entwerfen ist die intensive Auseinandersetzung des Blatts auf dem Tisch mit dem Bleistift in der Hand.

10. Was wäre Ihre liebste Entwurfsaufgabe beziehungsweise welchen Entwurf würden Sie niemals bearbeiten?

Ich würde sehr gerne ein Kloster entwerfen. Was ich nie entwerfen würde? ... Ich würde dem Entwerfen keine Grenzen setzen!

Cymbalista Synagoge, Tel Aviv, Außenaufnahme und Präsentationszeichnungen

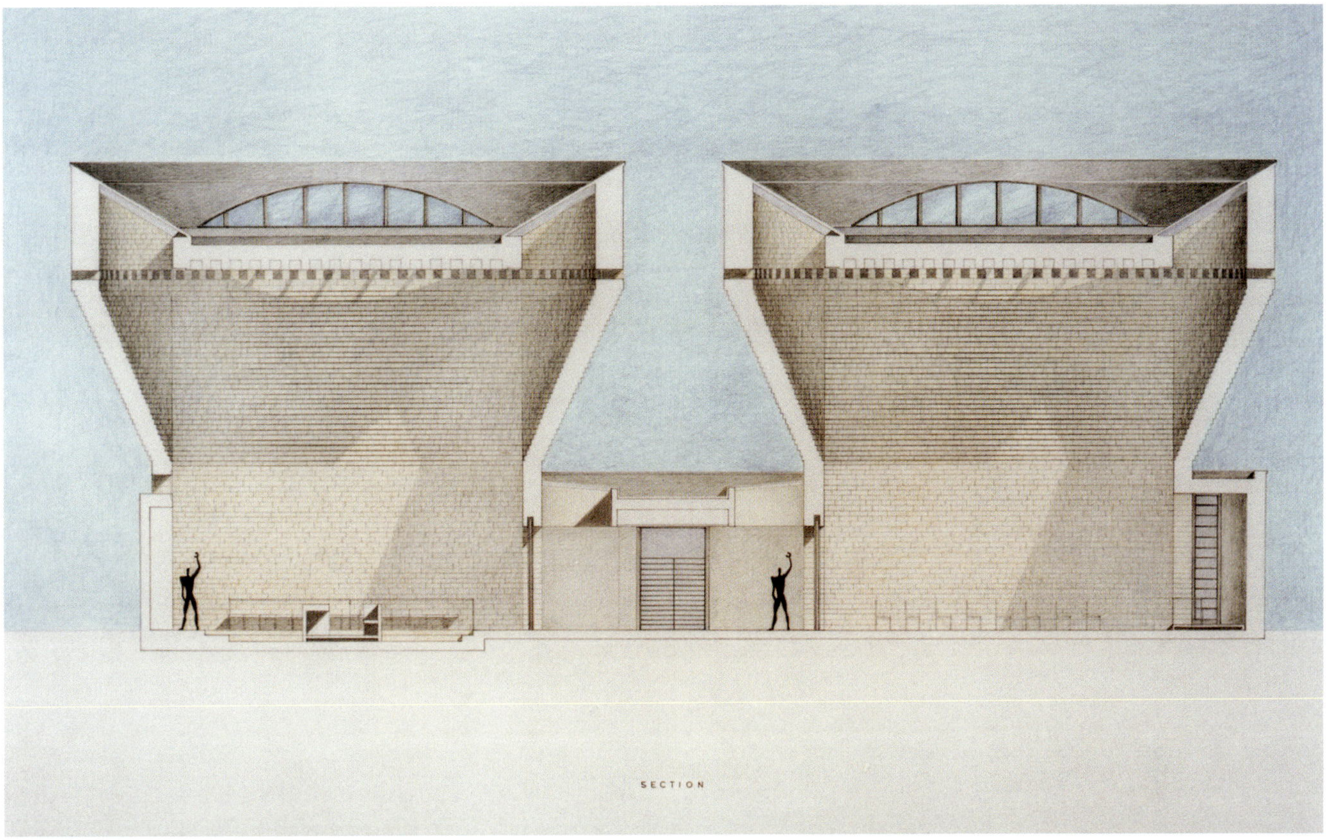

SECTION

Die Zeichnung, der Ort und der Entwurf

Für den Architekten ist das Zeichnen handwerkliche Arbeit als Mittel zum Zweck. Durch die Zeichnung erkennt, beschreibt und überprüft er eine Vision der Wirklichkeit (die Erschaffung von Raum), die über das Zeichenblatt hinausweist. Im Gegensatz zum Kunstmaler, der in der grafischen Darstellung die eigene Botschaft bereits verwirklicht, benutzt der Architekt die Zeichnung als Medium, als Mittel zur Annäherung an einen Leitgedanken, an eine Entwurfsidee oder an die Realisierung des architektonischen Entwurfes. Vielleicht deshalb habe ich

Zeichnungen, die Architekten wie Gemälde präsentieren, immer mit viel Mißtrauen und wenig Verständnis betrachtet.

Ich glaube, daß in diesen Fällen eine Bewertung und eine Einschätzung nach den Maßstäben der Malerei gerecht wäre, und ich glaube auch, daß es nicht angemessen ist, hier mildere Maßstäbe zu setzen, weil der Verfasser einem anderen Berufsfeld, dem der Architektur, angehört. Wie es korrekt und ganz natürlich ist, daß sich die Schöpfer von Architekturprojekten als Architekten beurteilen lassen, so ist es meiner Meinung nach genauso angemessen, daß die Verfasser in Bezug auf Zeichnung und Malerei wie Kunstmaler beurteilt werden.

Diese Überzeugung – und vielleicht auch eine gewisse berufsbedingte Voreingenommenheit – veranlaßt mich dazu, alle äußeren Eindrücke mit den Augen eines Architekten aufzunehmen, und hat mich immer daran gehindert, meinen zeichnerischen Arbeiten eine eigenständige Bedeutung zuzugestehen. Ich kann nicht anders, als meine Zeichnungen nur als einzelne Momentaufnahmen eines größeren Entwurfsprozesses anzusehen. Ich möchte auch hinzufügen, daß ich immer – abgesehen von seltenen Ausnahmen, in denen sich die beiden Disziplinen (Malerei und Architektur) gegenseitig ergänzen und befruchten – das Gefühl hatte, etwas Naives in den malerischen Werken von Architekten zu entdecken.

In den meisten Fällen verbergen sich hinter dem Interesse von Architekten an künstlerischer Darstellung tiefsitzende Frustrationen (»der verhinderte Künstler«), manchmal auch der Ehrgeiz und Eifer des arrivierten, professionellen Architekten (auch ich bin dazu fähig!).

Laienhafte, ja dilettantische Detailmerkmale, die sich in der Regel in »Gemälden« von Architektenhand finden, zeigen die Grenzen auf – Ähnliches wäre wohl ebenso leicht bei der Bewertung von Architekturentwürfen aus der Hand eines Kunstmalers zu erkennen.

Diese Überlegungen sind eine Aufforderung dazu, meine zeichnerischen Notizen als das anzusehen, was sie sind: einzelne und zufällig zusammengefügte Bruchstücke eines Entwurfsprozesses, entwickelt zu unterschiedlichen Zeitpunkten und mit unterschiedlichen Ansätzen. Es sind eher Notizen, die zu den verschiedenen Projekten die Realitäten von »Ort« und »Platz« verdeutlichen und darstellen als »Territorium« für ein Architekturprojekt, mit dem sich auseinanderzusetzen ihm bestimmt ist. So lassen sich diese Skizzen deuten als Rückbesinnung

auf den Anspruch (für mich heute von höchster Priorität!), die architektonische Arbeit vor allem in der Auseinandersetzung und im Dialog zwischen dem Neugeschaffenen und seiner Umgebung voranzutreiben. Ich glaube, daß von der Intensität dieser Auseinandersetzung heute die Qualität von Architektur abhängt: Nur aus einem neuen Gleichgewicht zwischen dem Künstlichen, vom Menschen Geschaffenen, und dem natürlichen Kontext, in den es eingebettet ist, kann eine neue Qualität des Lebensraums erwachsen.

Aus dem Italienischen übersetzt von Peter Lorenz

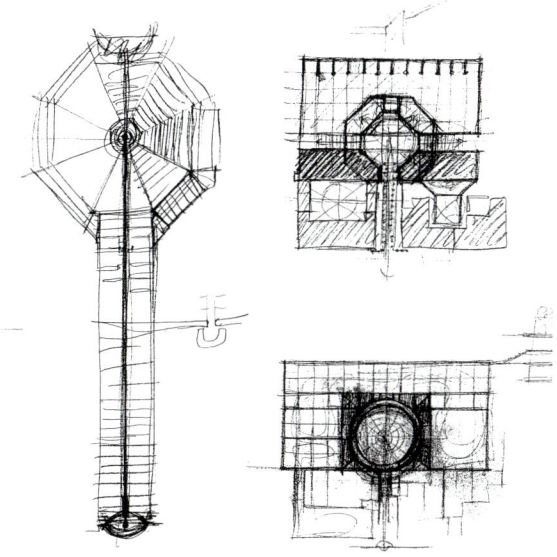

Museum Mart, Rovereto, Entwurfsskizzen,
Entwurfsmodell und Innenraumaufnahme

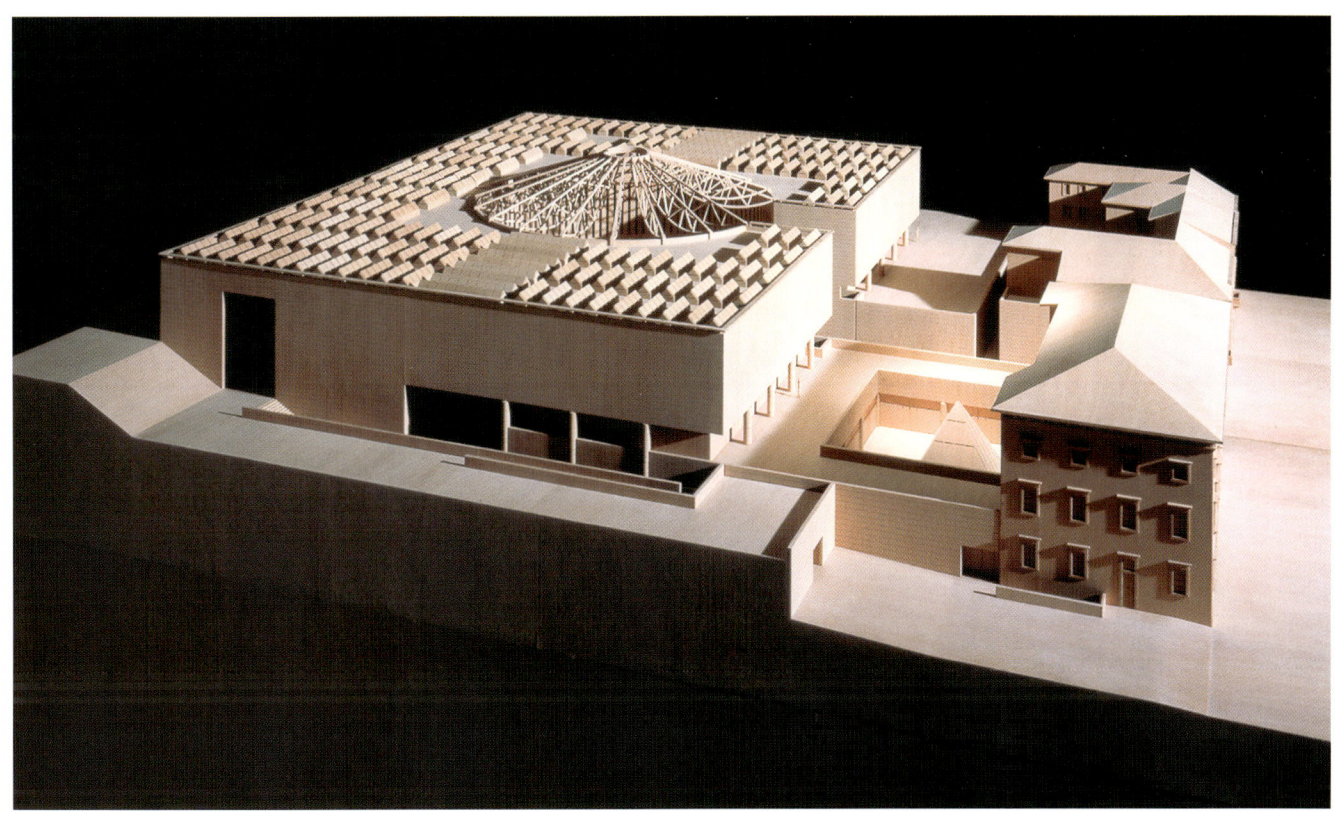

Stephan Braunfels

Stephan Braunfels

1. August 1950	geboren in Überlingen am Bodensee
1970–1975	Studium der Architektur an der Technischen Universität München
seit 1978	Architekturbüro in München
1984	Städtebauliches Gesamtkonzept Hofgarten-areal/Altstadtring in München
1987	Ausstellung im Deutschen Architektur-museum in Frankfurt am Main «Entwürfe für München»
1991–1993	Berater der Landeshauptstadt Dresden, Leit-bild für den Wiederaufbau der Innenstadt
1992	AZ Stern des Jahres für Architektur
seit 1992	Städtebauliches Gesamtkonzept/Bebauungs-planentwurf für den Altstadtring in Dresden
1994	Deutscher Kritikerpreis
seit 1996	Architekturbüro in Berlin
1996–2002	Bau der Pinakothek der Moderne in München
1996–2001	Bau des Paul-Löbe-Hauses (Ausschüsse) für den Deutschen Bundestag in Berlin
1998–2001	Bau des Museums Schloß Wilhelmshöhe in Kassel
1998–2003	Bau des Marie-Elisabeth-Lüders-Hauses (Bibliothek) für den Deutschen Bundestag in Berlin
2001–2006	Bau eines Bürogebäudes für die Europäische Kommission in Luxemburg
2002	Stern des Jahres für die Pinakothek der Moderne
2003–2007	Graphische Sammlung (2. BA der Pinakothek der Moderne) in München
2003–2008	Planung und Realisierung Bundesarchiv in Berlin

Pinakothek der Moderne, München,
Innenraumzeichnung und Entwurfsmodell

Zehn Fragen – zehn Antworten

1. Welche Arbeitsmittel sind für Sie beim Entwerfen am wichtigsten – Handskizze, CAD-Technik, Arbeitsmodelle –, und wie hat sich der Computer als Arbeitsmittel auf Ihre Entwurfsarbeit und auf Ihre Entwurfsergebnisse ausgewirkt?

Die wichtigsten Arbeitsmittel beim Entwerfen sind für mich Handskizzen und Arbeitsmodelle. Herkömmliche Skizzen sind offen und entwicklungsfähig, zu frühes Zeichnen mit CAD dagegen schränkt den Entwurfsprozeß ein, hemmt die Phantasie.

2. Welches sind Ihre ersten Arbeitsschritte am Beginn einer neuen Entwurfsaufgabe, in welche Arbeitsschritte gliedert sich der Prozeß eines Gebäudeentwurfes in Ihrem Büro idealerweise?

Zunächst werden die städtebaulichen Zusammenhänge geklärt, dann Fragen der Typologie und der baugeschichtlichen Bezüge untersucht. Auf diesen Grundlagen fließen dann Aspekte der Funktionalität in die Konzeption ein.

3. Welcher Anteil an der Entwurfsarbeit entfällt in Ihrem Büro auf die konzeptionelle Arbeit, welcher auf Darstellung und Präsentation? Mit welchen Mitteln präsentieren beziehungsweise vermitteln Sie Ihre Entwurfskonzepte?

Die konzeptionelle Arbeit hat den größten Anteil. Wir präsentieren unsere Entwürfe natürlich auch mit CAD-Zeichnungen in räumlicher Darstellung, bis hin zu fotorealistischen Bildern; für das beste Mittel halte ich aber nach wie vor sehr gute und detaillierte Gebäudemodelle.

4. Kann Entwerfen Teamarbeit sein, oder ist es immer das Werk eines einzelnen? Welche Rolle spielen Bauherr und weitere fachlich Beteiligte beim Entwurf?

Wir arbeiten beim Entwerfen in der Regel im Team, auch die Mitarbeiter werden in die konzeptionelle Arbeit einbezogen. Der Bauherr gibt Vorgaben für die Entwurfsarbeit durch möglichst klare Formulierung seiner Anforderungen. Fachingenieure und Tragwerksplaner können dann eine wichtige Rolle im erweiterten Entwurfsteam spielen, wenn sie bereit sind, konzeptionell mitzuentwerfen, aber das können oder wollen die wenigsten.

5. Was sind für Sie wesentliche Merkmale eines gelungenen Gebäudeentwurfes?

In erster Linie seine städtebaulichen Qualitäten und seine typologische Richtigkeit.

6. Welchen Stellenwert beziehungsweise Anteil hat das Entwerfen für Sie am Gesamtplanungsprozeß für ein Gebäude?

Der Entwurf hat den allergrößten Stellenwert, denn jedes Gebäude muß bis ins Detail entworfen werden.

7. Welche Entwürfe Ihres Büros halten Sie selbst für besonders wichtig beziehungsweise charakteristisch für Ihre Arbeit?

Die Pinakothek der Moderne in München und die Bauten für den Bundestag in Berlin.

8. Welche Kenntnisse beziehungsweise fachlichen und persönlichen Eigenschaften sind für einen Entwerfer besonders wichtig?

Gute Baugeschichtskenntnisse und »Taktgefühl«, das heißt: Gespür für die Angemessenheit der Typologie.

9. Entwerfen Sie eher spontan oder systematisch, eher rational oder gefühlsbetont?

Die Konzeptionen entstehen eher spontan und gefühlsbetont, werden dann aber rational hinterfragt und überprüft.

10. Was wäre Ihre liebste Entwurfsaufgabe beziehungsweise welchen Entwurf würden Sie niemals bearbeiten?

Besonders reizvolle Entwurfsaufgaben sehe ich im Bereich von Musik und Kultur, etwa in der Konzeption eines Konzertsaals oder eines Opernhauses.

Pinakothek der Moderne, München, Entwurfsperspektive und realisiertes Projekt

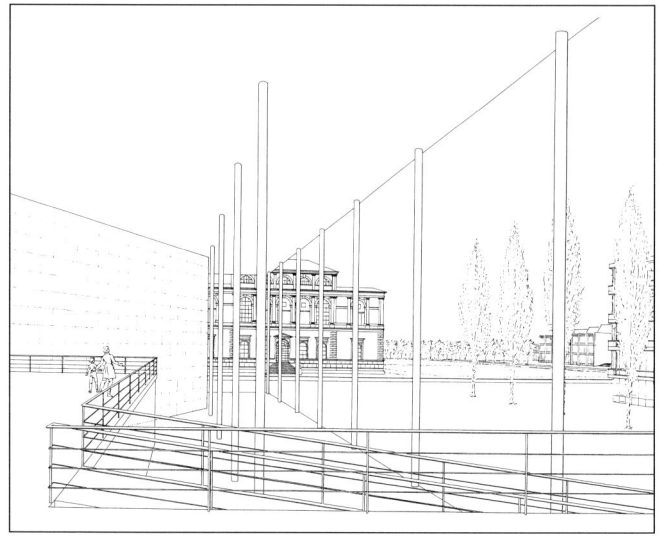

Hans Busso von Busse

Hans-Busso von Busse.

7. Mai 1930	geboren in Oppeln/Schlesien	seit 1976	o. Professor an der Universität Dortmund,
1947	Abitur		Lehrstuhl für Entwerfen und Baukonstruktion
1947–1950	Zimmererlehre	1979–1984	Fachgutachter der Deutschen Forschungs-
1950–1954	Studium der Architektur an der Technischen		gemeinschaft DFG
	Hochschule München, Diplom-Ingenieur	1981–1984	Dekan der Fakultät Bauwesen an der
seit 1952	Mitglied der Studienstiftung des deutschen		Universität Dortmund
	Volkes	1987	Ehrenmitglied des Bundes Deutscher
1954–1955	Graduate-Studium am Massachusetts Insti-		Architekten BDA
	tute of Technology MIT, Cambridge/USA, M.	1994	Mitglied des Kuratoriums des Herder-Preises
	Arch. – Master of Architecture		der Alfred-Toepfer-Stiftung F.V.S., Hamburg
1956	Beginn der Tätigkeit als freier Architekt in	1994	Mitglied der Akademie der Künste, Berlin
	München	1995	Mitglied der Bayerischen Akademie der
	Heirat mit Waltraud, geb. Kaiser		Schönen Künste, München
1962	Mitglied des Bundes Deutscher Architekten	2003	»Bayerischer Maximiliansorden« für Wissen-
	BDA, Bonn		schaft und Kunst
1964	Mitglied des Deutschen Werkbundes		
1971–1975	Präsident des Bundes Deutscher Architekten		
	BDA, Bonn		
1975	Mitglied des Deutschen Nationalkomitees		
	zur Vorbereitung des Europäischen Denkmal-		
	schutzjahres		

Paul-Gerhardt-Kirche, Stein bei Nürnberg,
Ideenskizze und Entwurfsmodell

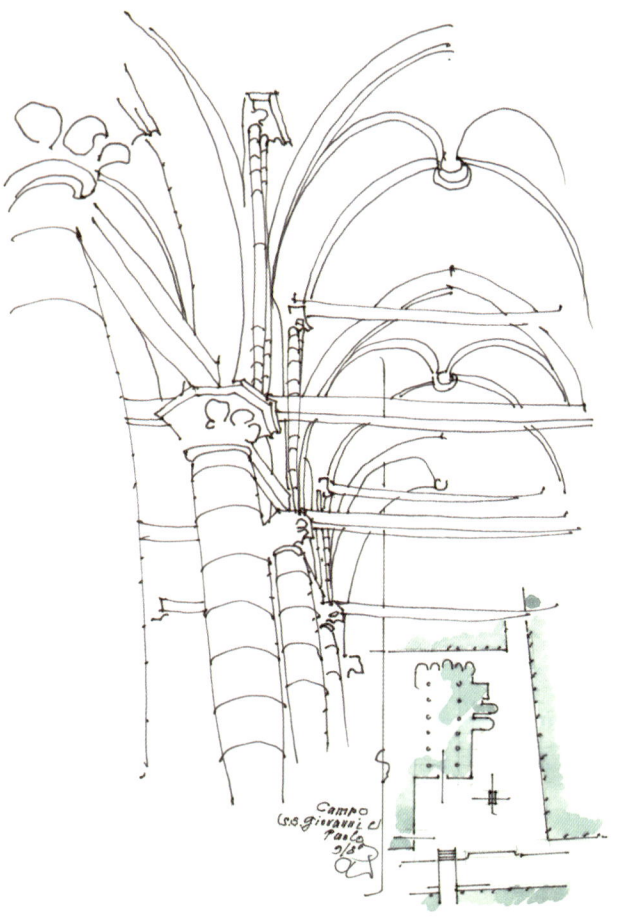

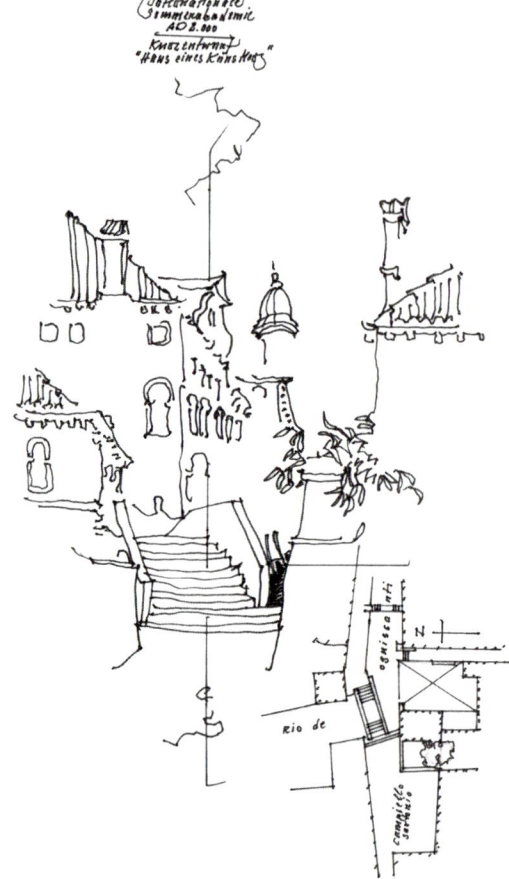

Architekturskizzen aus Venedig

Zehn Fragen – Zehn Antworten

1. Welche Arbeitsmittel sind für Sie beim Entwerfen am wichtigsten – Handskizze, CAD-Technik, Arbeitsmodelle –, und wie hat sich der Computer als Arbeitsmittel auf Ihre Entwurfsarbeit und auf Ihre Entwurfsergebnisse ausgewirkt?

Der »suchende Strich« steht am Anfang des Entwerfens, Bleistift, Tusche und Buntstift, gelegentlich auch der Pinsel. Mit ihnen entsteht die erste, andeutende und abwägende Skizze. In ihr fließen intellektuelle und emotionale Raum-Wirkungs- und Wertevorstellungen zusammen; nicht immer geordnet und in Alternativen zur Bewertung herausfordernd: ent-werfen und verwerfen kennzeichnen diesen Prozeß. Grob vereinfacht: »Kopf und Hand« sind die kreativen Ressourcen. In späterer Phase tritt das Arbeitsmodell ergänzend neben die Skizze.

In dieser suchenden und fortschreitend festlegenden Entwurfsphase ist der Computer nicht hilfreich. Ihm gegenüber haben Skizzen weiterreichende Qualitäten: der sensible Strich ist dem differenzierenden, suchenden Wort vergleichbar, in dessen Aussage Deutungskraft und künstlerischer Ausdruck heranreifen.

Die gute inhaltsreiche und noch ausdeutbare Skizze inspiriert und regt an: die Phantasie und neue Vorstellungsbilder.

2. Welches sind Ihre ersten Arbeitsschritte am Beginn einer neuen Entwurfsaufgabe, in welche Arbeitsschritte gliedert sich der Prozeß eines Gebäudeentwurfes in Ihrem Büro idealerweise?

Sorgfältiges Studium des Raum-Nutzungs- und Funktionsprogrammes bestimmt die ersten Arbeitsschritte. In diesen Prozeß ist der Bauherr unverzichtbar einzubeziehen. Im Dialog Bauherr – Architekt geht es um die differenzierende Klärung und Ausdeutung des Programmes. Aspekte dieses Dialogs: räumliche Qualitäten und Wirkungen; Atmosphäre und Identität der erwarteten Baugestalt; ihre bau-architektonische Haltung und der Ausdruck; darin eingeschlossen die architektonische und baukünstlerische Qualität. Gleichgewichtig ist das Studium des Ortes (Baugelände) im weitesten Sinne: Klärung der realen Gegebenheiten – »physisches« Milieu. Sodann erfassen und bewerten: Stadt-/Orts-Bild; historischer Hintergrund; stadt-soziologische Struktur; soziale und städtebauliche Milieuwerte – »psychisches« Milieu. Projektabhängig und wenn möglich werden die Ergebnisse dieser Recherchen in einem Vortrag für die Bauherrschaft zusammengefaßt, um von den Erkenntnissen und Fakten zunächst verbal zu den architektonischen Absichten und Vorstellungen hinzuleiten. Erste Entwurfsskizzen begleiten diesen Dialog; vorzugsweise bei Bauherrengremien.

3. Welcher Anteil an der Entwurfsarbeit entfällt in Ihrem Büro auf die konzeptionelle Arbeit, welcher auf Darstellung und Präsentation? Mit welchen Mitteln präsentieren beziehungsweise vermitteln Sie Ihre Entwurfskonzepte?

Die Entwurfsarbeit bestimmt alle wesentlichen Planungsphasen: Vorentwurf, Entwurf, Ausführungsplanung. In diesen Phasen ist konzeptionelle und kreative Arbeit gefordert. Sie reicht vom Konzeptentwurf bis zum Detail. Bei der umfangreichen Ausführungsplanung kann der Computer hilfreich den rein manuellen Aufwand eines Planungsvorganges rationalisieren. Insbesondere wird durch ihn Abstimmung und Integration der Leistungen der Fachingenieure und fachlich Beteiligten erleichtert. Der hierdurch ersparte Aufwand kommt der kreativen Arbeit zugute.

Die ausgereiften, abgeschlossenen Planungen werden vorzugsweise in händischen Zeichnungen, Perspektiven und Schaubildern präsentiert. Bei bestimmten Bauherrschaften und vor allem bei großen Projekten ist ein Computereinsatz angezeigt.

4. Kann Entwerfen Teamarbeit sein, oder ist es immer das Werk eines einzelnen? Welche Rolle spielen Bauherr und weitere fachlich Beteiligte beim Entwurf?

»Teamarbeit« ist im Vorfeld des Entwerfens angesagt. Im wesentlichen geht es hierbei um ein Zusammentragen aller relevanten Informationen und Parameter sowie deren entwurfsbezogene Wertung.

Die architektonische Haltung und Charakteristik einer räumlichen Gestalt sowie deren künstlerische Authentizität widerspiegeln Phantasie, Vorstellungsvermögen und Geisteskraft; sie setzen einen geistigen Anspruch voraus und kennzeichnen das kreative Potential des Entwerfers. In diesem Sinne ist das Entwerfen als umfassender Ideen-Entwurf immer die Sache eines einzelnen. Dieser gibt Rahmen und Richtung vor.

Teamarbeit kann, insbesondere bei großen Projekten und in Abhängigkeit von Charakter und Befähigung der Team-Mitglieder, auf dieser Grundlage erfolgreich werden. Die kreative Mitarbeit der »fachlich Beteiligten« geht im Vorfeld des zusammenfassenden Architektur-Entwurfes in diesen ein. Die Rolle des Bauherren fokussiert in der Festlegung der funktionalen und technischen Parameter des Entwurfes sowie schlußendlich in seiner Bewertung.

5. Was sind für Sie wesentliche Merkmale eines gelungenen Gebäudeentwurfes?

Wesentliche Merkmale sind die Übereinstimmung der funktionalen und technischen Strukturen in einer architektonischen Ganzheit sowie ihre »gestalterische Höhe« im Blick auf den geistigen Anspruch, auf Ausdruck und Haltung. Dies meint die künstlerische Authentizität eines Architekturprojektes.

6. Welchen Stellenwert beziehungsweise Anteil hat das Entwerfen für Sie am Gesamtplanungsprozeß für ein Gebäude?

Mit Verweis auf die Antworten zu den Fragen 3 und 4 hat das Entwerfen den höchsten Stellenwert innerhalb eines Gesamtplanungsprozesses.

7. Welche Entwürfe Ihres Büros halten Sie selbst für besonders wichtig beziehungsweise charakteristisch für Ihre Arbeit?

Die Kirchen: Erlöserkirche in Erding, Heilig-Geist-Kirche am Tegernsee, Paul-Gerhardt-Kirche in Stein (Nürnberg). Flughafen MUC II - Terminal 1 - (West)

8. Welche Kenntnisse beziehungsweise fachlichen und persönlichen Eigenschaften sind für einen Entwerfer besonders wichtig?

Siehe auch »Freier Text«.

Das kreative Ringen um die architektonische und baukünstlerische »Gestalt-Höhe« setzt umfassendes Fachwissen, Sensibilität, Phantasie und die Courage einer gebildeten und charakterfesten Persönlichkeit voraus.

9. Entwerfen Sie eher spontan oder systematisch, eher rational oder gefühlsbetont?

Je nach Art einer architektonischen Aufgabenstellung gehen alle der angesprochenen Eigenschaften in meine Art des Entwerfens ein: systematisch, spontan, rational und gefühlsbetont.

10. Was wäre Ihre liebste Entwurfsaufgabe beziehungsweise welchen Entwurf würden Sie niemals bearbeiten?

Die Geschichte der Architektur ist auch die Geschichte großer Bauherren.

Mein Interesse liegt nicht an Bauherren, die nicht ganzheitliches Denken und eine dementsprechende Verantwortung in die Zusammenarbeit einzubringen gedenken. (Dies ist der Grund für meine Ablehnung, beispielsweise, den Flughafen MUC II nach meinem Terminal 1 weiterzubauen. Das Fehlen stringenten Denkens und vordergründige Prestige-Absichten haben mein ursprüngliches Gesamt-Konzept zerstört.). Meine liebsten Entwurfsaufgaben werden weniger von der Gebäudeart als von Qualität und Persönlichkeit eines Bauherren vorbestimmt.

Anmerkungen zum Entwerfen

1. Sehen und Entwerfen

In einem geistreichen Essay stellt Henri Matisse fest, daß das Schaffen in der bildenden Kunst mit dem Sehen beginne, ja, daß das Sehen selbst schon ein schöpferischer Akt sei. Nun wird man gewiß nicht so ohne weiteres von der Malerei auf die Baukunst schließen dürfen, denn deren vielfache Gebundenheit an Zweck und Mittel setzt dem unmittelbaren Vergleich Grenzen. Und dennoch trifft die Beobachtung des Malers auf einen entscheidenden Aspekt auch des architektonischen Entwerfens zu: ich meine die Befähigung zu bildlicher und räumlicher Vorstellung. Denn nichts kann in der Baukunst Gestalt annehmen, das nicht in der Vorstellung des Architekten gedacht und empfunden, in bildlich-räumlichen Formen imaginiert wird.

Die Phantasie oder Einbildungskraft steht gewöhnlich am Anfang jedes kreativen Gedankens. Alle Künste verdanken ihr den Eingang in den schöpferischen Akt. Dante beteuert dies mit poetischer Anschaulichkeit: »Poi piovve dentro a l'alta fantasia.« »Dann ergoss sich ein warmer Regen in die fruchtbringende Phantasie.« Selbst die Wissenschaften profitieren von dieser Phantasie bei den vorausgehenden Formulierungen ihrer zu verifizierenden Annahmen und Hypothesen. Giordano Bruno zufolge ist der »spiritus phantasticus« »Mundus quidem et sinus

inexplebilis formarum et specierum: eine Welt und ein unersättlicher Born von Formen und Bildern«. Aus der Fülle und Vielfalt dieser durch Assoziation, Transformation und Analogie imaginierten Bilder zu neuen Formen und räumlichen Gestalten vorzudringen, zeichnet den schöpferisch veranlagten Menschen aus.

2. Verinnerlichung, Vorstellung und die Kultur des Machens

So beginnt das architektonische Entwerfen mit dem Sehen, beginnt mit der Fähigkeit, die dingliche Umwelt in den Gestalten von Bildern und Räumen wahrzunehmen und zu erleben. Aus meiner Beobachtung gibt es für diese Primärerfahrung, von der wir wissen, daß sie keineswegs selbstverständlich ist, vor allem eine Art der Schulung: die des Zeichnens und Malens. Es gibt nichts Reicheres, nichts Komplizierteres und auch nichts Komplexeres, die unendliche Vielfalt überlieferter architektonischer Gestalten eingeschlossen, als das Sichtbare. Hiermit knüpfe ich an die Gedanken des römischen Philosophen Giordano Bruno an. Mit anderen Worten: Zeichnen bedeutet sehen, bedeutet Aneignung der Natur, der Welt. Alles Träumen, Erinnern, alles Konzipieren und Konstruieren, alles Phantasieren oder, anders gesagt, sämtliche Innen- und Außenbilder des Menschen beziehen sich eben darauf. Wo die Architektur Raum- und Bildkunst ist, hat das Vorstellungsvermögen des schöpferischen Menschen seine Wurzeln in diesen sichtbaren und erfahrbaren Formen und Erscheinungsbildern unserer Welt. Sie sind verinnerlichtes Potential im architektonischen Denken, das beim Entwerfen darauf gerichtet ist, die Vielfalt der Bedingungen, unter denen Architektur erwartet, entsteht und genutzt wird, in eine übergeordnete, bildhaft-räumliche Idee zusammenzuführen und zu veranschaulichen.

Deshalb bleibt das Einüben des Sehens und die sich dabei einstellende Seherfahrung im weitesten Sinne durch die zeichnerische Auseinandersetzung mit allem Sichtbaren in Ausbildung und Praxis ohne Alternative. Wir wissen, daß diese Seherfahrung immer auch eine geistige und emotionale Qualität einschließt. Fülle und Fundus so erfahrener Bilder und Formen ist der fruchtbare Boden, auf welchem die architektonische Phantasie und die Vorstellungskraft für das Entwerfen wirksam werden können.

Ohne das gleichnishaft vor-gestellte Bild vom Menschengeschöpf, so berichtet Vitruv, wäre die Säule als Architekturelement, das den Aspekten der Funktion, der Konstruktion und des Ausdrucks gleichermaßen dienlich ist, kaum entstanden. Und vergleichsweise ähnlich sprechen Palladio und Frank Lloyd Wright die »Geometrie als die Idee jeglicher Form« an. Wenn Phantasie also die Fähigkeit bedeutet, Wahrnehmungs- und Gedankeninhalte gleich welcher Art neu und produktiv miteinander zu verknüpfen, dann heißt dies für das architektonische Entwer-

fen, Raum-Bilder zu denken, in denen Anlaß, Zweck, die Mittel und die Bedeutung einer Bauaufgabe materiell angemessen und ideell sinnfällig zusammengeführt werden können. Bei der Auseinandersetzung mit architektonischen Gestalten verbinden wir die unmittelbare Wahrnehmung von Bild, Raum und Wirkung mit früheren und anderen Eindrücken. Vergleich und Wertung stellen sich ein. Und je mehr wir durch gesteigerte Seherfahrung imstande sind, mit Wahrnehmung und Wirkung auf uns zugleich Urteil und Schlüsse über das Gesehene zu verbinden, desto mehr werden wir auch befähigt sein, das Wesentliche einer baulichen Gestalt und ihre Gesetzmäßigkeiten zu erfassen.

Wir haben die Chance, die Bedingungen ihres Ausdrucks zu ergründen. Gleichwohl, die Erfahrungen bestätigen es, schult und kultiviert die zeichnerische und gedankliche Verinnerlichung bildlichräumlicher Erfahrungen die Fähigkeit, neue Bilder zu denken und sie in Form und in bauliche Gestalten umzusetzen. Denn über alle Theorie hinaus impliziert die Architektur vor allen Dingen die Kultur des Machens.

3. Wirkung und Ausdruck des Raums sind Aspekte des architektonischen Entwerfens

Hinlänglich ist bekannt, daß Nutzung und Funktionen großen Einfluß auf die Entwicklung des Grundrisses nehmen. Architektur ist in den Zwecken verankert. Unsere Erfahrungen lehren uns aber auch, daß den Unerläßlichkeiten der Zwecke und des Nützlichen mit durchaus unterschiedlichen Grundrißfigurationen entsprochen werden kann. Bei den Konstruktionen verhält es sich nicht anders. Es ist für einen Raum physisch nahezu belanglos, ob er mit einer Flachdecke überspannt oder die Decke in ein Stabtragwerk aufgelöst ist; bestenfalls nehmen wirtschaftliche Erwägungen hierauf Einfluß. Ohne die Vorstellungen deshalb von Wirkungs- und Ausdrucksformen, in denen sich auch der geistige und emotionale Gehalt der Bauaufgabe wiederfindet, werden Grundriß und die Konstruktionen schwerlich mehr sein als die brauchbaren Instrumente für belanglose Behälter. Nur eine übergeordnete, einer ganzheitlichen Betrachtung folgende Raum- und Bildidee indes vermag die vielfältigen Teilaspekte des Bauens aus ihrer Vereinzelung zu lösen und in ein übergreifendes Thema, in eine architektonische Gestalt zu integrieren. In ihr bedingen Zweckmäßigkeit, der Ausdruck und die Schönheit einander sinnfällig. Die Schönheit vor allen Dingen, so vermerkt Rudolf Arnheim in seinen gestaltpsychologischen Untersuchungen, ist ein Mittel zur Klärung des Ausdrucks.

Flughafen München (MUC II), Entwurfsperspektive und realisiertes Projekt

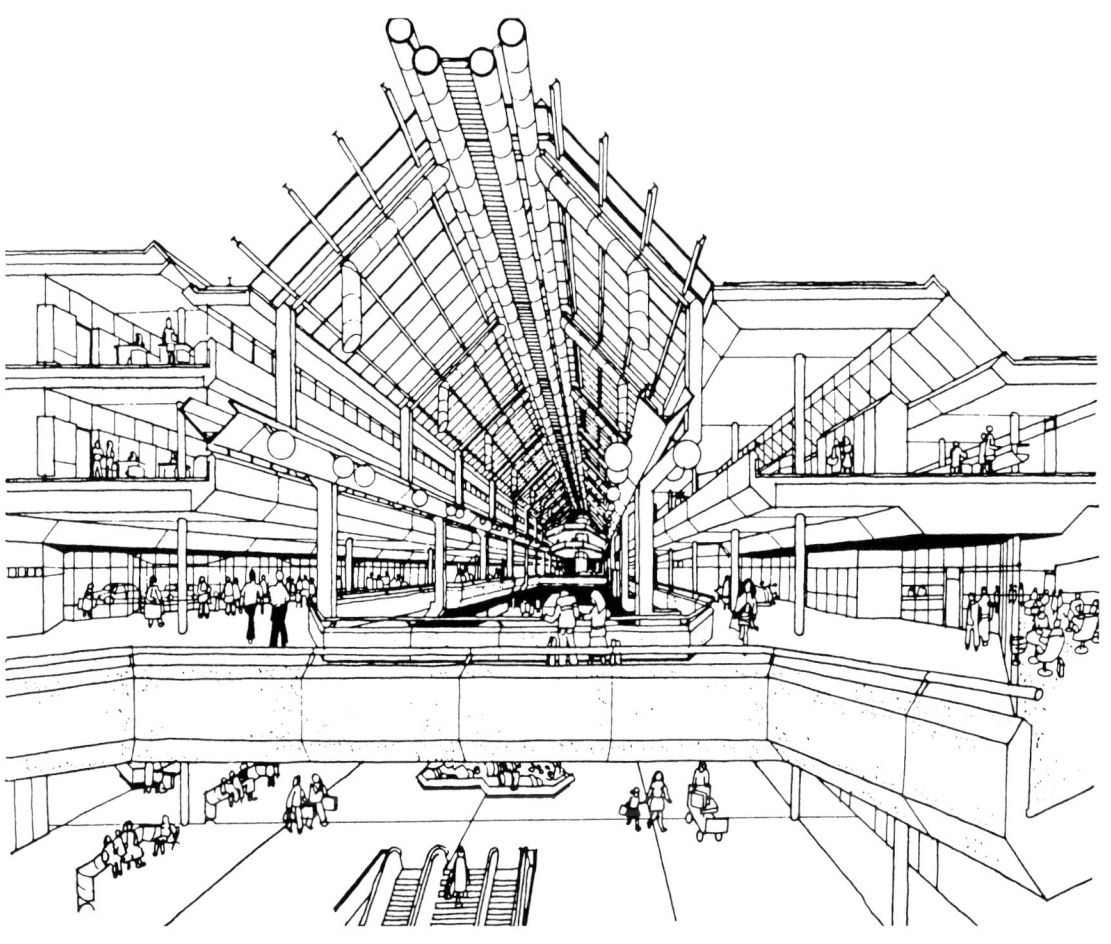

4. Gestalt als Ziel architektonischen Entwerfens

Und auch dies ist im Zusammenhang mit der Suche nach der architektonischen Gestalt anzumerken: Alberti spricht in seinem Traktat von der »concinnitas« und meint mit ihr die gesetzmäßige Übereinstimmung aller Teile eines Bauwerkes. Sie bestehe darin, daß weder etwas hinweggenommen oder etwas verändert werden könne, ohne das Ganze weniger gefällig zu machen. Auch wenn für ihn unter dem Eindruck pythagoreischer Lehrsätze diese »concinnitas« auf Zahlen und deren Beziehungen zueinander beschränkt bleibt, so weist er dennoch auf eine bestimmte Qualität des architektonischen Entwurfes hin, die wir Generationen später in den Aussagen Christian v. Ehrenfels' über die »Gestaltqualität« eindrucksvoll und mit weitreichender Bedeutung auch für die Architektur dargestellt finden: »Gestalt hat keine Teile; ihr Wesen ist gegründet im Unteilbaren; sie ruht im Qualitativen.«

Architektonisches Entwerfen ist demnach das Vermögen, aus den Zwecken Raumgestalt entstehen zu lassen. Ihre Qualität ist um so höheren Grades, je mehr es gelingt, ihre materiellen und immateriellen Teile und Aspekte unter der verbindenden Kraft einer tragenden Idee zusammenzuschließen. In ihr sind dann Inhalt und Funktion, Konstruktion und Form wechselseitig vermittelt.

So bleibt für das Entwerfen festzuhalten: Entwerfen bedeutet vor allem Arbeiten an der baulichen Gestalt. Es ist der suchende und erfinderische Umgang mit Materie und Raum. Es ist das phantasievolle Spiel mit dem Licht und mit den Musen der Schönheit. In ihr sind die Proportionen und die Rhythmen, die Harmonie der Formen und ihre spannungsvolle Ordnung wirksam. Entwerfen, das ist der sichere Umgang mit den technischen Mitteln und den funktionalen Unerläßlichkeiten, denen Architektur ihre Anlässe verdankt. Entwerfen, das ist das unverdrossene Ringen um den Ausdruck des Erscheinungsbildes. Entwerfen kann, der gelernt hat, die materiellen und die geistigen Inhalte einer Aufgabe zu erkennen und der über die technischen und die organisatorischen Bedingungen von Architektur verfügt. Und der komplementäre Aspekt: Entwerfen kann, der die Form zu meistern versteht; der die kompositorischen Gesetze und Geheimnisse dessen, was Gestalt ausmacht, erfahren hat; und der ihren Ausdruck vorausschauen und bildhaft auszudrücken in der Lage ist. Spätestens hier ist Goethes Eingeständnis anzumerken, als er mit vierzig Jahren für sich feststellte, die bildende Kunst sei nicht seine Sache: »Das wirkliche Talent hat einen angeborenen Sinn für die Gestalt.«

5. Sinnvolles »Fügen« – Entwerfen im Detail

Das Entwerfen von zweckmäßigen und schönen Räumen beinhaltet stets auch die Frage nach ihrer technischen Bewältigung im einzelnen; denn räumliche Wirksamkeit ist keineswegs nur die Folge eines bestimmten Zusammenspiels von Volumen, Licht und Proportionen. Räumliche Gestalt und die von ihr ausgehenden Wirkungen werden vor allem auch von Material und Technik, werden von der Art und Weise ihrer zusammengefügten Teile, ihrer Konstruktionen im Detail mitbestimmt. Das »sinnvolle Fügen« der Teile zu einer allen Anforderungen gerecht werdenden Funktions- und Gestalteinheit ist deshalb nicht nur ein Konstruieren, sondern ebenso ein Entwerfen. Im Blick hierauf sind bei einem »sinnvollen Fügen« das Konstruieren und das Entwerfen die zwei Seiten ein und derselben Medaille. In diesem Sinne bedeutet »sinnvolles Fügen« Material- und Werkgerechtigkeit, korrekte Anwendung technischer und ökonomischer Regeln, Logik der Konstruktionen, bedeutet Anmut und Schönheit im einzelnen und Kleinen. Sinnvolles Fügen entscheidet über die materielle Tauglichkeit von Räumen und Bauwerken. Die zu entwerfenden Konstruktionen haben ebenso Anteil an deren immaterieller Tauglichkeit. Denn die konstruierten Formen bestimmen das räumliche Milieu, bestimmen die ästhetische und entscheiden über die humane Qualität von Gebautem mit. Sinnvolles Fügen der Teile greift also über und geht ein in die Findung einer sinnfälligen Gestalt für den ganzheitlichen Anspruch einer Bauaufgabe.

Dieser Gedanke verweist schlußendlich auf den letzten und am schwierigsten einzulösenden Anspruch an das Entwerfen: In der vollendeten Baugestalt sind das Ganze und die Teile thematisch und kompositorisch aufeinander bezogen. Das eine ist auf das andere angewiesen, wenn es um die Frage von Raumwirkung und die Schönheit einer Baugestalt geht. Seiner Bedeutung innerhalb des Gesamtkontextes gemäß trägt die spezifische Form eines jeden Teils Idee und Ausdruck des verbindenden Baugedankens mit. Mit anderen Worten: In der Unmittelbarkeit auch des Details wird für den Betrachter die Idee des Ganzen lebendig. Erst das Einlösen dieses Anspruchs an das Entwerfen entscheidet über die Qualität einer Raum-Baugestalt insgesamt.

Flughafen München (MUC II), allererste
Entwurfsskizze

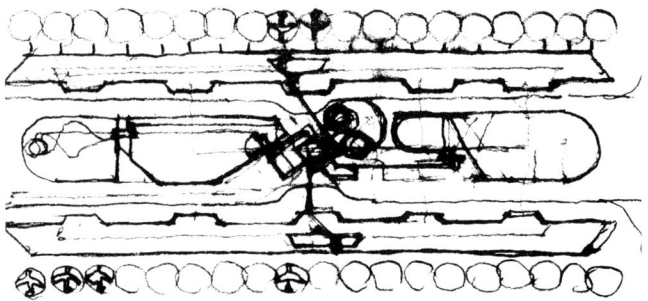

Deshalb sei mit Nachdruck festgestellt: Beim architektonischen Entwerfen müssen Idee und Ausdruck eines Baugedankens bis in das letzte Detail spürbar und wirksam werden.

6. Entwerfen in einer veränderten Welt

Unser Weltbild hat sich seit Leonardo tiefgreifend verändert. Wissenschaft und Technik setzen fortschreitend neue Bedingungen. Auflösung und Vereinzelung der über Jahrhunderte wirksam gewesenen baumeisterlichen Einheit – Konstrukteur, Künstler und Organisator – erscheinen uns als folgenschwerer Tribut an Entwicklung und Fortschritt.

Auch für das Bauen heute gilt, daß ohne diese tiefgreifende, strukturelle Veränderung die zivilisatorischen und sozialen Errungenschaften der zurückliegenden Dezennien undenkbar sind. Gleichwohl erfahren wir heute dieses Bauen auch als Teil eines bedrohlichen Wohlstandssyndroms: Folge bezugloser Vereinzelung baulicher Teilaspekte; Folge vor allen Dingen des Verlustes und/oder Verdrängens ganzheitlicher Betrachtungsweisen. »Bauen als Umweltzerstörung« – die Ambivalenz produktiver Prozesse wird, wie in vielen anderen Bereichen, so auch hier und heute deutlicher denn je. Gleichwohl wachsen Einsicht und Erfahrung, daß die Chancen zur Wiedererlangung ganzheitlicher Qualität im Bauen in der wertbezogenen Ausrichtung und der kreativen Zusammenführung fachlicher Einzelleistungen liegen.

Dies ist die neue, große Herausforderung an ein verantwortungsvolles Entwerfen in der Zukunft. Hierbei muß die Zusammenarbeit unter den wissenschaftlichen und künstlerischen Disziplinen deshalb heute und zukünftig zu einer schöpferischen Wirkungs-Einheit höherer Ordnung hinführen, wie sie unter den zurückliegenden Bedingungen des Handwerkes, der Zünfte und der Stände in der allverantwortlichen Zuständigkeit des Baumeisters sinnvoll und leistungsfähig angelegt war. Kooperation in diesem Sinne muß aus dem Bewußtsein erfolgen, daß unserem Bauen mehr denn je jene Integrationsleistung abverlangt wird, welche der Sicherung und dem Fortbestand menschlicher Existenz und Kultur wichtigstes Anliegen ist.

Wie immer die Bedingungen für Architektur sich in Zukunft entwickeln und verändern werden, die Grundanforderungen an das Entwerfen werden unverändert bleiben: das Verständnis für Raum und Proportionen, die Beziehung eines Materials zu einem anderen und die Klarheit des architektonischen Ausdrucks. Deshalb sucht das Entwerfen über alle materiellen Unerläßlichkeiten hinaus in der architektonischen Form die Äußerung des inneren Gehaltes einer Bauaufgabe. Hierin ist die Architektur als Baukunst der Sprache sehr nahe. In der Form ihrer höchsten Vollendung, in der Kunstform der Poesie gelingt es der Sprache am schönsten und bewegendsten, unsere Gedanken und Empfindungen an die verborgenen Wirklichkeiten und Wahrheiten des Lebens heranzuführen.

Architekturskizze aus Venedig: Das Motiv der Kuppel

Im Blick hierauf bleibt die Kunst des Entwerfens für den Architekten eine lebenslange Herausforderung.

Literaturnachweis

Italo Calvino: Sechs Vorschläge für das nächste Jahrtausend. Harvard-Vorlesungen. Carl Hanser: München/Wien 1991 (Dante-Zitat)

Jean Starobinsky: Das Reich des Imaginären. In: Psychoanalyse und Literatur. Hrsg. von Alexander Mitscherlich. Suhrkamp: Frankfurt am Main 1973 (über Giordano Bruno)

Hans-Busso von Busse: Der gemeinsame Weg. Architekten und Ingenieure im Dortmunder Modell Bauwesen. Eigenverlag Universität Dortmund 1984

Elke Delugan-Meissl, Roman Delugan

1993 Gründung des Architekturbüros Delugan_Meissl

Elke Delugan-Meissl
geboren in Linz
Studium an der Technischen Universität Innsbruck
Diplom bei Professor O. Barth

Roman Delugan
geboren in Meran
Studium an der Hochschule für angewandte Kunst in Wien, Meisterklasse Professor W. Holzbauer

1984–1985	Mitarbeit am Forschungsprojekt »Architektur des 20. Jahrhunderts in Österreich« bei Professor F. Achleitner
1996	Lehrbeauftragter an der Hochschule für angewandte Kunst, Wien
2004/05	Gastprofessur an der Fachhochschule, Bern

Zehn Fragen – zehn Antworten

1. Welche Arbeitsmittel sind für Sie beim Entwerfen am wichtigsten – Handskizze, CAD-Technik, Arbeitsmodelle –, und wie hat sich der Computer als Arbeitsmittel auf Ihre Entwurfsarbeit und auf Ihre Entwurfsergebnisse ausgewirkt?

Der Computer ist tatsächlich ein unerläßliches Werkzeug in der Architektur – gerade im Umgang mit komplexen Formen, ihrer Konfiguration und Simulation. Wir sind dabei jedoch nicht auf eine spezielle Software angewiesen, aus der sich unsere Architektur generieren würde, vielmehr betrachten wir die einzelnen Programme als Hilfsmittel, mit denen es möglich wird, unsere Visionen umzusetzen und zu vermitteln. Genauso ist aber die Entwicklung eines Projekts über Skizzen und Arbeitsmodelle ein wesentlicher Teil des Entwurfsprozesses. Im körperlichen Modell kann die haptisch-sinnliche Erfahrbarkeit von Materialität, Wirkung der Baukörper und Licht erprobt werden. Wir betrachten die verschiedenen Schritte nicht als voneinander losgelöst, sondern sie unterliegen einer ständigen Kalibrierung, die sie in der wechselseitigen Überprüfung erlangen.

2. Welches sind Ihre ersten Arbeitsschritte am Beginn einer neuen Entwurfsaufgabe, in welche Arbeitsschritte gliedert sich der Prozeß eines Gebäudeentwurfes in Ihrem Büro idealerweise?

In der Herangehensweise an eine neue Entwurfsaufgabe steht zuallererst eine Auseinandersetzung mit dem Ort, in dessen Kontext sich das Gebäude befinden wird. Unser Ziel ist es dabei nicht, eine rein objekthafte Architektur zu etablieren, sondern eine, die im Wirkungszusammenhang von Bestehendem und Neuhinzukommendem die Qualität des Ortes fördert. Im weiteren Planungsverlauf wird dieser Anspruch mit dem Stand des Entwurfs immer wieder in Einklang gebracht und darauf basierend weiterentwickelt.

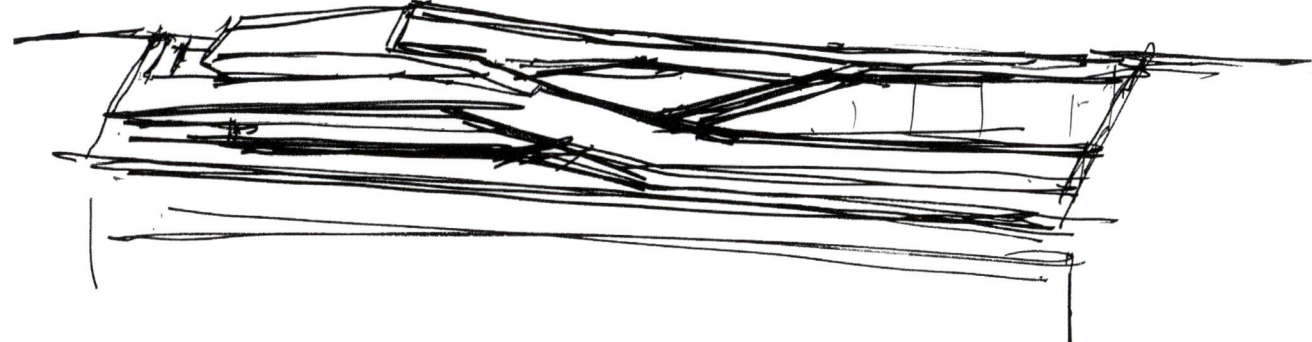

Dachaufbau Ray 1, Wien, Ideenskizze und realisiertes Projekt

3. Welcher Anteil an der Entwurfsarbeit entfällt in Ihrem Büro auf die konzeptionelle Arbeit, welcher auf Darstellung und Präsentation? Mit welchen Mitteln präsentieren beziehungsweise vermitteln Sie Ihre Entwurfskonzepte?

Um einen Entwurfsgedanken schlüssig zu transportieren, wird der Präsentation und der Vermittlung des Konzepts ein hoher Stellenwert beigemessen. Dabei wird mit Hilfe von Animationen, Computerrenderings, Modellen und Modellfotografien das Projekt in einer Weise visualisiert, die unsere Aussage vorstellbar macht und die gleichzeitig das Entwurfsmotiv stützt und trägt.

4. Kann Entwerfen Teamarbeit sein, oder ist es immer das Werk eines einzelnen? Welche Rolle spielen Bauherr und weitere fachlich Beteiligte beim Entwurf?

Die Zusammenarbeit im Team ist geprägt von einer intensiven Auseinandersetzung. Ein Entwurf bis hin zur Ausführung ist immer auch ein kooperativer Planungsweg, der jedoch von ein bis zwei Personen geführt wird, die gewissermaßen die Regie übernehmen. Bei den beteiligten Firmen und Konsulenten, deren Mitwirken sich oft schon bei mehreren Projekten bewährt hat, setzen wir voraus, daß diese auf der Basis unseres Entwurfs kreativ mitgehen und sich einbringen. Das Ziel ist es, sowohl innerhalb unseres Büroteams als auch mit den anderen

Beteiligten, inklusive der Bauherren, eine gemeinsame Sprache zu finden, die unserem Ansatz entspricht, barrierefrei zu denken und zu bauen.

5. Was sind für Sie wesentliche Merkmale eines gelungenen Gebäudeentwurfes?

Architektur, die zu überzeugen vermag, ist nicht allein ästhetisches Objekt. Vielmehr gilt es zu überprüfen, inwieweit ein Gebäude auf seine Umgebung reagiert, wie es im Zusammenspiel mit dem äußeren Erscheinungsbild gelingt, im Innenraum Bezüge zum Kontext herzustellen und auf welche Weise Übergänge zwischen einzelnen Funktionsbereichen formuliert werden. Eine Fassade kann mehr sein als die Trennung von innen und außen, ein Gang mehr als eine Verbindung von A nach B, räumliche Unterteilungen mehr noch als Wände und so fort.

6. Welchen Stellenwert beziehungsweise Anteil hat das Entwerfen für Sie am Gesamtplanungsprozeß für ein Gebäude?

Das Entwerfen hat für uns einen absolut hohen Stellenwert und einen großen Anteil am Planungsprozeß eines Projektes, immer im Hinblick darauf, daß das Gebäude, welches am Ende dort stehen wird, den Parametern unserer Entwurfsmethodik entspricht.

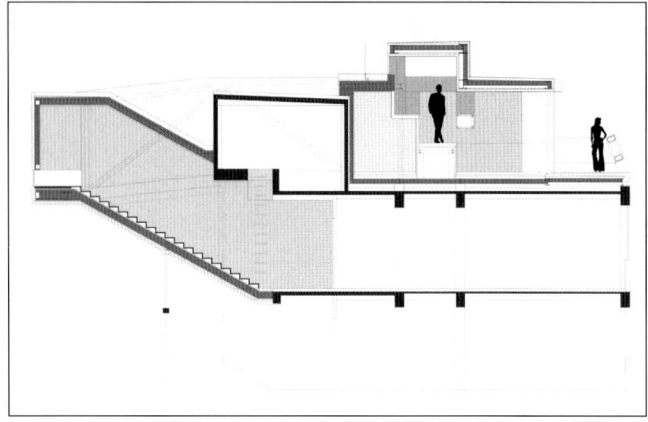

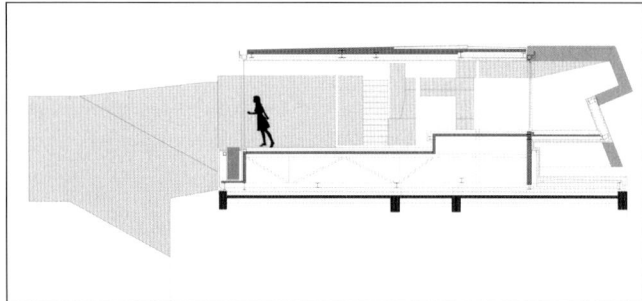

Schnittzeichnungen zum Dachaufbau Ray 1, Wien

7. Welche Entwürfe Ihres Büros halten Sie selbst für besonders wichtig beziehungsweise charakteristisch für Ihre Arbeit?

Alle Entwürfe sind für uns gleichermaßen wichtig und werden stets als neue Herausforderung betrachtet. Unsere Projekte reichen vom Städtebau über Wohnungsbauten, Flughafen, Panoramalift oder Brücke bis hin zur Innenraumgestaltung von Büros oder Geschäften und zur Entwicklung von Möbeln. Es ist uns wichtig, Architektur nicht als eine festumrissene Disziplin zu begreifen, sondern die Möglichkeit des Expandierens in andere Bereiche und Erfahrbarkeiten voll auszuschöpfen. Dabei basieren unsere Projekte auf bestimmten Parametern, deren Umsetzungen dem jeweiligen Entwurf gemäß spezifisch ausformuliert werden: Landschaft beziehungsweise Stadtlandschaft, Fassade, Wegesysteme oder Netzwerke und die Artikulation der Schwelle oder des Übergangs.

8. Welche Kenntnisse beziehungsweise fachlichen und persönlichen Eigenschaften sind für einen Entwerfer besonders wichtig?

Die Entwicklung eines Projekts vom Vorentwurf bis zur Ausführung unterliegt nicht zuletzt einer konsequenten disziplinierten Arbeitsweise, bei der die fachliche Kompetenz den Unterbau dafür bildet, sich innerhalb eines Entwurfes frei und experimentell bewegen zu können und über Gewohntes hinauszugehen.

Das heißt, das Existente nicht notwendigerweise als unumgänglich zu betrachten, sondern auch in Zusammenarbeit mit verschiedenen Spezialisten an neuen Lösungsansätzen für Fassaden, Möbel, Details oder Materialien zu forschen.

9. Entwerfen Sie eher spontan oder systematisch, eher rational oder gefühlsbetont?

Wir entwerfen natürlich nicht unemotional, auch spontan, aber immer auf der Basis des Wissens um das, was ein Gebäude können und leisten muß. Dieser Zugang erscheint logisch, da wir die sinnliche Raumerfahrung als einen wesentlichen Aspekt unserer Architektur verstehen. Die systematisch-rationale Herangehensweise ist dann unerläßlich, wenn ein Projekt zur Ausführung gelangt, um sicherzustellen, daß ein Entwurfskonzept in der konkreten Umsetzung bis hin zum Detail genauestens ablesbar wird.

10. Was wäre Ihre liebste Entwurfsaufgabe beziehungsweise welchen Entwurf würden Sie niemals bearbeiten?

Die liebste Aufgabe ist immer die nächste. Jeder neue Entwurf wird erst einmal völlig offen betrachtet und als Möglichkeit, neue Wege zu beschreiten. Dort aber, wo das Umfeld es uns unmöglich macht, uns zu positionieren und wir keine Chance zur dialogischen Auseinandersetzung sehen, sowohl im Umgang mit den beteiligten Personen als auch mit dem Ort an sich, dort müssen wir in letzter Konsequenz ein Projekt ablehnen.

Delugan_Meissl

Wollte man für unsere Entwurfsmethodik einen Leitbegriff formulieren, so wäre das wohl Landschaft. Ein Gebäude wird in unseren Konzepten immer als Aspekt eines größeren Ganzen, eines räumlichen Wirkungszusammenhanges formuliert, nicht als Solitär. Es geht bei diesem integrativen Zugang nicht um die totale Gestaltung jedes greifbaren Elementes der Umwelt, sondern um eine Vernetzung des Neuen mit dem Bestehenden – und um Anschlußmöglichkeiten für das Zukünftige.

Der Begriff Landschaft wird gewöhnlich in zweierlei Bedeutungen verwendet: einerseits das aus der Kunstgeschichte kommende Wort für den »geschauten Naturausschnitt«, für einen Teil der freien Natur, definiert durch den menschlichen Blick darauf, weil das Gesehene immer erst einmal vom Sehenden ausgewählt und komponiert werden muß. Und andererseits der geographische Begriff, der eine Region mit gewissen einheitlichen naturräumlichen Eigenschaften bezeichnet.

Und hier besteht auch der Zusammenhang mit dem Begriff Landschaft, wie wir ihn in unserer Arbeit verwenden, nämlich als eine Reinterpretation des Genius loci, der Qualitäten des vorgefundenen Ortes. In unseren Entwürfen versuchen wir, das Neue ins Vorgefundene, Bestehende einzufügen und, ausgehend davon, die Qualitäten des Ortes zu erhöhen, nicht aber neue zusammenhanglos zu etablieren.

Das Neue ist durchaus selbstbewußt und stark gegenüber dem Vorhandenen, versucht aber nicht, dieses zum Verschwinden zu bringen. Der Begriff impliziert jedenfalls immer die Bearbeitung oder Herstellung des Raums durch den Menschen – in diesem Sinne sind auch Städte Landschaft, und deshalb sind unsere höchst urbanen Projekte kein Widerspruch zu ihrer Orientierung auf die Landschaft. Unter diesen Prämissen ist es naheliegend, die Stadt als Landschaft aufzufassen und Städtebau als Stadtlandschaftsgestaltung zu betreiben.

Die Vielfältigkeit, Wechselhaftigkeit, Nutzbarkeit und Zonierung des Raums sind unsere wesentlichen Anliegen, und das dadurch entstehende Problem der Schwelle ist eine zentrale Frage. Eine Landschaft ist zwar kontinuierlich, aber selten homogen, und es ist auch kein Entwurfsziel, Homogenität zu erreichen. Deshalb muß die entworfene Landschaft Zonen unterschiedlicher Dichte und Nutzung aufweisen, und die Übergänge zwischen diesen Zonen müssen formuliert werden – eben als Schwellen oder Grenzen.

Natur in die Stadt zu bringen ist eine Folge des Landschaftskonzeptes in unserer Arbeit, der Versuch, Urbanität und Natur zu verbinden – jedoch ergänzt durch eine Reihe weiterer Strategien. Stadträume und Gebäude als Landschaft zu verstehen heißt, sie als kontinuierlichen und trotzdem heterogenen Raum aufzufassen. Öffentliche Bereiche, Gebäude und ihre Fassaden, Bestehendes und Neues gehen ineinander über und werden verknüpft, die strikte Trennung von innen und außen wird unterlaufen, sonst flache Fassaden entwickeln sich zu Räumen und werden von innen und außen benutzbar, Gebäude werden von öffentlichen Zonen durchzogen, und die Verwendung von Naturelementen im Inneren von Gebäuden verweist auf den Außenraum.

Büro- und Wohngebäude Wimbergergasse,
Wien, die begrünte Dachlandschaft

Günther Domenig

Günther Domenig

6. Juli 1934	geboren in Klagenfurt.
1948–1953	Höhere Technische Lehranstalt, Abteilung Hochbau Villach
1953–1959	Studium der Architektur an der Technischen Universität in Graz
1960–1964	Mitarbeit in diversen Architekturbüros in Österreich und im Ausland
1963–1973	Partnerschaft mit Eilfried Huth
1969	Grand Prix International d'Urbanisme et d'Architecture, Cannes, Projekt Ragnitz
seit 1973	eigene Architekturbüros in Graz, Klagenfurt und Wien
1975	Prix Europeen de la Construction Metallique
1978	Preis der Österreichischen Zementforschung
seit 1980	Professur an der TU Graz, Institut für Gebäudelehre, Wohnbau und Entwerfen
seit 1987	teilweise Projektpartnerschaften im In- und Ausland
1995	Goldene Ehrenmedaille der Stadt Wien
1996	Würdigungspreis des Landes Kärnten

Gastprofessuren, Seminare und Vorträge im In- und Ausland, darunter BRD, Italien, Belgien, England, Skandinavien, Türkei, USA, Niederlande, etc.

Zehn Fragen – zehn Antworten

1. Welche Arbeitsmittel sind für Sie beim Entwerfen am wichtigsten – Handskizze, CAD-Technik, Arbeitsmodelle –, und wie hat sich der Computer als Arbeitsmittel auf Ihre Entwurfsarbeit und auf Ihre Entwurfsergebnisse ausgewirkt?

Das Wichtigste ist für mich die Ideenskizze, in der Folge kommt dann die Technik der zeitgenössischen Umsetzung. Der Computer beeinflußt meine persönliche Entwurfsarbeit nicht, denn er hat bei der Ideenskizze überhaupt nichts zu suchen, nur bei der Durchführung des Projektes.

2. Welches sind Ihre ersten Arbeitsschritte am Beginn einer neuen Entwurfsaufgabe, in welche Arbeitsschritte gliedert sich der Prozeß eines Gebäudeentwurfes in Ihrem Büro idealerweise?

Zitat Domenig: »Architektur ist ästhetische Organisation«. Das heißt, zuerst kommen die Flächen- und die funktionale Raumorganisation, danach wird entworfen.

3. Welcher Anteil an der Entwurfsarbeit entfällt in Ihrem Büro auf die konzeptionelle Arbeit, welcher auf Darstellung und Präsentation? Mit welchen Mitteln präsentieren beziehungsweise vermitteln Sie Ihre Entwurfskonzepte?

Auf die konzeptionelle Arbeit entfällt der größte Anteil, die Anteile von Darstellung und Präsentation ergeben sich dann in der Folge. Ich präsentiere meine Entwurfskonzepte anhand von Zeichnungen und Modellen.

4. Kann Entwerfen Teamarbeit sein, oder ist es immer das Werk eines einzelnen? Welche Rolle spielen Bauherr und weitere fachlich Beteiligte beim Entwurf?

Entwerfen ist prinzipiell die Idee des einzelnen, in der Folge wird sie zu Teamwork. Bauherr und fachliche Beteiligte werden einbezogen.

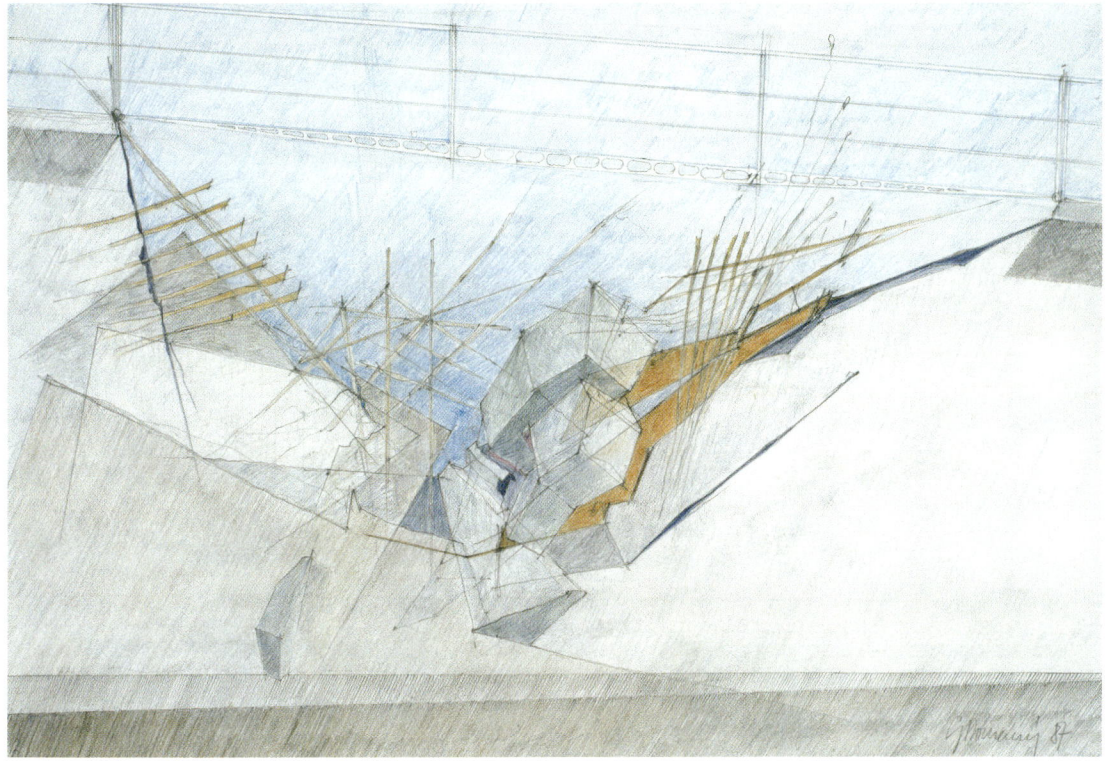

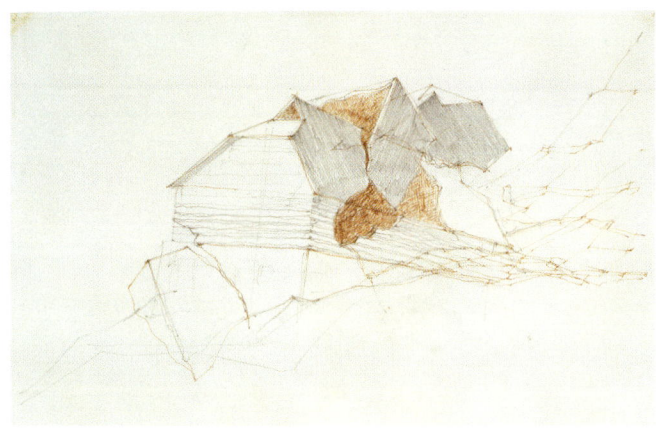

Zeichnungen zum Thema der architektonischen Zerbrechung

5. Was sind für Sie wesentliche Merkmale eines gelungenen Gebäudeentwurfes?
Die Ganzheitlichkeit.

6. Welchen Stellenwert beziehungsweise Anteil hat das Entwerfen für Sie am Gesamtplanungsprozeß für ein Gebäude?
Das Entwerfen hat für mich am Gesamtplanungsprozeß den wesentlichen Anteil.

7. Welche Entwürfe Ihres Büros halten Sie selbst für besonders wichtig beziehungsweise charakteristisch für Ihre Arbeit?
Entwürfe, deren Inhalt im Vordergrund steht.

8. Welche Kenntnisse beziehungsweise fachlichen und persönlichen Eigenschaften sind für einen Entwerfer besonders wichtig?
Umfassende Architekturkenntnisse.

9. Entwerfen Sie eher spontan oder systematisch, eher rational oder gefühlsbetont?
Zuerst gibt es eine rationale Analyse, danach kommt es zum spontanen Entwurf.

10. Was wäre Ihre liebste Entwurfsaufgabe beziehungsweise welchen Entwurf würden Sie niemals bearbeiten?
Meine liebste Entwurfsaufgabe sind Projekte, deren Inhalt als Ganzes künstlerisch hochwertig ist. Was ich nie bearbeiten würde: das Gegenteil!

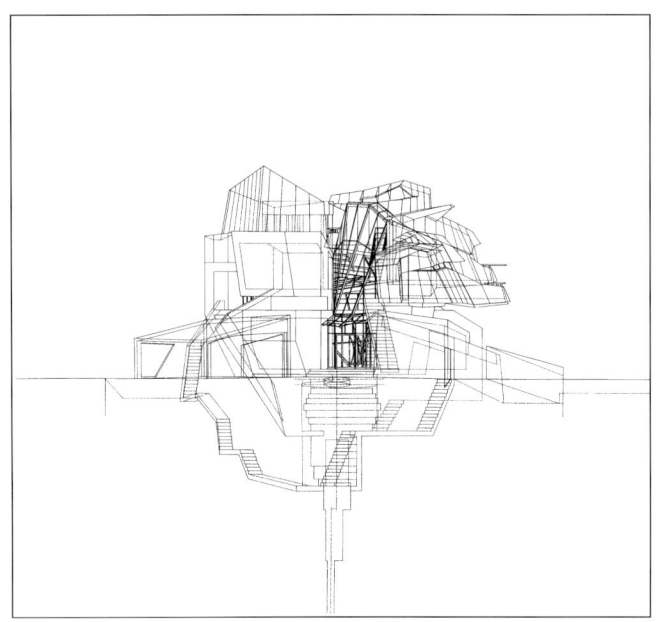

Steinhaus in Steindorf
Werkstätte für Architekten

Bauherr: Günther Domenig
Ort: Steindorf in Kärnten
Architekt: Günther Domenig
Mitarbeiter: A. Gruber, G. Wallner, M. Klement
Statik: Harald Egger
Größe: ca. 1000 m^2
Baubeginn: 1986
Fertigstellung: open end
Baukosten: nicht abschätzbar

Der Versuch, eine charakteristische Landschaft mit der arche-typischen Architektur und der Idee in Wechselbeziehung zu bringen.

Ortsbeziehung
Es ist ein Bauen in einer bestimmten Landschaft, es ist eine zeitgemäße Alternative für landschaftsgebundenes Bauen, und es ist ein spezifisches Gebilde für eine spezifische Gegend.

Vergleich, Erinnerung
Der eine Ort, eine bizarre, gebirgige Gegend (Berge und Felsen, Übergänge vom Bewuchs zum Stein); die alten Architekturen sind erhalten (sie passen sich an die Steilheit und Schwere dieser Landschaft an), die existenziellen Bedingungen sind hart.
Der andere Ort am See, die Landschaft ist offen und weich; die alten Heimatarchitekturen sind zerstört; die Architektur ist ein Abbild der touristischen Ausbeutung.
An beiden Orten habe ich gelebt.
Die subjektiven Dimensionen des Ortes sind:

der Ort als dunkle Erinnerungen,
der Ort als gelebte Erfahrung und
der Ort als angenommene Selbstdarstellung.

Ausdruck
Aus dem Boden wachsen »Hügel«, aus denen die »Felsen« brechen. Sie sind durch die Schlucht getrennt. Die Felsen aus Metall und die Hügel aus Mauern sind durchdrungen von Räumen und Wegen, die unter das Wasser reichen.

Auf der Alm
Rückzug in die Gegend der gelebten Jugendzeit, Vermischung der Idee, der Architektur mit der gelebten Erfahrung und deren Impressionen.

Architektonische Brechungen
Gedanken zur bestehenden Architektur:
ihre typischen Elemente zu sezieren, zu behalten, zu ent-wickeln, zu erneuern und in den Zeitgeist zu integrieren. Die Umweltgestaltung als »jetztzeitliche« Leistung des »Ichs«.

Das geheimnisvolle Lächeln der Geometrie
Es gibt drei Wege, die Geometrie einzusetzen:
Der eine – ohne Geometrie zu bauen, das heißt dann amorph (österreichisch: Gatsch) – unerträglich.
Der andere – durch Geometrie zu bauen (z. B. kristallin), das heißt Zwang – unerträglich.
Meiner – mit der Geometrie zu bauen, das heißt zuerst die Idee, die Gestalt, die Form und dann die Fassung durch Geometrie.
Die Kraft der Geometrie – die Öffentlichkeit der Geometrie.

Ästhetik des subjektiven Interesses
Das Persönliche an der Form
Das Gestalthafte – als sinnliche Verkörperung der Idee
Die »Privatheit« in der Architektur
Die subjektiven Dimensionen in der Architektur

Landschaft – Architektur – Idee
Der Entstehungsprozeß eines Architekturentwurfes und das Er-
gebnis als Wechselbeziehung zwischen meiner Person und den
Erlebnissen, den Lebensgewohnheiten und der Landschaft; die
persönliche Existenz, meine Erinnerungen und deren subjekti-
ver Ausdruck.
»Natürlichkeit und Künstlichkeit«
»Natur und Kopf«
»Innenwelt und Außenwelt«
»Dämmerung nach vorwärts«

Steinhaus in Steindorf, Kärnten, Schnitt-
und Perspektivzeichnungen sowie
Aufnahmen des realisierten Projekts

Max Dudler

18. November 1949
      geboren in Altenrhein, Schweiz
Studium   Städelschule, Frankfurt am Main, bei Profes-
      sor Günter Bock; Hochschule der Künste
      Berlin bei Professor Ludwig Leo
1981–1986 Architekt bei O. M. Ungers (Messehaus 9,
      Frankfurt am Main; Galleria Messe, Frankfurt
      am Main; Kulturforum, Berlin; Messehoch-
      haus, Frankfurt am Main)
1986–1992 Architektengemeinschaft Karl Dudler, Max
      Dudler, Pete Welbergen
1989   Dozent, Sommerakademie für Architektur,
      Herne
1989–1990 Lehrauftrag Architekturfakultät Venedig
1990   Dozent, Sommerakademie für Architektur,
      Mantova
1991   Deutscher Architekturbeitrag, Biennale
      di Venezia
seit 1992   eigene Büros in Berlin und Zürich
1993–1995 Dozent, Sommerakademie für Architektur,
      Neapel
1996   Deutscher Architekturbeitrag,
      Biennale di Venezia
      Interims-Professur Lehrstuhl für Entwerfen
      und Industriebau, Universität Dortmund
2000   „BDA Architekturpreis 2000«, Anerkennung
2003   BDA-Preis Rheinland-Pfalz für Hotel
      »Quartier 65«, Mainz-Weisenau

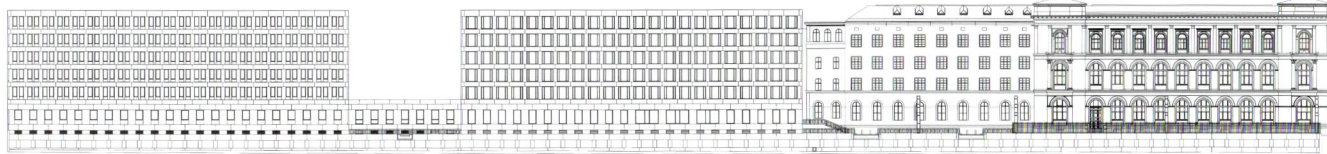

Bundesministerium für Verkehr, Bau und
Wohnungswesen, Berlin, Außenansicht

Zehn Fragen – Zehn Antworten

**1. Welche Arbeitsmittel sind für Sie beim Entwerfen am
wichtigsten – Handskizze, CAD-Technik, Arbeitsmodelle –,
und wie hat sich der Computer als Arbeitsmittel auf Ihre
Entwurfsarbeit und auf Ihre Entwurfergebnisse ausgewirkt?**
Am Anfang stehen immer die Skizze und das konzeptionelle
Denken.

**2. Welches sind Ihre ersten Arbeitsschritte am Beginn einer
neuen Entwurfsaufgabe, in welche Arbeitsschritte gliedert
sich der Prozeß eines Gebäudeentwurfes in Ihrem Büro
idealerweise?**
Der Ort, die Typologie, Analogien, Materialien.

**3. Welcher Anteil an der Entwurfsarbeit entfällt in Ihrem
Büro auf die konzeptionelle Arbeit, welcher auf Darstellung
und Präsentation? Mit welchen Mitteln präsentieren beziehungsweise vermitteln Sie Ihre Entwurfskonzepte?**
Die gesamte Arbeit ist konzeptionell. Nur durch ständiges Fein-
schleifen lassen sich Bilder klar herausarbeiten. Die Präsentation erfolgt durch CAD-Visualisierung, zusammen mit Modell
und Plänen.

Bundesministerium für Verkehr, Bau und
Wohnungswesen, Berlin, Außenansicht
und Blick in die Innenräume von Alt- und
Neubau

4. Kann Entwerfen Teamarbeit sein, oder ist es immer das Werk eines einzelnen? Welche Rolle spielen Bauherr und andere fachlich Beteiligte beim Entwurf?
Ein Entwurfsprozeß ist beides – durch Teamgeist wird er inhaltlich vorangetrieben. Zum Zeitpunkt, da Entscheidungen getroffen werden müssen, ist jedoch eine klare Hierarchie erforderlich, um Verwässerungen zu vermeiden.

5. Was sind für Sie wesentliche Merkmale eines gelungenen Gebäudeentwurfes?
Stimmigkeit.

6. Welchen Stellenwert im Gesamtprozeß der Planung eines Gebäudes beziehungsweise welchen Anteil daran hat das Entwerfen für Sie?
Alles wird in irgendeiner Form festgelegt; also muß alles entworfen werden.

7. Welche Entwürfe Ihres Büros halten Sie selbst für besonders wichtig beziehungsweise charakteristisch für Ihre Arbeit?
Jeder Entwurf wird mit Leidenschaft betrieben. Manchmal sind die äußeren Umstände günstig, manchmal nicht.

8. Welche Kenntnisse beziehungsweise fachlichen und persönlichen Eigenschaften sind für einen Entwerfer besonders wichtig?
Wille zur Qualität.

9. Entwerfen Sie eher spontan oder systematisch, eher rational oder gefühlsbetont?
Sinnlichkeit ist das Ziel, Rationalität das Mittel.

10. Was wäre Ihre liebste Entwurfsaufgabe beziehungsweise welchen Entwurf würden Sie niemals bearbeiten?
[alles]

Credo Max Dudler

Dauer (nicht nur in der Architektur) ist etwas Zweckmäßiges. Gebäude werden in erster Linie errichtet, um einem Zweck und allermeist mehreren Zwecken zugleich zu dienen. Hinzu kommt noch, daß sich die Zwecke ein und desselben Gebäudes im Lauf der Jahre, Jahrzehnte – manchmal sind es Jahrhunderte – ändern. Diese Bauzwecke sind eins mit dem Verlangen nach Dauer; und die ist bekanntlich nicht allein eine Frage von physischer Haltbarkeit, sondern auch von Schönheit.

Gleichbedeutend ist das Gestalten mit jenem uralten Verlangen nach Schönheit nicht (denn es unterliegt ja bei weitem nicht allein Gesetzen des Schönen – so es solche gibt). Aber wie nun schon angedeutet, gibt es dieses Verlangen. Wie erreicht ein architektonisches Gebilde Schönheit: Schönheit, die von Dauer ist? »Die Schönheit ist eine Art Übereinstimmung und ein Zusammenklang der Teile zum Ganzen, das nach einer bestimmten Zahl, einer besonderen Beziehung und Anordnung ausgeführt wurde, wie es das Ebenmaß, das heißt das vollkommenste und oberste Naturgesetz fordert.« So definierte Alberti. Ihm ging es um Harmonie im Ganzen, die durch Zahl, Beziehung und Anordnung zustande kommt, was wiederum auf dem höchsten Naturgesetz gründet. Nun mag man einwenden, zwischen Alberti und uns heutigen Menschen liegen Jahrhunderte,

und inzwischen habe sich doch alles geändert. Selbstverständlich geht es nicht darum, einen konkreten Stil der Renaissance fürs Heute zu propagieren. Auch spricht Alberti nicht von einem bestimmten Stil, vielmehr von etwas Prinzipiellem, das er doch auch vornehmlich aus seinem Studium der Antike, vor allem der Schrift Vitruvs ableitete, um damit eigene Wege zu gehen. Albertis Zeit ist mindestens so sehr eine andere gewesen, wie es die unsere im Vergleich zur Renaissance ist.

So geht es darum, Grundsätze des Bauens zu finden, die unabhängig von einer bestimmten Zeit sind, über das Zeitliche hinaus gelten. Was aber muß zuerst in Betracht gezogen werden, wenn man ein »schönes« Haus bauen will? Für Alberti ist der Ort der Ausgangspunkt allen Bauens. Und was soll sich daran geändert haben? Bevor man planvoll Teile zu einem architektonischen Ganzen zusammenfügt, liegt die Entscheidung, wo das Haus stehen soll. Außerordentlich selten trifft heutzutage der Architekt diese Entscheidung, so daß er also mit seinem Entwurf auf den Ort zu reagieren hat. Egal ob man auf dem einsamsten Berghang oder mitten im Straßenzug einer Metropole baut, Architektur bedeutet immer einen Eingriff in ein bestehendes Raumgefüge. Hier beginnt also das Bauen – und zwar als räumliches Inbeziehungsetzen, das sich vom großen Maßstab des Natur-Raums über den kleineren Raumausschnitt des Grundstücks bis in die Einteilung der Grundebene in die noch

Auswärtiges Amt, Berlin, Entwurfsperspektiven

museum und der Landwirtschaftsschule eine Gruppe, deren Neorenaissance-Architektur von großer Freiheit und Selbstverständlichkeit ist. Die Umgebung war städtebaulich recht diffus. Und so erschien es wichtig für die Erweiterungen, ein Konzept zu entwickeln, das sowohl die Situation stabilisiert als auch ein architektonisches Gleichgewicht zwischen Alt- und Neubauten schafft. Die beiden Erweiterungsbauten, verbunden über einen zurückgesetzten Baukörper, sind analog zum Altbau skulpturale Kuben, die zum einen frei im Stadtraum stehen, doch zum andern auch eine besondere Spannung aus dem Gruppengefüge selbst beziehen: durch eine leichte Verschwenkung gegenüber den Altbauten, die das Eigengewicht und die gespannte Beziehung des Neubaus betont. Ebenso analog zeigen sich Proportion und Fassadenaufbau. Das Verhältnis von Alt und Neu ist davon geprägt, daß die Volumen gleichsam ineinander greifen. Die Neubauten verstehen sich als ergänzende

kleineren Raumzusammenhänge des Grundrisses harmonisch fortentwickelt.

Architektur ist Raumkunst; und entsprechend verlangt sie zunächst eine Raumidee, ohne die ein Haus (oder eine ganze Stadt) von Schönheit und Dauer nicht hervorgebracht werden kann.

Schönheit als eine Frage von Harmonie, das heißt also – Ruhe, jene »Übereinstimmung und ein Zusammenklang der Teile zu einem Ganzen«. Denkt man Alberti weiter, gelangt man notwendigerweise zu klaren, einfachen Formen: zur Reduktion. Wenn man den »Alten«, wie Berlage schreibt, »jenes Geheimnis« ablauscht, »ihren Gebäuden diesen nie verfehlten Reiz zu geben, … fällt uns sofort auf, daß … diese eine große, ich möchte sagen, Haupteigenschaft sofort ins Auge tritt, es ist ›die Ruhe‹; eine reizende Ruhe in ihren kleinen Werken, eine erhabene Ruhe in ihrer großen monumentalen Architektur … Fast möchte ich sagen, daß die beiden Worte Stil und Ruhe synonym sind … Stil ist die Ursache der ›Ruhe‹.«

Der Ort in Berlin, an dem die Erweiterungen des Bundesministeriums für Verkehr, Bau- und Wohnungswesen entstanden, ist besonders geprägt von jenem Altbau der ehemaligen Bergakademie und des heutigen Verkehrsministeriums von August Tiede und bildet längs der Invalidenstraße mit dem Naturkunde-

Fortführungen, mit dem Ziel, ein Gleichgewicht herzustellen und dabei eine eigene körperliche oder, anders gesagt, skulpturale Präsenz geschliffener Volumen zu entfalten, die innen mit großen Öffnungen und viel Glas überraschen. Und auch im Inneren besteht typologisch ein enger Bezug zum Altbau. Im südlichen Neubau gibt es den vollständig verglasten, arkadenumstellten Innenhof, während bei der Renovierung des Altbaus dessen historischer Lichthof wiedergewonnen wurde. Die Glasdecke des Innenhofs im Neubau liegt direkt über dem Hochparterre, und drei der fünf Konferenzräume liegen im Innenhof – ganz unterschiedlich im Volumen: erneut ein Spiel mit Außen- und Innenraum. Im fünften Obergeschoß wird die Anlage einhüftig und gegen den Hof hin von einer Außenterrasse umgeben; von dort fällt der Blick nicht nur auf die zahllosen Kleinwelten der ausfachenden Fenster, sondern auch nach unten auf die optischen Gärten, die, gleich einer Bildkomposition im Meer des großen Glasdachs über dem Erdgeschoß, die Dächer der dort verteilten Konferenzräume mit unterschiedlichen Themen bespielen. Ein Bild, das an Mondrian erinnert. Der nördliche Erweiterungsbau schließlich verfügt über einen ungedeckten und begehbaren Hof, der die dreifache Variation des Themas der Hoftypologien abschließt.

Erst recht komplex ist die Situation am Werderschen Markt, wo Erweiterungen für das neue Auswärtige Amt entstehen soll-

Bundesministerium für Verkehr, Bau und Wohnungswesen, Berlin, Hofansicht

ten. Gegensätze – geschichtliche wie architektonische – prägen das Bild: nördlich die neugotische Friedrichswerdersche Kirche Karl Friedrich Schinkels und das Areal, auf dem Schinkels Bauakademie wohl rekonstruiert werden soll; südlich die eher klassizistische ehemalige Reichsbank Heinrich Wolffs, heute Hauptgebäude des Auswärtigen Amts. »Historisch ist nicht das Alte allein festzuhalten oder zu wiederholen«, lautet ein Ausspruch von Karl Friedrich Schinkel, »dadurch würde die Historie zugrunde gehen, historisch handeln ist das, welches die Geschichte fortsetzt.«

Die Konsequenz: ein Bekenntnis zur deutschen Geschichte – eine Positionierung zweier Neubauten (statt eines einzigen), die eben nicht die Nachbarschaft der alten Reichsbank völlig verdecken. Im Gegenteil, von Norden etwa wird der Blick durch den entstehenden Raum auf die Hauptfassade des Wolffschen Baus gelenkt; eine leise Verschwenkung der Ostfassade des größeren Blocks schafft einen weiteren Verweis auf das alte Reichsbankgebäude. Gleich von welcher Seite, aus welchem

Winkel man die Gebäude betrachtet – es zeigen sich dabei immer wieder ablesbare Verbindungen und Abgrenzungen zwischen den hier so verschiedenen wie aufeinander bezogenen Gebäudetypen. Dabei sind die »Leeräume« ebenso wichtig wie die gebauten Volumina. So hat der Platz zwischen der kleineren westlichen Erweiterung und der ehemaligen Reichsbank die Funktion eines Entrees zu allen drei Gebäuden und übernimmt gleichzeitig, um neunzig Grad gedreht, sowohl die Proportionen als auch die Maße des alten Werderschen Marktes.

Sowohl mit diesen beiden als auch mit meinen anderen Entwürfen versuche ich, jene architektonischen Prinzipien in Gebautes umzusetzen, sie fortzuführen, weiterzuentwickeln, im Hier und Jetzt zu gestalten.

Rainer Hascher
Sebastian Jehle

Rainer Hascher

12. Januar 1950	geboren in Stuttgart
1970–1975	Architekturstudium an der Universität Stuttgart
1977–1979	Wissenschaftlicher Assistent bei Professor Peter C. von Seidlein
seit 1979	eigenes Büro für Architektur, zahlreiche Auszeichnungen u. a. beim Dt. Architekturpreis, Holzbaupreis, Dt. Betonpreis, Dt. Städtebaupreis und Dt. Stahlbaupreis
1988	Ruf als Professor, RWTH Aachen
1989	Ruf als Professor, TU Berlin
1993	Ruf als Professor, Universität Stuttgart
seit 1992	Partnerschaft mit Sebastian Jehle und Gründung des Büros Hascher + Jehle; zahlreiche Wettbewerbserfolge, u. a. 1. Preis Galerie der Stadt Stuttgart, 1. Preis Stilwerk Stuttgart, 1. Preis Uniklinikum Halle-Kröllwitz, 1. Preis Terminal West, Flughafen Berlin-Schönefeld
2000	Berufung in die Berlin-Brandenburgische Akademie der Wissenschaften
2001	Berufung in den Konvent für Technikwissenschaften
2003	1. Preis, Architecture & Technology Award 2003, BDA Preis Niedersachsen 2003

Sebastian Jehle

21. Februar 1965	geboren in Stuttgart
1986–1992	Architekturstudium an der Universität Stuttgart, Diplomabschluß mit Auszeichnung Stahlbauförderpreis, 2. Preis
1988–1989	Praktikum im Büro Behnisch & Partner
1990–1991	Stipendium in London
1992	Freier Mitarbeiter bei Professor Dieter Herrmann und Knut Lohrer
seit 1992	Partnerschaft mit Rainer Hascher und Gründung des Büros Hascher + Jehle, diverse Architekturpreise, Auszeichnungen und Publikationen in der Fachpresse sowie zahlreiche Wettbewerbserfolge, u. a. 1. Preis Galerie der Stadt Stuttgart, 1. Preis Stilwerk Stuttgart, 1. Preis Uniklinikum Halle-Kröllwitz, 1. Preis Terminal West, Flughafen Berlin-Schönefeld
2000	Gründung Hascher, Jehle und Assoziierte GmbH
2002	Lehrtätigkeit an der Technischen Universität Stuttgart
2003	1. Preis, Architecture & Technology Award 2003, BDA Preis Niedersachsen 2003
2004	Professor für Baukonstruktion und Entwerfen an der HFT, Stuttgart

Bürogebäude der dvg/Finanz IT in Hannover,
Entwurfsskizzen

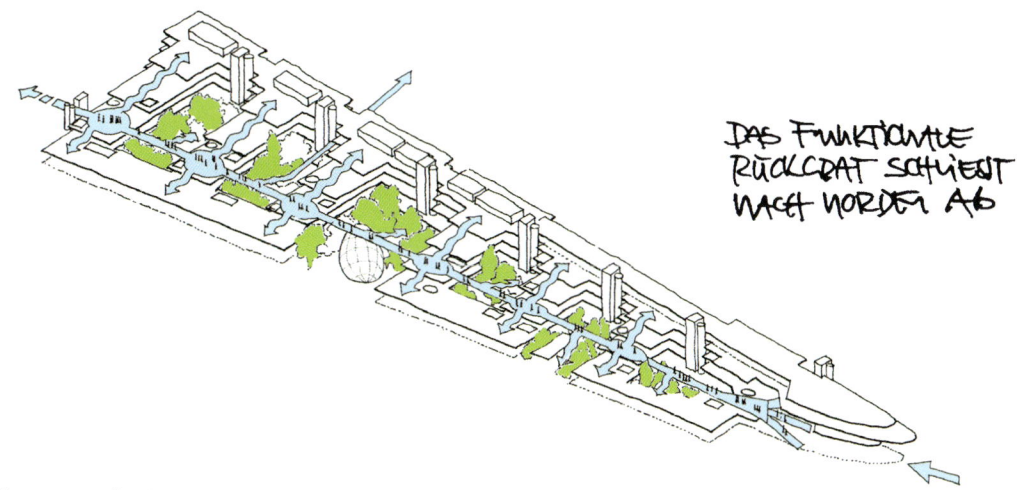

DAS FUNKTIONALE
RÜCKGRAT SCHLIESST
NACH NORDEN AB

KOMMUNIKATIVE
ARBEITSPLÄTZE ÜBER
DIE BÜROGRENZE HINAUS

DIE "HAUPTSTRASSE"
VERBINDET ALLE BÜRO-
BEREICHE MITEINANDER

ALLE BÜROS ORIENTIEREN
SICH ZUM PARK
NACH SÜDEN

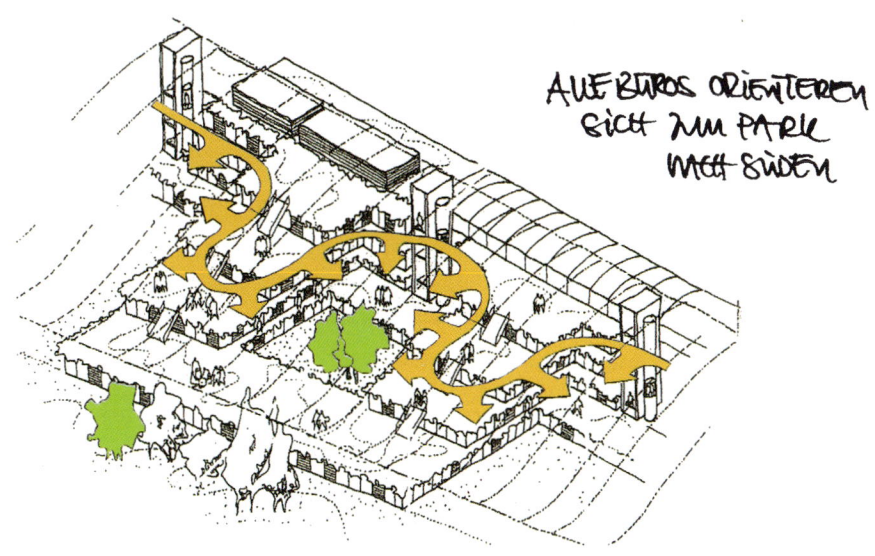

BÜROLANDSCHAFT
UNTER GLÄSERNEM DACH

Zehn Fragen – zehn Antworten

1. Welche Arbeitsmittel sind für Sie beim Entwerfen am wichtigsten – Handskizze, CAD-Technik, Arbeitsmodelle –, und wie hat sich der Computer als Arbeitsmittel auf Ihre Entwurfsarbeit und auf Ihre Entwurfsergebnisse ausgewirkt?

Skizzen und vor allem auch Arbeitsmodelle sind nach wie vor die wesentlichen Elemente, um eine Entwurfsidee voranzutreiben, zu überprüfen und zu korrigieren. Der Computer bleibt ein Hilfsmittel, allerdings ein sehr wichtiges, das es ermöglicht, in kürzerer Zeit als früher Programme und Funktionsabläufe zu komplettieren oder komplexe Geometrien zu durchdringen.

2. Welches sind Ihre ersten Arbeitsschritte am Beginn einer neuen Entwurfsaufgabe, in welche Arbeitsschritte gliedert sich der Prozeß eines Gebäudeentwurfes in Ihrem Büro idealerweise?

Die Suche nach kulturellen Bezügen, nach der Geschichte des Ortes, nach den städtebaulichen Rahmenbedingungen und landschaftlichen Besonderheiten sowie nach der inneren Haltung und Persönlichkeit unseres Auftraggebers, der ebenso Konzern wie Museum sein kann, führt zu Konzeptideen. In einem iterativen Prozeß werden diese Konzepte dann zunächst in städtebaulichen Modellen, später parallel auch in räumlichen Ausschnittsmodellen oder Konstruktionsmodellen auf ihre Tauglichkeit überprüft und in größeren Maßstäben mehr und mehr verfeinert. Es gibt keinen geradlinigen, idealtypischen Entwurfsprozeß. Manchmal stößt man schnell zum Kern der Aufgabe, manchmal tastet man sich mit vielen Wiederholungsschleifen

an das endgültige Entwurfsergebnis heran. Meist führt erst dieser langwierige Prozeß dazu, alle divergierenden Komponenten zu einer schlüssigen und stimmigen Synthese zu vereinen.

3. Welcher Anteil an der Entwurfsarbeit entfällt in Ihrem Büro auf die konzeptionelle Arbeit, welcher auf Darstellung und Präsentation? Mit welchen Mitteln präsentieren beziehungsweise vermitteln Sie Ihre Entwurfskonzepte?

Die konzeptionelle Arbeit hat absolute Priorität. Am liebsten würden wir unsere Arbeitsergebnisse ausschließlich an großen Modellen umfassend präsentieren. Die Begrenzung von Zeit und finanziellen Mitteln zwingt aber zum Einsatz von Computeranimationen, die unserer Auffassung nach jedoch dem Bauherrn strukturelle Sachverhalte nur ungenügend vermitteln.

4. Kann Entwerfen Teamarbeit sein, oder ist es immer das Werk eines einzelnen? Welche Rolle spielen Bauherr und weitere fachlich Beteiligte beim Entwurf?

Unsere Architektur entsteht im steten dialogischen Prozeß, von Anfang an im Team mit dem Bauherrn und den beteiligten Ingenieuren. Nur so entstehen aus innovativen Ideen ganzheitliche Lösungen. Von besonderer Bedeutung ist dabei, daß dieses bei komplexen Aufgaben sehr große Team gemeinsam vom Bauherrn und Architekten zielgerichtet geführt wird. Wo schwache Bauherren ihre originären Entscheidungsaufgaben an dritte Kontrollorgane abgeben, wird Architektur in einem Akt von Verwaltungsprozessen zerredet – das Ergebnis erreicht bestenfalls unteres Mittelmaß.

5. Was sind für Sie wesentliche Merkmale eines gelungenen Gebäudeentwurfes?

Dies wird in unserem nachfolgenden Text zu unserem Entwurfsstandpunkt beantwortet.

6. Welchen Stellenwert beziehungsweise Anteil hat das Entwerfen für Sie am Gesamtplanungsprozeß für ein Gebäude?

Auch die Elemente eines Tragwerks werden genauso entworfen wie zum Beispiel die Integration einer Lüftungsanlage. Erst wenn jedes Detail geklärt ist, endet der Entwurfsprozeß. Genauso wie die späteren Betriebskosten werden natürlich auch die Investitionskosten im wesentlichen in der Entwurfsphase definiert. Der Stellenwert des Entwurfs im Gesamtplanungsprozeß ist also von herausragender Bedeutung.

7. Welche Entwürfe Ihres Büros halten Sie selbst für besonders wichtig beziehungsweise charakteristisch für Ihre Arbeit?

Architektur, wie wir sie verstehen, dient der Inspiration, Interaktion und Kommunikation von Menschen. Hierfür suchen wir

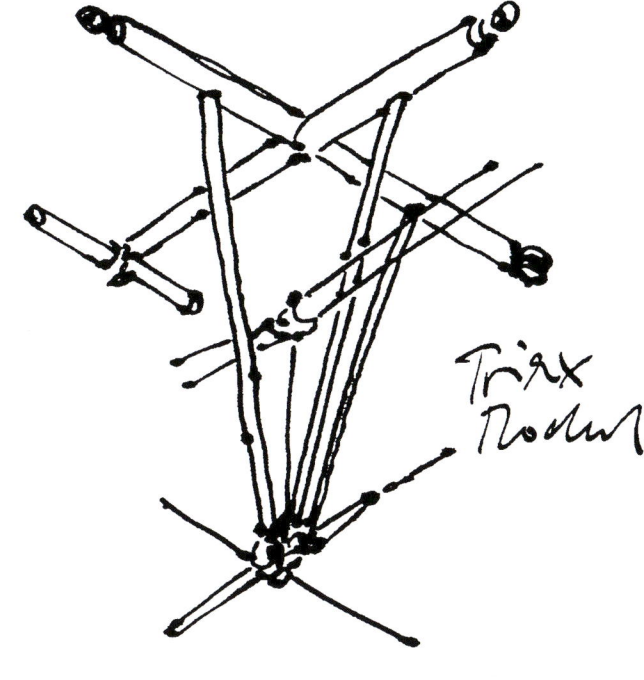

Bürogebäude der dvg/Finanz IT in Hannover,
Entwurfsskizzen und realisiertes Projekt

8. Welche Kenntnisse beziehungsweise fachlichen und persönlichen Eigenschaften sind für einen Entwerfer besonders wichtig?
Der Architekt ist der Spezialist für das Ganze. Niemand außer ihm verantwortet die Integration aller Beiträge der Planungsbeteiligten zu einer schlüssigen Synthese. Sensibilität für gesellschaftliche Entwicklungen, künstlerische Ausdruckskraft und technische Kompetenz sind die Voraussetzungen für einen guten Entwurf.

9. Entwerfen Sie eher spontan oder systematisch, eher rational oder gefühlsbetont?
Wir entwerfen spontan und systematisch, rational und gefühlsbetont. Diese Arbeitsweisen sind genauso wenig zu trennen wie die Prozesse der linken und der rechten Gehirnhemisphäre.

10. Was wäre Ihre liebste Entwurfsaufgabe beziehungsweise welchen Entwurf würden Sie niemals bearbeiten?
Mit einem humanistisch geprägten und gebildeten, entscheidungsfähigen Bauherren würden wir jede Bauaufgabe zu unserer liebsten machen.

nach neuen räumlichen Kompositionen und Strukturen – dies heißt für uns immer auch modernste Technik intelligent nutzen, energetisch günstige, ökonomisch sinnvolle und ökologisch wirksame Bauformen entwickeln. Charakteristisch für diesen Entwurfsansatz sind insbesondere unsere Gebäude der dvg (heute Finanz IT) in Hannover und der LSV in Landshut. Von besonderer Bedeutung ist auch die Galerie der Stadt Stuttgart, die zusammen mit einem neuen Büro- und Einkaufskomplex (Stilwerk) das Zentrum der Stadt neu gestalten wird.

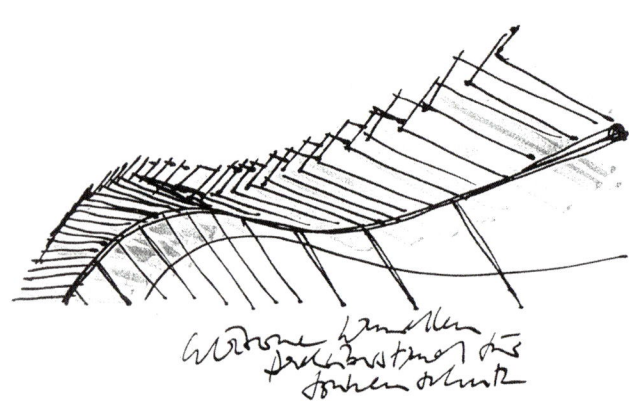

Bürogebäude der dvg/Finanz IT in
Hannover, Entwurfsskizzen und realisiertes
Projekt

Entwurfsstandpunkt

Die Forderung nach einem ideellen Konzept unterscheidet die Architektur einerseits von der Technik. Die Forderung nach der Verifikation dieses ideellen Konzeptes unterscheidet die Architektur andererseits von der Kunst.

Eine unabdingbare Voraussetzung für die Erfüllung von Zweck und das Entstehen der Wirkung von Architektur ist ihre materielle Realisation in der dritten Dimension, in der wahren Größe. Architektur zu machen – zu realisieren – erfordert mehr als eine räumliche Konzeption graphisch zu entwickeln. Dieser materiellen Realisierung liegen andere zusätzliche Dimensionen als solche der Zeichnung zugrunde; dies bedeutet, daß Architektur aus der Dialektik der gedachten Utopie und der zur Verfügung stehenden, eingeschränkten Realisierungsmöglichkeiten entwickelt werden muß.

In der Auflösung dieser beiden Gegensätze liegt wohl die große Schwierigkeit, aber auch faszinierende Herausforderung, Architektur entstehen zu lassen; das realisierte Gebäude wirkt als Medium, das die Bedeutungsinhalte des geistigen Konzeptes zu übermitteln hat. Entscheidend ist dabei, daß dieses Medium ein Eigenleben besitzt; denn plötzlich treten zu den Strukturmerkmalen eines graphischen Layouts eben auch Einflußfaktoren aus Naturgesetzen und Herstellungsprozeß. Diese zusätzlichen Einflußfaktoren gilt es in das Entwurfskonzept zu integrieren, ja durch sie idealerweise das Entwicklungskonzept in seiner Wirkung zu steigern.

Aus dem bisher Gesagten ist der Schluß zu ziehen, das wir es uns nicht erlauben können, Einflußfaktoren des Realisierungsprozesses zu verdrängen oder gar bewußt zu negieren; vielmehr wird von uns gefordert, daß wir alle Aspekte berücksichtigen, sie werten, sie ordnen und in Bezug auf ein übergeordnetes Sinngefüge einen strukturellen Aufbau für den Entwurf suchen.

Diese methodische Suche nach einer entwurfsbestimmenden Struktur hat nichts mit einer vordergründigen technischen Rationalität gemein – sie bewirkt vielmehr, daß der innere Aufbau des Entwurfs der Aufgabe entspricht. Dieses Entsprechen darf, ja muß im Heideggerschen Sinne ein »gestimmtes Entsprechen« sein; denn nur diese Gestimmtheit führt zum Wesen der Aufgabe, zur übergeordneten Idee.

Allerdings ist diese Gestimmtheit auch nicht als eine Ansammlung zufällig auftauchender Gefühle zu verstehen, sie hat nichts mit dem zu tun, was man gewöhnlich Affekte und Emotionen, kurz das Irrationale nennt. Intuitionen, also unmittelbare subjektive Erkenntnisse liefern die Hypothesen für unsere Entwürfe. Sie sind jedoch Anschauungen, die uns keineswegs zwangsläufig zum Wesen der Aufgabe führen: Sie sind fehlbar, das heißt auch das Verwerfen von falschen Intuitionen ist notwendiger Bestandteil des Entwerfens.

Architektur entsteht dort, wo Strukturmerkmale aus Standort, Funktion, Konstruktion, Material und Herstellungsprozeß sich nicht nur gegenseitig decken und ergänzen, sondern auch zu einer Gesamtkomposition aus Raum, Form, Proportion und Bedeutungsinhalt zusammenwachsen. Die Einheit einer architektonischen Gesamtstruktur wirkt um so eindrucksvoller, je dichter dieses strukturelle Netz gewoben ist, je stärker ein inneres Ordnungsgefüge spürbar wird.

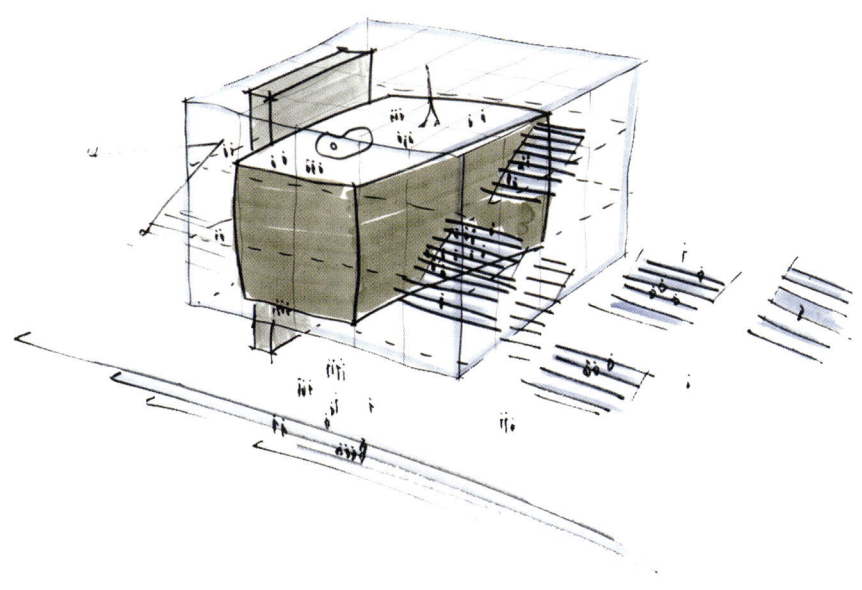

Galerie der Stadt Stuttgart, Entwurfsskizze
und -modell

Josef Paul Kleihues

Josef P. Kleihues.

Josef Paul Kleihues

1933	geboren in Rheine/Westfalen
1955–1959	Studium an der Technischen Universität Stuttgart (Vordiplom) und der Technischen Universität Berlin (Hauptdiplom)
1959–1960	Stipendiat der Ecole Nationale Superieure des Beaux-Arts, Paris
1962	Gründung des eigenen Büros für Architektur und Stadtplanung in Berlin, 1962 bis 1967 in Partnerschaft mit H. H. Moldenschardt
1973	Zweitbüro in Dülmen-Rorup
1973–1994	o. Professor an der Universität Dortmund
1979–1987	Planungsdirektor für die Neubaugebiete der Internationalen Bauausstellung (IBA) Berlin
1986–1990	Irwin S. Chanin Distinguished International Professor, Cooper Union for the Advancement of Science and Art, New York
1987	Gastprofessur, Graduate School of Architecture, Yale University
1989	Ehrenmitglied des American Institute of Architects Hon. FAIA
1994–1998	Professor an der Kunstakademie Düsseldorf, seit 1998 Emeritus
1996	Gründung des Büros Kleihues + Kleihues, Gesellschaft von Architekten mbH, zusammen mit Jan Kleihues und Norbert Hensel in Berlin
2001–2003	Präsident der Internationalen Bauakademie Berlin e. V.

Zehn Fragen – zehn Antworten

1. Welche Arbeitsmittel sind für Sie beim Entwerfen am wichtigsten – Handskizze, CAD-Technik, Arbeitsmodelle –, und wie hat sich der Computer als Arbeitsmittel auf Ihre Entwurfsarbeit und auf Ihre Entwurfsergebnisse ausgewirkt?

Der erste Entwurf für ein neues Projekt entsteht nicht am Arbeitstisch und auf einem Blatt Papier, sondern im Kopf. Nachdem ich das Programm studiert und den Ort für das Projekt besichtigt habe, verschaffe ich mir ziemlich genau Klarheit über das, was ich zu Papier bringen möchte; als reine Gedankenarbeit. Danach erst zeichne ich die erste Skizze, zum Beispiel mit dem Bleistift, auf. Gelegentlich – wenn es meine Zeit erlaubt – fertige ich bereits die ersten Entwurfszeichnungen mit Dreieck und Lineal an. Mit dem Computer weiß ich nicht umzugehen, das überlasse ich meinen Mitarbeitern.

2. Welches sind Ihre ersten Arbeitsschritte am Beginn einer neuen Entwurfsaufgabe, in welche Arbeitsschritte gliedert sich der Prozeß eines Gebäudeentwurfes in Ihrem Büro idealerweise?

Nachdem meine Skizzen oder auch schon genaue Zeichnungen an meine Mitarbeiter weitergereicht wurden, werden jene in den Computer eingegeben. Die CAD-Zeichnungen werden so lange korrigiert und überarbeitet, bis der endgültige Entwurf steht. Dabei wird direkt in den Computerausdruck hineingezeichnet.

3. Welcher Anteil an der Entwurfsarbeit entfällt in Ihrem Büro auf die konzeptionelle Arbeit, welcher auf Darstellung und Präsentation? Mit welchen Mitteln präsentieren beziehungsweise vermitteln Sie Ihre Entwurfskonzepte?

Welcher Anteil an der Entwurfsarbeit auf die konzeptionelle Arbeit entfällt, ist sehr unterschiedlich. Gelegentlich geht diese Arbeit sehr schnell von der Hand, insbesondere wenn der Bauherr zufrieden ist. Genau genommen betrachte ich aber die gesamte

Museum of Contemporary Art, Chicago,
Lageplan und Maßordnungsstudie

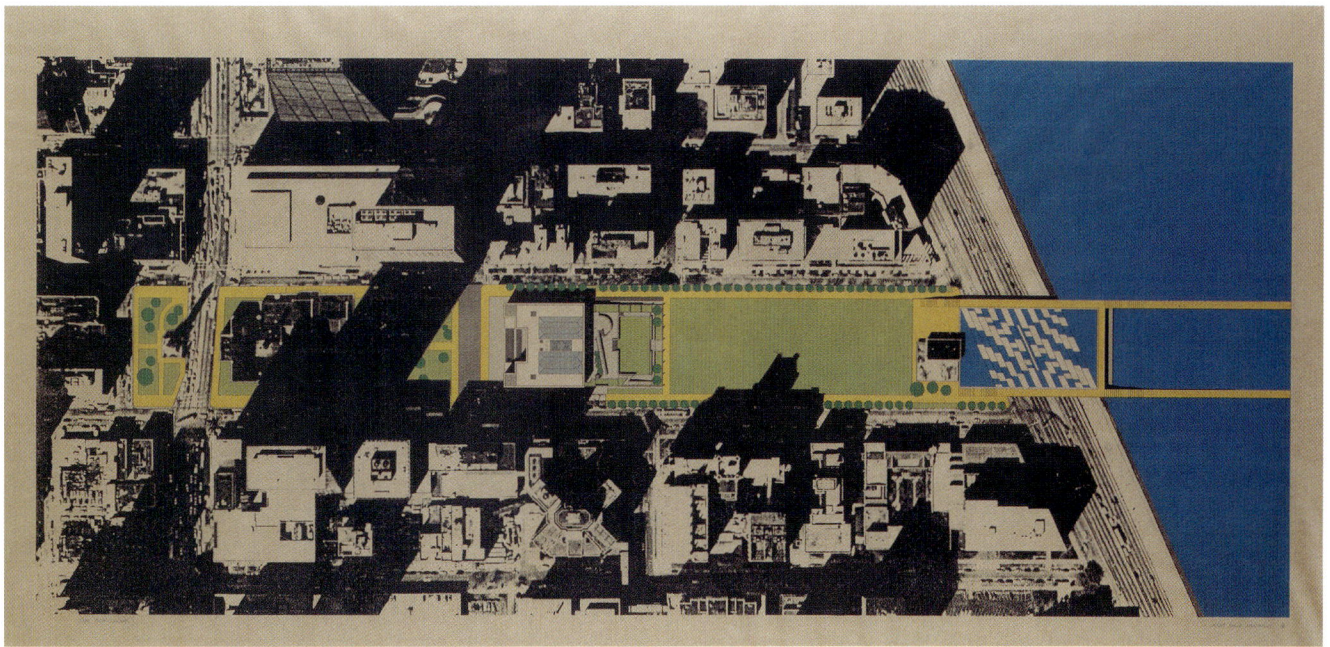

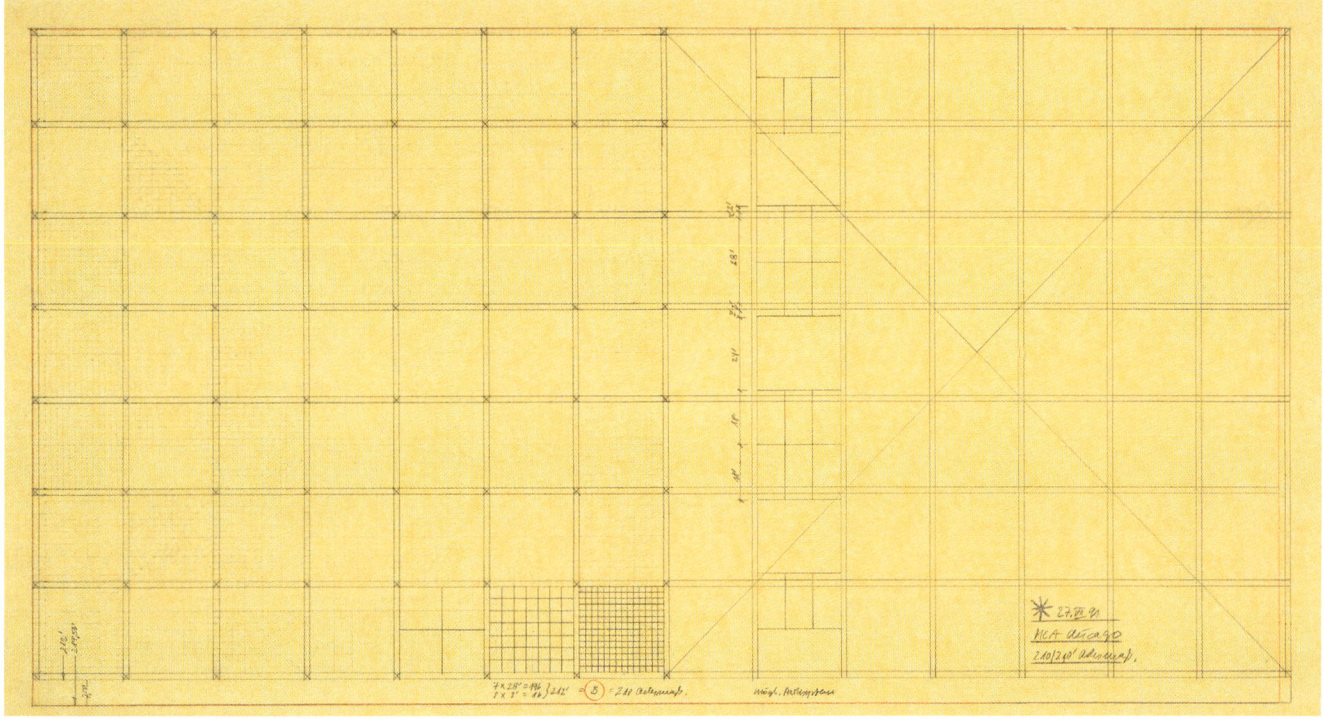

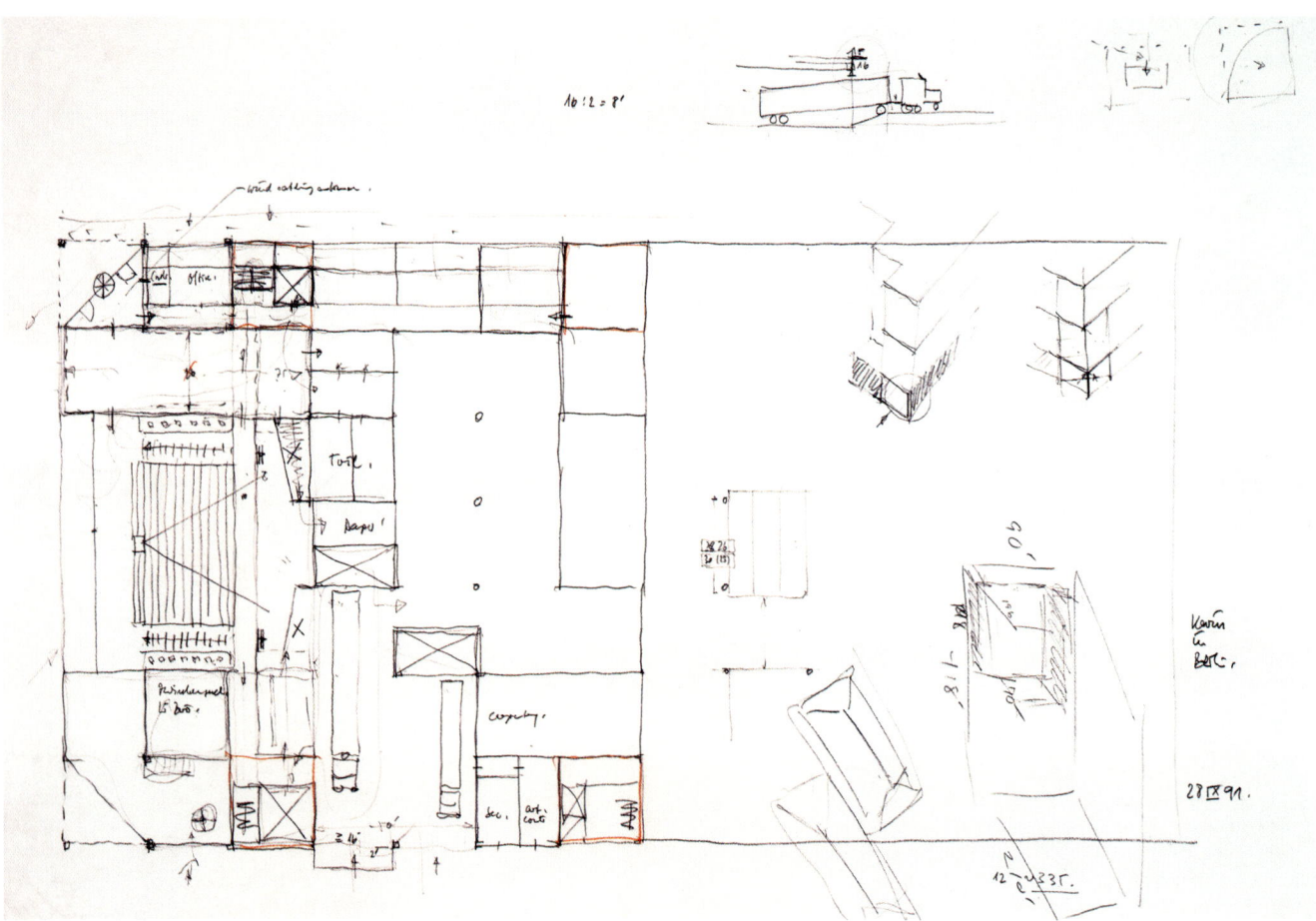

Museum of Contemporary Art, Chicago,
Entwurfsskizze und Grundrißstudie

Entwicklung des Entwurfes von der ersten Skizze bis zum letzten Detail als Entwurfsprozeß. Insofern ist diese Frage eher
theoretischer Natur. Alle genannten Arbeitsschritte vermitteln
den Entwurf. Zur Kontrolle, aber auch zum leichteren Verständnis von Laien sind Perspektiven und Modelle unerläßlich.

**4. Kann Entwerfen Teamarbeit sein, oder ist es immer das
Werk eines einzelnen? Welche Rolle spielen Bauherr und
weitere fachlich Beteiligte beim Entwurf?**
Bei der Durcharbeitung eines Entwurfes spielen der Mitarbeiter,
aber vor allem der Bauherr eine entscheidende Rolle. Die Teamarbeit beginnt jedoch erst, wenn das Konzept steht.

**5. Was sind für Sie wesentliche Merkmale eines gelungenen
Gebäudeentwurfes?**
Mir erscheint es wichtig, daß ein Architekt für seine Entwurfsarbeit eine theoretische Basis erarbeitet, die gewissermaßen den
Charakter aller seiner Projekte ausmacht. Die Individualität seiner Entwürfe aber sollte sich einerseits aus dem Programm, also der Zweckbestimmung, eines Gebäudes und andererseits

aus dem Genius loci, also dem Ort, an dem das Gebäude entstehen soll, entwickeln. Die theoretische Basis meiner Arbeit
habe ich mit dem Begriff »Poetischer Rationalismus« zu erklären versucht.

**6. Welchen Stellenwert beziehungsweise Anteil hat das Ent-
werfen für Sie am Gesamtplanungsprozeß für ein Gebäude?**
Der gesamte Planungsprozeß für ein Gebäude – von der Konzeptentwicklung bis zum letzten Detail – ist für mich, wie bereits gesagt, Entwurfsprozeß.

**7. Welche Entwürfe Ihres Büros halten Sie selbst für be-
sonders wichtig beziehungsweise charakteristisch für Ihre
Arbeit?**
Alle meine Entwürfe und die realisierten Projekte sind charakteristisch für meine Arbeit: angefangen von der Hauptwerkstatt
der Berliner Stadtreinigung (1969/1978), dem Block 270 am
Vinetaplatz (1971/1977), über das Museum für Vor- und Früh-
geschichte in Frankfurt am Main (1980/1989) und das Museum
of Contemporary Art in Chicago (1991/1996) bis zu den Häusern
Liebermann und Sommer am Brandenburger Tor (1992/1999).

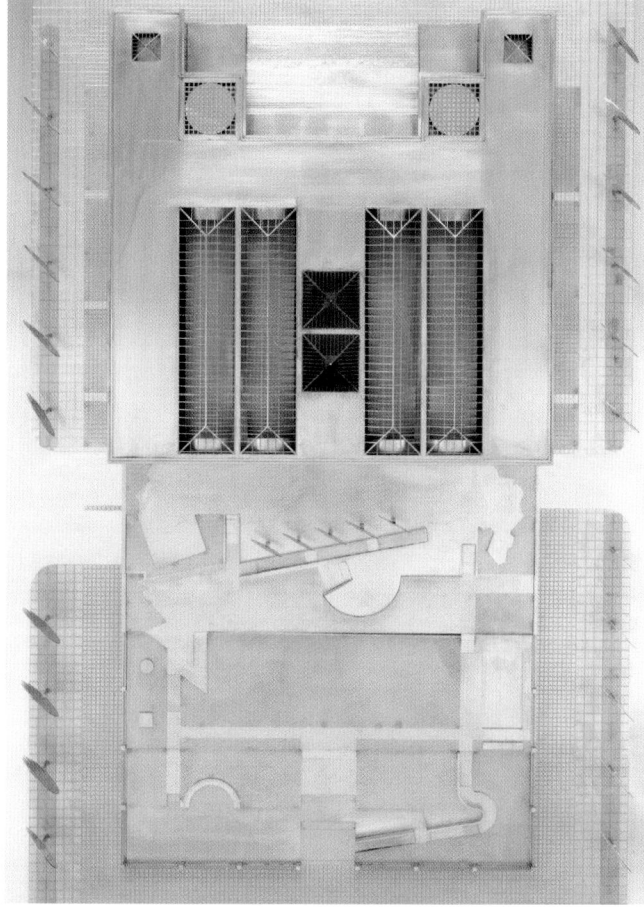

Zum Entwerfen

Ich glaube, daß man sich als Architekt möglichst früh, also bereits während seines Studiums, orientieren und um eine theoretische Grundlage der eigenen Arbeit bemühen sollte, welche es im Laufe des Lebens immer genauer und präziser zu formulieren gilt. Es geht dabei um die Erarbeitung eines theoretischen Fundamentes für die Entwurfsarbeit, das sowohl politische, philosophische, ethische als natürlich auch künstlerische Ansprüche einschließt. Theoretisch orientiert sein heißt für mich, eine philosophische Grundlage für die eigene Arbeit zu finden und weiterzuentwickeln. Man muß versuchen, sie zu bereichern, zu kultivieren, genauer zu formulieren, als man vielleicht in jungen Jahren in der Lage ist, sie vielleicht auch aufgrund neuer Erkenntnisse zu modifizieren. Das andere ist die konkrete Aufgabe, die auf den Architekten zukommt. Diese Aufgabe besteht in der Regel aus einem Raumprogramm, nicht im Sinne von Höhe mal Breite mal Tiefe, sondern als Sinngebung, als klar und deutlich formulierte Zweckvorstellung. Zu diesem Programm gehören auch der Ort, an dem, und die Zeit, in der gebaut und geplant wird. Man wird also zunächst mit der jeweils neuen Aufgabe und dem neuen Ort, an dem man zu arbeiten hat, konfrontiert. Die theoretische Grundlage ist vorhanden, die Aufgabe und der Ort kommen hinzu. Das Gemeinsame, das Charakteristische meiner Arbeiten resultiert aus der einmal erarbeiteten theoretischen Grundlage, die Individualität der einzelnen Entwürfe jedoch aus dem Zweck, also der Sinngebung einer Aufgabe und aus dem Ort, an dem sie realisiert werden soll. Was nun den Entwurfsvorgang selbst betrifft: Ich experimentiere kaum, ich skizziere wenig, denn ich arbeite »entwurflich« im Kopf. Das Programm wird auswendig gelernt, der Ort wird sehr genau und immer wieder angeschaut. Die Idee reift dann beim Frühstücken, beim Nichteinschlafenkönnen, beim Autofahren. Das Projekt ist permanent gegenwärtig und wird erst nach längerem Nachdenken skizziert und aufgezeichnet. Schlußendlich geht es ins Büro, um ausgearbeitet zu werden.

Häufig bekommt der Architekt das Raumprogramm, bevor er die Gelegenheit hatte, den Ort zu besichtigen. Das beunruhigt einen sehr. Denn man sollte zuerst den Ort kennenlernen, sich mit der kulturellen Tradition einer Stadt auseinandersetzen, den Genius loci, den »spirit of the city« ergründen und erst dann die Architektur entwickeln, welche dem jeweiligen Ort und der jeweiligen Aufgabe entspricht. Das wünschenswerte Maß

8. Welche Kenntnisse beziehungsweise fachlichen und persönlichen Eigenschaften sind für einen Entwerfer besonders wichtig?

Vitruv hat bereits eine schöne Beschreibung der wünschenswerten Fähigkeiten und Kenntnisse eines Architekten benannt; dem ist nicht viel hinzuzufügen. Ich würde aber aus meiner Sicht auch gute Kenntnisse der Baugeschichte und Architekturtheorie für unverzichtbar erachten, und die Fähigkeit, den eigenen Entwurfsgedanken künstlerisch anspruchsvoll umzusetzen.

9. Entwerfen Sie eher spontan oder systematisch, eher rational oder gefühlsbetont?

Spontaneität beeinflußt meinen Entwurfsprozeß kaum. Ich arbeite eher rational und systematisch, gebe aber auch den Gefühlen (poesia quia regulae) die notwendige Einflußnahme.

10. Was wäre Ihre liebste Entwurfsaufgabe beziehungsweise welchen Entwurf würden Sie niemals bearbeiten?

Die wichtigste Entwurfsaufgabe ist jeweils die, welche neu an mich herangetragen wird: gleichgültig um welche Aufgabenstellung es sich handeln mag. Der Ort, für den ich ein Projekt entwerfen soll, hat meistens ebenso große Bedeutung für mich wie die Aufgabe selbst.

Klassizismus. Aus dieser Architektur des Klassizismus, die bereits sehr rational orientiert war, hat sich eine neue theoretische Anspruchshaltung entwickelt, die nicht mehr diesen engen Kanon an gültigen Elementen und Formen für sich beansprucht, wie das noch heute die Vertreter eines rigiden Klassizismus, wie zum Beispiel Leon Krier, tun. Dieser neue »Rationalismus« hat es uns erlaubt, bestimmte Bindungen zu suchen und anzuerkennen, wie sie aus der Mathematik, aus der Geometrie, aus der Ökonomie, aus der Konstruktion, aus der Statik abgeleitet werden können. Das führte in den zwanziger Jahren zu einer vergleichsweise – ich sage das mit aller erdenklichen Vorsicht – technischen, ökonomischen, funktionalen Auffassung von Rationalismus. Ich persönlich fühle mich

an Autonomie garantiert die theoretische Klarheit und künstlerische Qualität. Wer sich – unter Berufung auf die wünschenswerte Autonomie von Architektur – auf sein Theoriegebäude und das entsprechende formale Repertoire beschränkt, der arbeitet redundant und wird weder dem Ort noch der Aufgabe gerecht.

Es ist viel über den Begriff »poetischer Rationalismus« geschrieben und diskutiert worden. Ich werde versuchen, ihn kurz zu erläutern. Die Architektur der Aufklärung war zweifellos der

den Kategorien Funktion, Konstruktion, Ökonomie nach wie vor verpflichtet, aber auf freiere Weise, als diese Verpflichtung in den zwanziger Jahren empfunden oder vertreten wurde. Ich meine, daß wir der instrumentellen Vernunft und dem naiven Funktionalismus keine Chance mehr geben sollten. Wir müssen versuchen, den Rationalismus zu erweitern, neu zu interpretieren und diesen Begriff poetisch aufzufassen. Beide Begriffe »poetisch« und »Rationalismus« passen im Grunde nicht zusammen. Ich wollte mit dem von mir bereits in den siebziger

Jahren eingeführten Terminus jedoch deutlich machen, daß es mir in gewisser Weise um eine kontradiktorische Erweiterung des klassischen Rationalismus geht: um eine Auffassung, die mir erlaubt, das Experiment stärker einzubeziehen, und nicht nur den Verstand, sondern auch die Gefühle als Teil der Entwurfsarbeit zu mobilisieren.

Ich glaube, daß jeder Ort neben seiner spezifischen Realität auch eine jeweils eigene Atmosphäre besitzt, die sehr unterschiedlich sein kann. Paris ist nicht London, New York ist nicht Berlin, und Dresden ist nicht Wien. Das Atmosphärische einer Stadt erschließt sich uns nur in der agilen Korrespondenz von Verstand und Gefühl. Atmosphäre selbst ist eine Mischung aus Spiritualität (die nach Henri Bergson in der »reinen Dauer« liegt) und ganz konkretem Lebensrhythmus. Ich glaube, daß man darüber nicht nur als Architekt reflektieren sollte.

Die Kultur der europäischen Stadt gibt es nur deshalb, weil die europäische Stadt geplant worden ist, zunächst in bezug auf den Stadtgrundriß und dann in bezug auf den Stadtkörper. Der Stadtkörper definiert natürlich das, was wir städtischen Raum nennen. Man muß beides vorgeben, sonst hätte es zum Beispiel Dresden auch nicht gegeben; man braucht nur die Geschichte dieser Stadt zu studieren, um zu sehen, daß nichts dem Zufall überlassen wurde. Es sind lange Diskussionen geführt worden, bevor man anfing, etwas zu realisieren. Und man hatte nie die Angst – im Gegensatz zu vielen Politikern heute –, sich mit wirklich intellektuellen und qualifizierten Architekten an einen Tisch zu setzen. Die Kultur der europäischen Stadt basiert auf

einem sorgfältig erarbeiteten zweidimensionalen Plan und einer exakt durchdachten dreidimensionalen Stadtform. Die Stadtkörper, die Kubaturen sind in gewisser Weise auch historisch determiniert. Diese theoretische Erkenntnis, diese theoretische Anspruchshaltung kann nur aus der Geschichte der europäischen Stadt verstanden werden, die es uns sehr wohl erlaubt, in modernen Kategorien zu denken. Wenn wir diese Erkenntnis hingegen außer acht lassen, entstehen Chaos, Unordnung, Konfusion.

Gekürzte Zusammenfassung der Aussagen von Josef Paul Kleihues in einem Gespräch mit Vittorio Magnago Lampugnani im Oktober 1990, anläßlich des Architekturforums Dresden

Museum of Contemporary Art, Chicago, Außenansicht und Schnittzeichnung sowie Blick in das Treppenhaus

Léon Wohlhage Wernik
Architekten

Hilde Léon (signature)

teilzentrum in Stuttgart-Vaihingen, der IKEA Flagshipstore in Berlin sowie Büro- und Wohnhäuser in München, Leipzig, Stuttgart und Berlin. Fast alle Aufträge sind Erfolge aus Wettbewerbsbeteiligungen seit 1987, dem Gründungsdatum des Büros.

Hilde Léon

1953	geboren in Düsseldorf
1972–1978	Architekturstudium Technische Universität Berlin
1979–1981	DAAD-Stipendium an der Universität Venedig
1990–1995	Wissenschaftliche Mitarbeiterin an der HdK Berlin
1997–1999	Vertretungsprofessur an der HfbK Hamburg
seit 2000	Professorin an der Universität Hannover, Fakultät für Architektur
2002	Kommissarin des Deutschen Pavillons der Architektur-Biennale in Venedig

Wohlhage (signature)

Konrad Wohlhage

1953	geboren in Münster
1975–1983	Architekturstudium an der Technischen Universität München und Delft/NL
1987–1990	Wissenschaftlicher Mitarbeiter an der TU Berlin
seit 1987	selbständiger Architekt
	Mitglied im Gestaltungsbeirat der Städte Münster und München

S. Wernik (signature)

Siegfried Wernik

1953	geboren in Burscheid
1972–1978	Architekturstudium an der Technischen Hochschule RWTH Aachen
1979–1990	assoziierter Partner im Büro Stirling, Wilford & Associates, London, Büroleiter in Stuttgart und Berlin
1991–1994	gemeinsames Büro mit Brands und Kolbe, Berlin
seit 1994	Zusammenarbeit mit Hilde Léon und Konrad Wohlhage
seit 1997	Büro Léon Wohlhage Wernik Architekten

Für die Architekten Hilde Léon, Konrad Wohlhage und Siegfried Wernik ist Berlin Ort ihrer Inspiration und Ausgangspunkt ihrer Arbeit. Von hier aus planen sie Bauvorhaben in Deutschland und im Ausland. Mit städtebaulichen Konzepten haben sie vielerorts öffentliche Räume geprägt. Neben architektonischen Schwerpunkten wie Schulen und öffentlichen Bauten, Büro- und Wohnhäusern beschäftigt sich das Büro mit Produktdesign als integrativem Bestanteil ihrer baukünstlerischen Arbeit. Wichtige Projekte in der Planung sind zur Zeit ein neues Stadt-

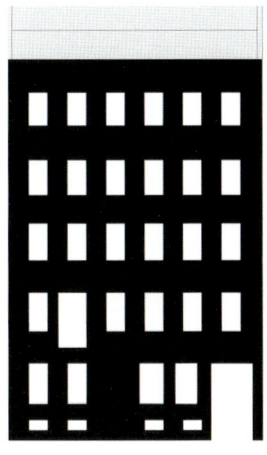 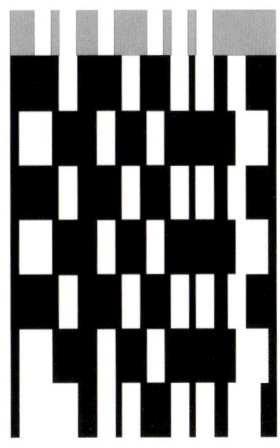

Revitalisierung des historischen
Borsig-Areals, Berlin, Schwarzplanfassaden,
Außenansicht

Zehn Fragen – zehn Antworten

1. Welche Arbeitsmittel sind für Sie beim Entwerfen am wichtigsten – Handskizze, CAD-Technik, Arbeitsmodelle –, und wie hat sich der Computer als Arbeitsmittel auf Ihre Entwurfsarbeit und auf Ihre Entwurfsergebnisse ausgewirkt?

Alle drei sind wichtig, jedes Arbeitsmittel hat seinen eigenen Charakter, seine eigenen Stärken und Schwächen. Mit der Handskizze kann man einen Dialog führen, mit der CAD-Zeichnung Illusionen erzeugen, mit dem Modell Proportionen erforschen. Der Computer hat den Entwurfsprozeß beschleunigt und Erfahrungen zu »Bibliotheken« werden lassen. Die Versuchung ist groß, sich dieser als Bausteine zu bedienen.

2. Welches sind Ihre ersten Arbeitsschritte am Beginn einer neuen Entwurfsaufgabe, in welche Arbeitsschritte gliedert sich der Prozeß eines Gebäudeentwurfes in Ihrem Büro idealerweise?

Durcharbeiten des Programms und Studieren des Ortes, um seine städtebaulichen Dimensionen zu erkennen, Diskussionen.

Die Formen müssen so lange wie möglich zurückgehalten werden. Jede sich manifestierende Form verengt den Prozeß.

3. Welcher Anteil an der Entwurfsarbeit entfällt in Ihrem Büro auf die konzeptionelle Arbeit, welcher auf Darstellung und Präsentation? Mit welchen Mitteln präsentieren beziehungsweise vermitteln Sie Ihre Entwurfskonzepte?

Die konzeptionelle Arbeit hört mit der Konzeptfindung nicht auf, sie betrifft alle Phasen unserer Arbeit. Auch durch die Präsentation erhalten wir neue Erkenntnis über das Konzept. Präsentation ist vor allem analysieren, erklären und überzeugen, nach innen wie nach außen. Wir versuchen, diese Schritte nicht voneinander zu trennen. Dabei sind uns fast alle Mittel recht.

4. Kann Entwerfen Teamarbeit sein, oder ist es immer das Werk eines einzelnen? Welche Rolle spielen Bauherr und weitere fachlich Beteiligte beim Entwurf?

Da kann ich nur für mich sprechen, und da ich nicht selbstkritisch genug bin, brauche ich immer einen Kritiker von außen. Das ist allerdings nicht immer einfach zu ertragen. Bevor Bauherren und Fachplaner beteiligt werden, muß eine Idee auf dem Papier sein, über die man reden kann.

5. Was sind für Sie wesentliche Merkmale eines gelungenen Gebäudeentwurfes?

Einfachheit und Komplexität. Zu erklären, was das ist, würde diesen Rahmen sprengen.

6. Welchen Stellenwert beziehungsweise Anteil hat das Entwerfen für Sie am Gesamtplanungsprozeß für ein Gebäude?

Das Entwerfen höret nimmer auf, siehe oben unter 3.

7. Welche Entwürfe Ihres Büros halten Sie selbst für besonders wichtig beziehungsweise charakteristisch für Ihre Arbeit?

Das Bürohaus am Halensee in Berlin, die Indische Botschaft in Berlin, die Restaurierung und Erweiterung des Borsig-Hauses in der Chausseestraße in Berlin und neben anderen fertiggestellten Gebäuden auch einige nicht realisierte Konzepte.

8. Welche Kenntnisse beziehungsweise fachlichen und persönlichen Eigenschaften sind für einen Entwerfer besonders wichtig?

Die Ausdauer, einen Gedanken bis zum Ende zu denken. Voraussetzung hierfür sind Unvoreingenommenheit und Mut zu radikalen Ansätzen, das Training einer konzeptuellen Intelligenz.

9. Entwerfen Sie eher spontan oder systematisch, eher rational oder gefühlsbetont?

Alles zusammen, am schlimmsten wäre eine Methode oder Routine. Zu diesem Thema habe ich mal einen Aufsatz im »Baumeister« geschrieben (1/2000).

10. Was wäre Ihre liebste Entwurfsaufgabe beziehungsweise welchen Entwurf würden Sie niemals bearbeiten?

Nicht nach der Aufgabe würde ich fragen, sondern nach den Bedingungen, den Freiheiten oder dem Stimulans, mit interessanten Auftraggebern zusammenzuarbeiten, denn fast jede Aufgabe ist interessant. Auch eine Negativauswahl ist hiervon abhängig.

Revitalisierung des historischen Borsig-Areals, Berlin, Erdgeschoßgrundriß, Innenraum im Altbaubereich

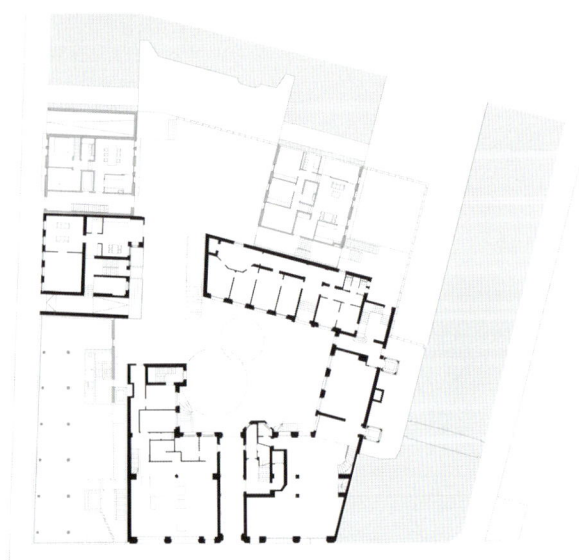

Einfach und Komplex

Zwei Grundsätzen sollte unsere Architektur genügen: Sie sollte einfach sein, sie sollte gleichzeitig komplex sein.
Auf dem Weg dorthin spielen einige Begriffe eine Rolle:

Offenheit – Unbestimmtheit – Ambivalenz

Für jede angebotene Form, jeden Raum, jede Fassade suchen wir einen Ausdruck der Offenheit. Ein Gebäude sollte die unterschiedlichen persönlichen Projektionen der Betrachter zulassen, es sollte bei aller Komplexität seines Themas über ein Maß von Unbestimmtheit verfügen. Das gilt für seine Ikonographie wie für seine Funktionalität. In Anlehnung an den von Umberto Eco geprägten Begriff des »offenen Kunstwerks« muß ein Gebäude Mehrdeutigkeiten, Ambivalenzen, eine »Mehrfachlesbarkeit« zulassen, dann kann es eine stimulierende Kraft entwickeln, die an den Betrachter selbst appelliert. Durch die Anregung zur eigenen Reflexion kann man in ihm sogar ein Geheimnis entdecken.

Transparenz

Die Transparenz eines Raums oder einer Fassade meint natürlich mehr als eine vordergründige »Durchsichtigkeit«. Auch sie hat zu tun mit einer Ambivalenz, nämlich mit der optischen Schichtung von Raum, mit seiner Tiefe, sei sie illusionär oder wirklich. Ein transparenter Raum baut auf Überschneidungen und Durchdringungen. Colin Rowe und Bernhard Hoesli haben den Begriff der Transparenz für die Architektur entdeckt, und so stammen die schönsten Definitionen von Hoesli, der schreibt: »Transparenz ist die Verbindung von Komplexität und Übersichtlichkeit« oder »Transparenz ist die Dialektik zwischen Tatsache und Andeutung«. Durch diese Art der Komplexität wird Neugierde erzeugt. Neugierde auf die Tiefe des Raums, der hinter den Schichten einer Fassade sich andeutet. Daß diese Transparenz durch das Material Glas perfekt erfüllt wird, liegt nicht allein an seiner Durchlässigkeit, vielmehr auch an seiner wechselhaften Erscheinung: der Spiegelung, der Transluzenz, der Leichtigkeit, des Ephemeren seiner Farben.

Kontrolle und Zufall

Die Planung großer und komplizierter Gebäude läßt es nicht zu, alle Teile im voraus gedanklich zu fassen. Die Chance, während des Bauprozesses korrigierend einzugreifen, zu ergänzen und im Fortschreiten des Bauens mitzuwachsen, wird zunehmend unmöglich gemacht durch die Art der Bauvergaben. Um so wichtiger ist es, Strategien zu entwickeln, die mit Hilfe einer Hierarchie von Parametern festlegt, was von unbedingter Wichtigkeit ist und was einem Standard unterliegt. Entsprechend müssen Regeln von harten und weichen Parametern in der Gestaltung aufgestellt werden. Hier wird ausdrücklich mit dem Zufall experimentiert, und ihm werden feste Grenzen zugewiesen. Aus diesem Spiel von Kontrolle und Zufall entstehen Reibung, sogar Konflikte, die innerhalb der kalkulierten Grenzen zu unerwartetem Reichtum führen können.

Transformation

Überzeugt von der Gültigkeit des »offenen Kunstwerks« standen wir bei der Planung der Indischen Botschaft in Berlin vor einer uns unbekannten Aufgabe, die im Wettbewerb so formuliert wurde: ein Gebäude zu entwerfen, das die Kultur Indiens zum Ausdruck bringt. Unsere Rettung vor einem Stranden im Kitsch war die Abstraktion, ein bewährtes Mittel der gedanklichen Offenheit. Wir haben Elemente transformiert, die typisch für bestimmte Traditionen Indiens sind, in ihrer abstrahierten Form und in der Idee an sich aber allgemeingültig sind. So haben wir den für Radjastan typischen roten Sandstein verwendet, der in Berlin nicht fremd wirkt, aber doch von unbekannter Intensität ist. Dieses an sich neutrale Material baut eine starke Kraft und Stimmung auf. Andere Elemente, die ebenso typisch indisch wie nordeuropäisch-zeitgemäß erscheinen, sind Atrien oder die vielfältige Verwendung von Wasser sowie die Liebe zu einer starken plastischen Form. Jeder Inder mag sich hier seiner Heimat erinnern, der ahnungslose Passant aber vermutet eine andere »Botschaft«.

Ein Wagnis war die Verwendung der für islamische Architektur typischen Gitterwände, der Jalis, da es sich hier eindeutig um traditionelle Elemente handelt, die zudem oft in kitschigen zeitgenössischen Hotelbauten als Dekor Verwendung finden, also eigentlich verbraucht oder zu eindeutig besetzt sind. Dennoch haben wir versucht, sie – von Indischen Handwerkern hergestellt – architektonisch zu transformieren, indem wir sie in Stahlrahmen gefaßt und, teilweise beweglich, neben große Sichtbetonflächen gestellt haben. So sind sie ihrer engeren Bedeutung entkleidet und als ein sinnliches Element durchaus »modern«.

Repetition und Reihung

Die gleichförmig gereihte Welt ist in ihrer Banalität ein Ergebnis der Ökonomie, genauer: des Renditedenkens und nicht der Sparsamkeit als einer geistigen Herausforderung. Dieser Art von Wirtschaftlichkeit müssen sich die Architekten stellen, wie sie es immer tun mußten, nur reicht der ökonomische Zwang allein als gestalterisches Thema nicht aus. Dieses muß architektonisch überhöht werden als eine intellektuelle Selbstbeschränkung, die in der Reihung und der Wiederholung liegt. Hier spielen besonders zwei Aspekte eine wichtige Rolle: das Einzelne und das Ganze. Jedes repetitive Bild ist bestimmt von erstens der Kraft des einzelnen Elements und zweitens der Idee des Ganzen. In unseren Beispielen haben wir besonders das Gegensätzliche zwischen Einzelelement und Reihe gesucht. In der Wohnungsbaufassade am Hamburger Nagelsweg ist es das Kalkül der Wiederholung gegen die individuelle Einfüllung der Bewohner oder, anders gesagt, die serielle, kühle Ordnung gegen die individuelle Improvisation.

Material und Farbe

Die Rolle von Material und Farbe ist unter den begrifflichen Überschriften schon deutlich geworden, dennoch sei auch allgemein etwas dazu gesagt. Materialien sind in besonderem Maß die Träger von Stimmungen. Ihre Wahl bestimmt wesentlich die Möglichkeiten zwischen der platten Eindeutigkeit oder einer subtilen Mehrdeutigkeit. Wir bemühen uns in unserer Architektur bei der Materialwahl und der Bestimmung von Oberflächen um eine optische Tiefe, um eine Veränderlichkeit je nach Witterung und Licht, um unterschiedliche Information je nach Nähe oder Entfernung, um taktile Qualität in der Nähe und Prägnanz von Ferne. Der Einsatz von Farben wie von Materialien kann »terroristisch« sein oder auch banal (grau + beige = greige).

In der von uns geplanten Villa in Sichtbeton haben wir den Beton durch die Kombination mit feinen Materialien »domestiziert« und die Farbe nur als subtile Spiegelung auf einer weißen Wand erscheinen lassen.

Christoph Mäckler

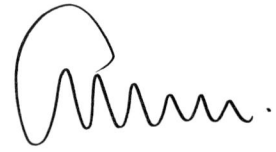

Christoph Mäckler

1951	geboren in Frankfurt am Main
1979	Schinkelpreis
1980	Diplom der Architektur an der Rheinisch-Westfälischen Technischen Hochschule Aachen
1981	Gründung des Büros für Architektur und Stadtbereichsplanung in Frankfurt am Main
1983–1996	Mitglied des Städtebaubeirats der Stadt Frankfurt am Main (1989–1996 stellvertretender Vorsitz)
1987	Ausstellung »Frankfurt Projekt« im Deutschen Architekturmuseum, Frankfurt am Main
1990–1997	Gastprofessor an diversen Universitäten
1991	V. Internationale Architekturausstellung (Biennale), Venedig
1991–1996	Vorstandsvorsitzender des Bundes Deutscher Architekten BDA, Frankfurt am Main
seit 1998	Ordentlicher Professor an der Universität Dortmund

Zehn Fragen – zehn Antworten

1. Welche Arbeitsmittel sind für Sie beim Entwerfen am wichtigsten – Handskizze, CAD-Technik, Arbeitsmodelle –, und wie hat sich der Computer als Arbeitsmittel auf Ihre Entwurfsarbeit und auf Ihre Entwurfsergebnisse ausgewirkt?

Am Anfang jedes Entwurfsprozesses steht immer die Handskizze. Der Computer setzt die Handskizze dann in baubare Pläne um. Handskizzen entstehen aber weiterhin bis zum Schluß des Entwurfsprozesses. Arbeitsmodelle sind in meinem Architekturbüro wesentliche Arbeitsmittel zur Überprüfung der Tragfähigkeit eines Konzeptes.

2. Welches sind Ihre ersten Arbeitsschritte am Beginn einer neuen Entwurfsaufgabe, in welche Arbeitsschritte gliedert sich der Prozeß eines Gebäudeentwurfes in Ihrem Büro idealerweise?

Die ersten Arbeitsschritte umfassen das Studium des Ortes und der Aufgabe. Aus dem Ort und der Aufgabe ergeben sich die Gestalt, die Form, die Materialität, die Farbigkeit eines Bauwerkes. Der Prozeß eines Gebäudeentwurfes ist ein fließender. Er hört selbst während der Ausführungsplanung nicht auf.

3. Welcher Anteil an der Entwurfsarbeit entfällt in Ihrem Büro auf die konzeptionelle Arbeit, welcher auf Darstellung und Präsentation? Mit welchen Mitteln präsentieren beziehungsweise vermitteln Sie Ihre Entwurfskonzepte?

Auf die Entwurfsarbeit entfallen achtzig Prozent und auf die Darstellung und Präsentation zwanzig Prozent.

4. Kann Entwerfen Teamarbeit sein, oder ist es immer das Werk eines einzelnen? Welche Rolle spielen Bauherr und weitere fachlich Beteiligte beim Entwurf?

Entwerfen entsteht im Dialog, in der Diskussion, deshalb ist es immer Teamarbeit. Der Architekt ist Dienstleister, insofern sollte er die Wünsche des Bauherrn immer offen aufnehmen. Mit den Fachplanern muß es immer eine enge Zusammenarbeit geben. Die Oberleitung aber hat der Architekt allein schon deshalb, weil er die architektonische Idee, den architektonischen Rahmen vorgibt.

Ausstellungsgebäude Portikus für Frankfurt am Main und
Lampenentwurf, Handskizzen

zur Architekturdiskussion und wurde heftigst diskutiert. Andere wichtige Projekte sind der Vollmauerwerksbau Levi-Strauss-Oberschule in Berlin-Köpenick als Ausschöpfung der konstruktiven und ästhetischen Möglichkeiten des Backsteinbaus, der Umbau einer alten Ofenbauhalle in ein modernes Vorstandsgebäude in Hanau-Wolfgang, das Bürohochhaus Scala in Frankfurt am Main, das Bürohaus Eschersheimer Landstraße 6 in Frankfurt am Main als Fortsetzung der Auseinandersetzung mit dem Material Stein und das Zürichhochhaus und die damit verbundene Wiederherstellung des Opernplatzes in Frankfurt am Main.

8. Welche Kenntnisse beziehungsweise fachlichen und persönlichen Eigenschaften sind für einen Entwerfer besonders wichtig?
Ein Entwerfer muß eine ausgeprägte Vorstellungskraft und eine Persönlichkeit mit Aussagekraft besitzen, und er muß willensstark sein.

9. Entwerfen Sie eher spontan oder systematisch, eher rational oder gefühlsbetont?
Ich arbeite im Sinne eines Baumeisters und insofern rational, systematisch und mit Gefühl.

10. Was wäre Ihre liebste Entwurfsaufgabe beziehungsweise welchen Entwurf würden Sie niemals bearbeiten?
Die Wiederherstellung des Opernplatzes und die Rekonstruktion des klassizistischen Stadtprospektes der Stadt Frankfurt am Main. Ich würde alle Aufgaben bearbeiten.

5. Was sind für Sie wesentliche Merkmale eines gelungenen Gebäudeentwurfes?
Stimmigkeit im Konzept, in der Materialwahl, im Bezug zum Ort.

6. Welchen Stellenwert beziehungsweise Anteil hat das Entwerfen für Sie am Gesamtplanungsprozeß für ein Gebäude?
Ohne entwerferische Arbeit gibt es kein Bauwerk.

7. Welche Entwürfe Ihres Büros halten Sie selbst für besonders wichtig beziehungsweise charakteristisch für Ihre Arbeit?
Vor allem das Lindencorso als Auseinandersetzung mit dem Ort und dem Material Stein. Es bedeutete einen wichtigen Beitrag

darin, ob etwa seine Falten weich und geordnet fallen. Gegen die Unbilden der Außenwelt muß es schützen und von dauerhaftem Halt sein. Es muß Patina ansetzen können. Um dies gewährleisten zu können, muß der verwendete Stoff von hoher Qualität und gut gewirkt sein. In ihm müssen die Traditionen der vorangegangenen Jahrhunderte mitschwingen, damit sich in dieser Verankerung die Form zu neuem Ausdruck weiterentwickelt. Es sind die Grundformen des Bauens, die als Basis für jede dieser Weiterentwicklungen stehen. Das Neue ist das verwandelte Alte. So war es schon immer, so ist es auch heute. Tradition und Erinnerung geben dem Menschen die Möglichkeit zur Identifikation. Ohne diese ist die von ihm hervorgebrachte Architektur ohne Kultur. Auch in diesem Sinne braucht die Moderne keine neuen Stile, sondern allein eine Rematerialisierung.

Architektur für den Ort

Architektur entsteht durch die Umschließung von Raum. Architektonischer Raum schafft Innenräume, bestimmt zugleich aber auch den Außenraum. Deshalb muß Architektur immer aus dem jeweiligen Ort und seinen Bedingungen heraus neu entwickelt werden. Es ist in erster Linie die Fassade des Bauwerks, die den jeweiligen Ort, an dem es steht, definiert, ihm seinen Charakter verleiht. In ihrer Ansammlung sind es die Fassaden der Bauwerke, die einem Ort seine räumliche Gestalt und sein Gesicht verleihen. Für die sinnliche Wahrnehmung eines Bauwerkes ist die Konstruktion sekundär. Bestimmend sind die Oberflächen mit ihren haptischen Qualitäten. Insofern ist Architektur im Semperschen Sinne immer die »Kunst des Bekleidens«. Die Qualität bestimmt sich in der Beschaffenheit dieses Kleids und

Bürogebäude Eschersheimer Landstraße 6, Frankfurt am Main, Entwurfsskizzen und realisiertes Projekt

Volkwin Marg

15. Oktober 1936	geboren in Königsberg/Ostpreußen, aufgewachsen in Danzig
1964	Diplom-Examen an der TU Braunschweig
seit 1965	freiberuflicher Architekt mit Meinhard von Gerkan, gemeinsam mehr als 200 fertiggestellte Bauten, mehr als 360 Preise in nationalen und internationalen Wettbewerben, darunter mehr als 160 erste Preise, zahlreiche Preise für vorbildliche Bauten, zahlreiche Preisrichter- und Gutachtertätigkeit
1972	Berufung in die Freie Akademie der Künste in Hamburg
1974	Berufung in die Deutsche Akademie für Städtebau und Landesplanung
1975–1979	Vizepräsident des Bundes Deutscher Architekten BDA
1979–1983	Präsident des BDA
1986	Berufung an die RWTH Aachen, Universitätsprofessur für Stadtbereichsplanung und Werklehre
1996	Verleihung des Fritz-Schumacher-Preises der Alfred Töpfer Stiftung F.V.S.

Europäische Zentralbank, Frankfurt am Main, Skizze und Modell zum Entwurf

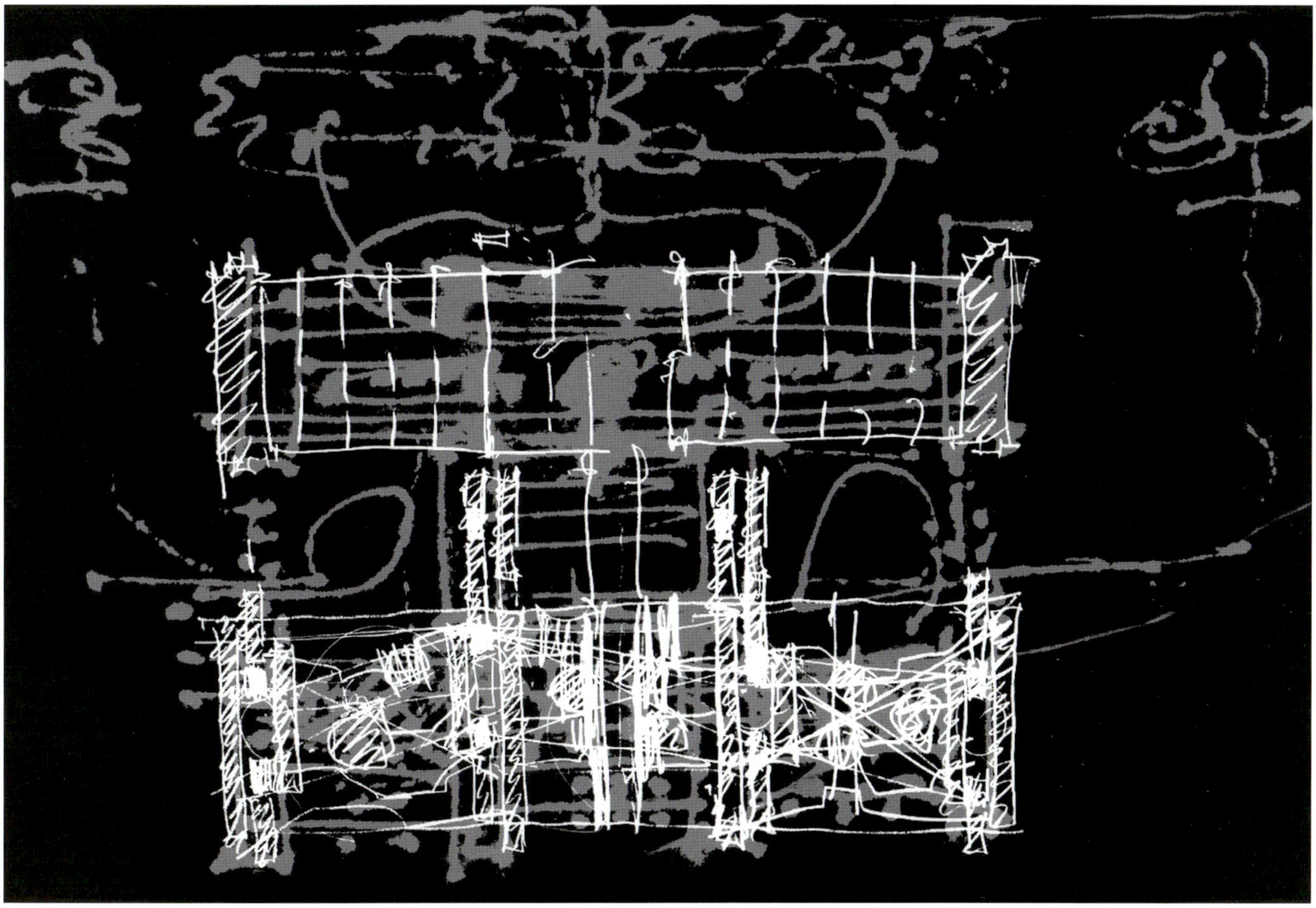

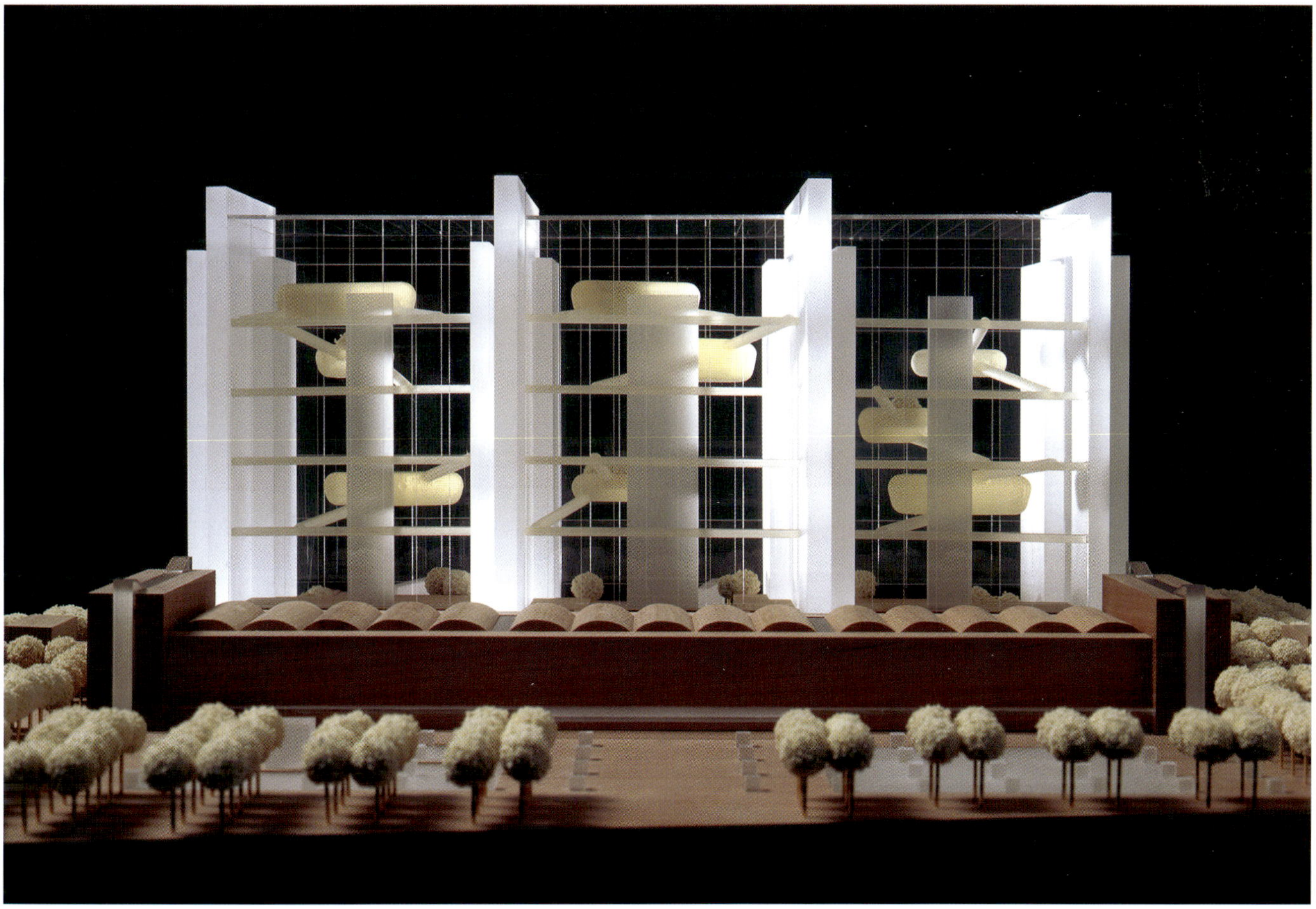

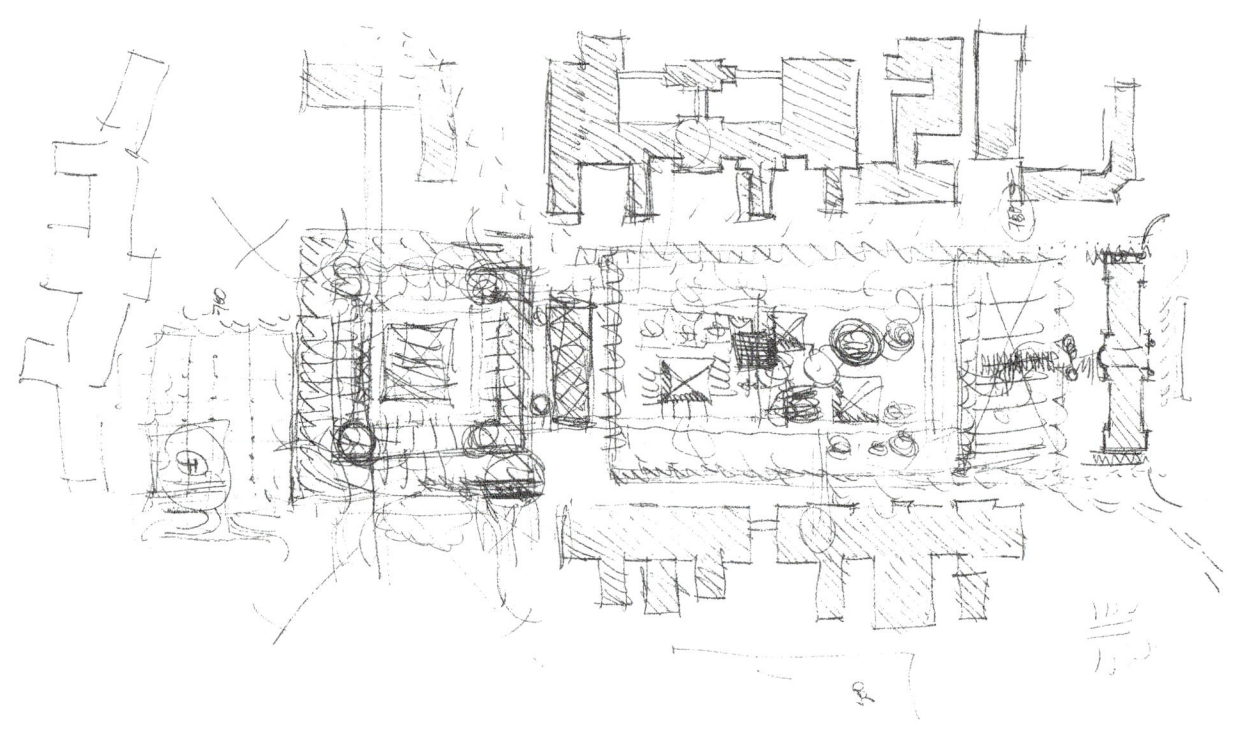

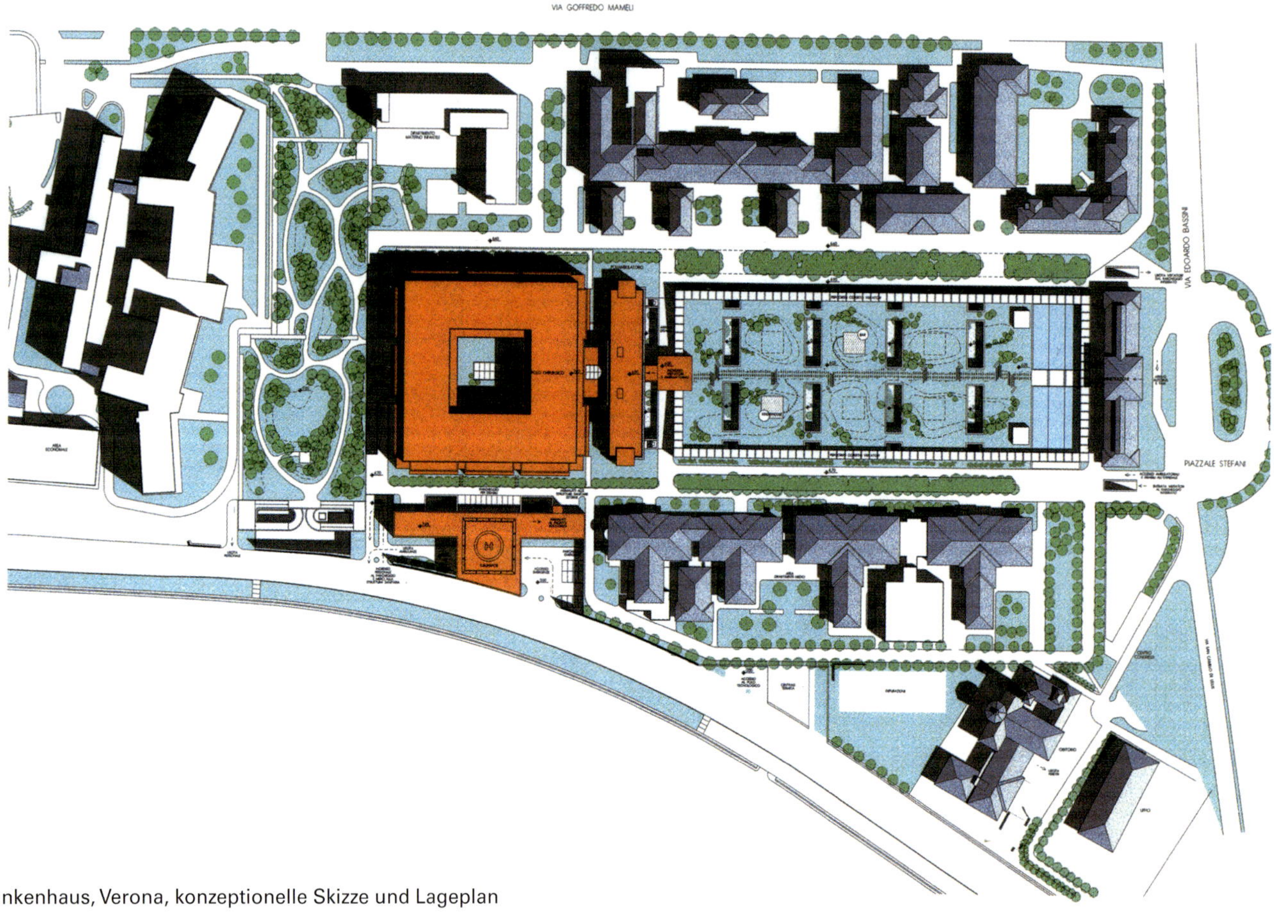

Krankenhaus, Verona, konzeptionelle Skizze und Lageplan

Zehn Fragen – zehn Antworten

1. Welche Arbeitsmittel sind für Sie beim Entwerfen am wichtigsten – Handskizze, CAD-Technik, Arbeitsmodelle –, und wie hat sich der Computer als Arbeitsmittel auf Ihre Entwurfsarbeit und auf Ihre Entwurfsergebnisse ausgewirkt?

Am Anfang steht bei mir immer die Handskizze, die das Bild im Kopf für mich selbst und andere, denen ich es mitteilen möchte, auf das Papier projiziert, das heißt Skizzen auf Papierservietten, Zeitungsrändern oder was immer sich zum Darstellen greifen läßt.

Der Computer und das Arbeitsmodell sind viel zu langsam und technisch zu konditioniert, um zu »ent-werfen«. Sie sind untauglich für den spontanen «Wurf» intuitiver Phantasie, nur brauchbar für deren kontrollierende Zügelung.

2. Welches sind Ihre ersten Arbeitsschritte am Beginn einer neuen Entwurfsaufgabe, in welche Arbeitsschritte gliedert sich der Prozeß eines Gebäudeentwurfes in Ihrem Büro idealerweise?

Studium und Beherrschung des Entwurfsprogramms wie eine zu lernende Partitur, Erforschung und Wahrnehmung des Ortes und des Genius loci, erst dann reflektierendes zeichnerisches Abtasten des Lösungsansatzes, schließlich Konzeptskizze als anschauliche Gesprächsgrundlage.

3. Welcher Anteil an der Entwurfsarbeit entfällt in Ihrem Büro auf die konzeptionelle Arbeit, welcher auf Darstellung und Präsentation? Mit welchen Mitteln präsentieren beziehungsweise vermitteln Sie Ihre Entwurfskonzepte?

Die zeichnerische skizzenhafte Entwurfsarbeit beherrscht bei meiner Praxis des Planens bis hinein in die bauliche Realisierung die gesamte Arbeit. Sie beginnt beim konzeptionell Grundsätzlichen und verästelt sich in den Abzweigen aller Details, die als Summe das Ganze umschließen. Die perfekt ausgearbeitete zeichnerische Darstellung und Präsentation sind ein Mittel zum Zweck und richten sich in ihrer Darstellungsart nach der vermuteten Auffassungsgabe des Bauherrn. Für Phantasiebegabte sind am besten Skizzen, die der interpretierenden Phantasie Freiräume lassen. Für Gebildete und Verständige sind am besten manuelle Perspektiven mittels Bleistift oder Tinte, zuweilen koloriert, für Ästheten reizvoll in altmeisterlicher Zeichentechnik. Für Vorstellungsschwache und Phantasielose eignen sich naturalistische Computer-Animationen am besten, weil sie keinerlei Eigenleistung des sonst überforderten Betrachters voraussetzen.

4. Kann Entwerfen Teamarbeit sein, oder ist es immer das Werk eines einzelnen? Welche Rolle spielen Bauherr und weitere fachlich Beteiligte beim Entwurf?

Entwerfen ist wie Komponieren; keine kollektive, sondern eine individuelle Leistung, nur im Ausnahmefall und nach bekannter Melodie und abgesprochenem Arrangement gelingt eine Entwurfs-Jam-Session. Im Team können aber im Regelfall Entwurfsbedingungen und Regieansätze für die entwurfliche Projektinszenierung diskutiert und gefunden werden. Die gestalterischen Schlußfolgerungen daraus sind dann eine Folge der persönlich zu verantwortenden Interpretation.

Kollektive und Kommissionen sind für baukünstlerische Produktion aufgrund ihrer zersplitterten Entscheidungs- und Verantwortungsstruktur ungeeignet. Der Bauherr und die fachlich Beteiligten sind keine Mitentwerfer, aber sie werden hinterfragt und berücksichtigt, nicht weniger, aber auch nicht mehr. Sonst geht die persönliche Verantwortlichkeit des Entwerfers verloren.

5. Was sind für Sie wesentliche Merkmale eines gelungenen Gebäudeentwurfes?

An den wesentlichen Qualitätsmerkmalen hat sich seit Vitruv und Palladio nichts geändert: Brauchbarkeit, Dauerhaftigkeit, Schönheit. Baukunst ist keine freie Kunst nach freiem Belieben für den Künstler, sondern eine gebundene Kunst mit dem Vermögen und in Verantwortung gegenüber Auftraggeber und Gesellschaft. Wenn die Wahrhaftigkeit des Zweckhaften und konstruktiv Richtigen mit der (sozialen) Güte des Bauwerkes für die Menschen auf verständlich ablesbare und erfahrbare Weise wahrnehmbar wird, ist ein Entwurf gelungen.

6. Welchen Stellenwert beziehungsweise Anteil hat das Entwerfen für Sie am Gesamtplanungsprozeß für ein Gebäude?

Das Entwerfen ist der entscheidende Teil des Planungsprozesses, weil hier in der Synthese aller Anforderungen samt Zielkonflikten und aller technischen Teildisziplinen für eine architektonische Regieleistung das Ganze geschaffen wird, das mehr ist, als die bloße Summe seiner Teile.

7. Welche Entwürfe Ihres Büros halten Sie selbst für besonders wichtig beziehungsweise charakteristisch für Ihre Arbeit?

Solche Entwürfe, die als städtebauliche, architektonische oder ingenieurtechnische Lösungen eine stimmige Synthese schaffen und diese trotz aller Zielkonflikte und Komplexität einfach formulieren, sind die besten. Sie heben den fiktiven Widerspruch von Kunst und Technik auf und sollen verständliche Inszenierungen mit Güte für die Menschen sein. Ästhetik ist Wahrnehmung im Wortsinne. Die neue Messe Leipzig oder die

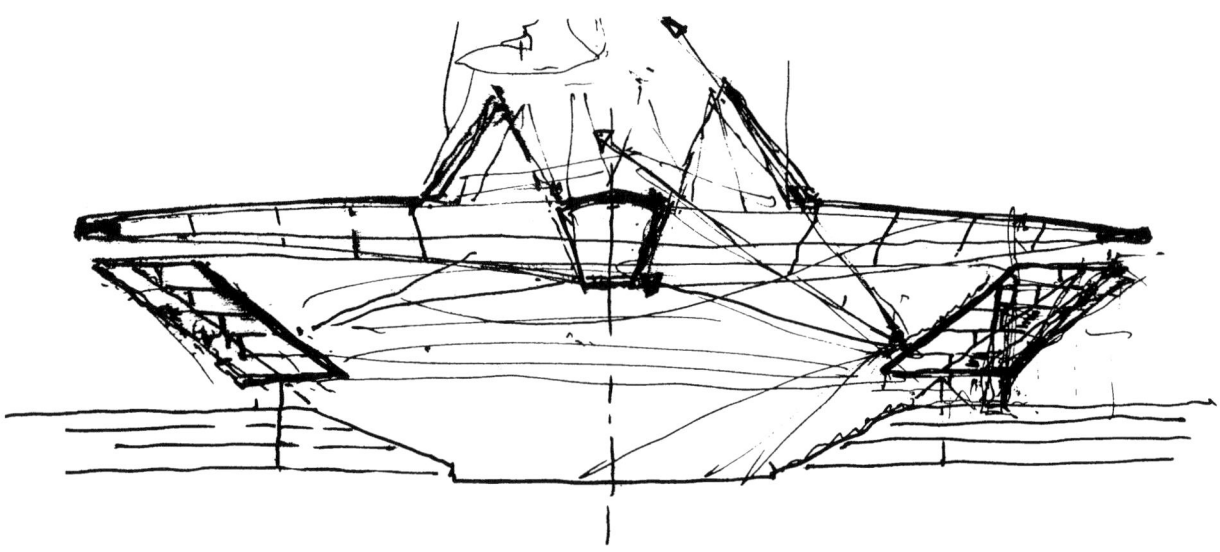

Nationalstadion Peking, Skizze und
Entwurfsmodell

Nuova Fiera die Rimini sind in diesem Sinne für mein Bemühen
charakteristische und gelungene Bauwerke.

8. Welche Kenntnisse beziehungsweise fachlichen und persönlichen Eigenschaften sind für einen Entwerfer besonders wichtig?

Voraussetzung allen guten Entwerfens ist allgemeine Bildung,
persönliche Entwurfsbegabung, berufliche Professionalität und
Zugewandtheit zu den Menschen. Mangelnde Bildung, fehlende Begabung, technische Stümperei und die Ignoranz menschliche Bedürfnisse reichen jeweils einzeln, um Entwurfsansätze
architektonisch zu verkrüppeln.

9. Entwerfen Sie eher spontan oder systematisch, eher rational oder gefühlsbetont?

Architektonisches Entwerfen zielt nicht auf eine Maschine oder
ein Gerät als Selbstzweck, sondern immer auf den Menschen.
Darum ist Entwerfen, richtig verstanden, ein Dialog von Kopf
und Herz, von Verstand und Gemüt, von distanzierter Systematik und spontanem Gefühl und schließlich deren Synthese.
Wenn dieser Dialog verständlich ist, wird er als gute Architektur
auch wahrgenommen.

10. Was wäre Ihre liebste Entwurfsaufgabe beziehungs-weise welchen Entwurf würden Sie niemals bearbeiten?

Die liebste Entwurfsaufgabe ist für mich die gestaltende Regie
für eine architektonische Inszenierung, deren Choreographie
das Publikum selbst ausfüllt, zum Beispiel für Messen, Kulturbauten, Flughäfen und Bahnhöfe, Wohnquartiere, Stadtteile. Die
unsympathischste Entwurfsaufgabe wäre für mich eine Disneywelt, die das Publikum mit Surrogaten in eine Scheinwelt zur
Vermarktung führt.

Volkwin Marg, gmp, Philosophie

Unser Ideal ist es, die Dinge so einfach zu gestalten, daß sie inhaltlich und zeitlich Bestand haben. Formale Zurückhaltung und Materialeinheitlichkeit liegen in diesem Bekenntnis begründet, weil für uns Sinnfälligkeit ein kategorischer Imperativ ist.

Wir wollen ein Haus lediglich selbstverständlich gestalten, es zur Hülle für die Vielfalt des menschlichen Daseins möglichst dauerhaft ausbilden. Expressionistische Formen, die nur der künstlerischen Willkür entspringen, ohne Bezug zur Nutzung, Konstruktion und Gebrauchstüchtigkeit, versuchen wir durch kritische Distanz zu aktuellen Architekturerscheinungen zu meiden.

Einfachheit
Suche in deinen Entwürfen nach der sinnfälligsten Lösung. Erstrebe vom Einfachen das Beste.

Vielfalt und Einheit
Schaffe die Einheit in der Vielfalt. Erzeuge die Vielfalt in der Einheit.

Unverwechselbarkeit
Entwickle eine Identität des Entwurfs aus dem Spezifischen der Situation und der Aufgabe.

Von den Medien wird diese tradierte Einfachheit oft zur »neuen« Einfachheit umetikettiert. Der auf die Spitze getriebene Purismus, der sich in Zeichnungen durch Informationsverweigerung und in den Bauten durch allzu herbe Kargheit ausdrückt, bleibt uns jedoch fremd. Wir meinen eine Reduktion auf das Wesentliche, die auf Plausibilität und Selbstverständlichkeit bezogen ist und vermeintliche Widersprüche, die durch Aufgabenstellung und Standort provoziert werden, integrieren muß.

Für die Konzeption von Gebäuden und Interieurdesign gelten die Positionen des dialogischen Entwerfens als Leitlinie unserer Architekturauffassung:

Strukturelle Ordnung
Gib den Entwürfen eine strukturelle Ordnung. Organisiere die Funktionen zu klaren Bauformen.

»Angemessene und akzeptable Antworten und Lösungen auf die Probleme der Umweltgestaltung zu finden, setzt voraus, zum Dialog bereit zu sein und seinen eigenen Standpunkt auch auf veränderte Bedingungen einzustellen.
Die Tendenz, was und wie gebaut wird, trifft die Gesellschaft mit ihren komplizierten politischen und wirtschaftlichen Mechanismen. Als Architekten haben wir die Verpflichtung, uns diesem Dialog zu stellen und mit innerer Überzeugung am öffentlichen Diskurs teilzunehmen.«

Meinrad Morger
Heinrich Degelo
Benjamin Theiler

Meinrad Morger, Heinrich Degelo, Benjamin Theiler

Das Architekturbüro Morger & Degelo besteht seit 1988 und wurde von Meinrad Morger und Heinrich Degelo gegründet. Die Grundform der einfachen Gesellschaft wurde Anfang 1998 in eine Aktiengesellschaft überführt. Mit Benjamin Theiler konnte ab 2002 ein kompetenter Partner der Geschäftsleitung hinzugewonnen werden.

Meinrad Morger

1957	geboren in Appenzell
1974–1978	Lehre als Hochbauzeichner
1978–1984	Architekturstudium an der HTL Winterthur und Fachhörer ETH Zürich
1987–1993	Assistent an der ETH Zürich
1998–2000	Gastdozent an der EPFL in Lausanne und an der ETH Zürich
seit 2003	Dozent an der Hochschule für Technik und Architektur in Luzern

Heinrich Degelo

1957	geboren in Giswil
1973–1980	Lehre als Möbelschreiner und Bauzeichner
1980–1983	Studium der Innenarchitekur und Produktgestaltung an der Schule für Gestaltung Basel
1983–1984	Studienaufenthalt in USA und Mexiko

Benjamin Theiler

1970	geboren in Zürich
1989–1995	Architekturstudium an der ETH Zürich
1997–2001	Mitarbeiter im Büro Morger & Degelo
seit 2002	Partner im Büro Morger & Degelo

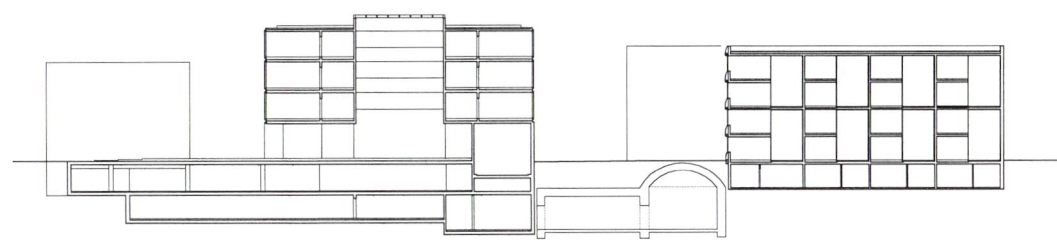

Gemeindezentrum
Reinach, Basel,
Schnitt und reali-
siertes Projekt

Zehn Fragen – zehn Antworten

1. Welche Arbeitsmittel sind für Sie beim Entwerfen am wichtigsten – Handskizze, CAD-Technik, Arbeitsmodelle –, und wie hat sich der Computer als Arbeitsmittel auf Ihre Entwurfsarbeit und auf Ihre Entwurfsergebnisse ausgewirkt?

Wir erarbeiten unsere Entwürfe in erster Linie anhand von Arbeitsmodellen. So ist die Körperhaftigkeit und Räumlichkeit von Architektur von Anfang an sicht- und greifbar. Parallel zur Arbeit am Modell entwickeln wir unsere Entwürfe am Computer weiter. Anhand von Bildern der Modelle werden digital Raumstimmungen simuliert, die Entwicklung der Pläne erfolgt mittels CAD.

2. Welches sind Ihre ersten Arbeitsschritte am Beginn einer neuen Entwurfsaufgabe, in welche Arbeitsschritte gliedert sich der Prozeß eines Gebäudeentwurfes in Ihrem Büro idealerweise?

Jeder Entwurf beginnt mit der Reflexion über den Ort und die Aufgabe. Aufgrund der Analyse des Raumprogramms und der topografischen Voraussetzungen stecken wir die Grenzen und Möglichkeiten innerhalb eines Entwurfs auf rationaler Ebene ab. Es entwickeln sich die verschiedensten Ideen und Gedanken zu einer Aufgabe, aus denen heraus sich ein tragender Entwurfs- gedanke kristallisiert. Die Reduktion auf ein wesentliches The- ma ist unserer Meinung nach die Basis für einen konzeptionell schlüssigen und präzisen Entwurf. In der Realisierung unserer

Projekte streben wir nach einem zurückhaltenden Umgang mit den zur Verfügung stehenden Mitteln: Die Materialisierung und die Verarbeitung der Materialien und Oberflächen ist schlicht und innovativ zugleich.

3. Welcher Anteil an der Entwurfsarbeit entfällt in Ihrem Büro auf die konzeptionelle Arbeit, welcher auf Darstellung und Präsentation? Mit welchen Mitteln präsentieren beziehungsweise vermitteln Sie Ihre Entwurfskonzepte?
Der Hauptanteil der Entwurfsarbeit entfällt auf die konzeptionelle Arbeit (zwei Drittel bis drei Viertel).

4. Kann Entwerfen Teamarbeit sein, oder ist es immer das Werk eines einzelnen? Welche Rolle spielen Bauherr und weitere fachlich Beteiligte beim Entwurf?
Da wir drei Partner sind bedeutet Entwerfen für uns in jedem Fall Teamarbeit. Jeder von uns hat Stärken und Schwächen, die sich im Team optimal ergänzen. Bereits zu einem frühen Zeitpunkt suchen wir die Diskussion und Zusammenarbeit mit Fachpersonen. Dies ist nicht nur im Hinblick auf eine spätere Realisierung wichtig, sondern stellt auch für den Entwurf eine Bereicherung dar. Der Bauherr als Auftraggeber ist selbstverständlich in jedem Entwurf zentral eingebunden – schließlich gilt es seinen Wünschen und Vorstellungen gerecht zu werden beziehungsweise diese mitzuprägen.

5. Was sind für Sie wesentliche Merkmale eines gelungenen Gebäudeentwurfes?
Ein Entwurf ist gelungen, wenn die Idee eines Gebäudes im Gebauten lesbar bleibt.

6. Welchen Stellenwert beziehungsweise Anteil hat das Entwerfen für Sie am Gesamtplanungsprozeß für ein Gebäude?
Mit dem Entwurf steht oder fällt die Qualität eines Gebäudes. Demnach ist sein Stellenwert sehr hoch.

7. Welche Entwürfe Ihres Büros halten Sie selbst für besonders wichtig beziehungsweise charakteristisch für Ihre Arbeit?
Wir versuchen in jedem Entwurf auf die Besonderheiten eines Ortes, einer Aufgabe einzugehen – insofern empfinden wir jeden unserer Entwürfe als wichtig.

8. Welche Kenntnisse beziehungsweise fachlichen und persönlichen Eigenschaften sind für einen Entwerfer besonders wichtig?
Ein Entwerfer sollte über Kreativität und eine gewisse Hemmungslosigkeit, gepaart mit einem analytischen Kopf, verfügen.

9. Entwerfen Sie eher spontan oder systematisch, eher rational oder gefühlsbetont?
Alle erwähnten Aspekte sind für unser Entwerfen relevant.

10. Was wäre Ihre liebste Entwurfsaufgabe beziehungsweise welchen Entwurf würden Sie niemals bearbeiten?
???

Pragmatismus und Intuition

Die Untersuchung eines Orts ist Basis unseres architektonischen Entwerfens. Mehr als für die allgemeine, generelle Topographie, wie zum Beispiel Straßen, Flüsse, Monumente, interessieren wir uns für die weniger offensichtlichen Charakteristika eines Orts, für seine versteckten Qualitäten.

Die Art und Weise, wie wir mit dem Existenten, dem was es schon gibt, umgehen, ist nicht hierarchisch. Das bedeutet, daß etwas auf den ersten Blick völlig Unwichtiges sich zum Angelpunkt im Entwurfsprozeß entwickeln kann. Auch die Verweigerung dem Kontext gegenüber ist kontextuell lesbar. Dieser Gedanke läßt sich anhand des Kunstmuseums Liechtenstein nachvollziehen.

Eines unserer Hauptanliegen ist, daß eine architektonische Idee auf präzise und nachvollziehbare Art Ausdruck finden sollte. Die »starken« Formen der Gebäude sind das Resultat eines kontroversen Umgangs mit der Umgebung. Unsere Entwürfe werden nie Teil eines Ensembles, sondern nehmen als Solitär Bezug auf den Kontext.

Den architektonischen Ausdruck finden wir über eine baukünstlerische Recherche, in der Fragen der Struktur, der Räumlichkeit, Lichtführung und der Proportion auf zeitgemäße Art behandelt werden.

Jedes Detail, das wir entwickeln, sollte in einer Beziehung zu dem übergeordneten Konzept stehen. Der hohe Grad an Perfektion in der Detaillierung hat – abgesehen von anderen Faktoren – auch mit der qualitativ hochstehenden Handwerkskultur in der Schweiz zu tun. Hier hat der Beruf des Architekten den Dialog mit der Tradition des Baumeisters nicht verloren.

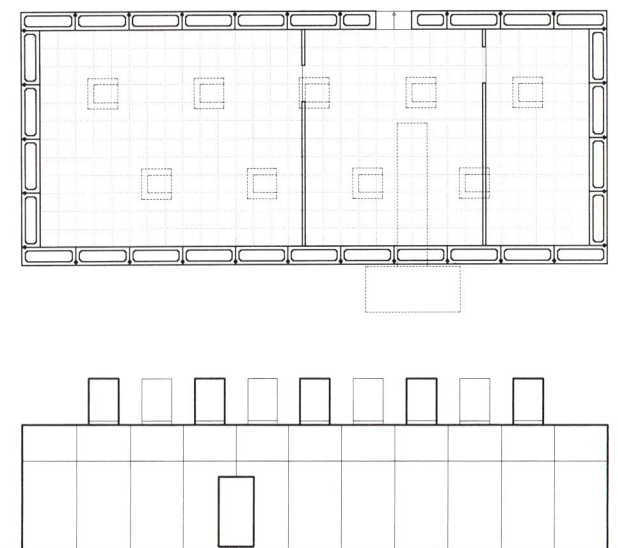

Gleichzeitig versuchen wir Materialien innovativ einzusetzen und in einem neuen Kontext zu verwenden.

Abgesehen von einer pragmatischen Annäherung an architektonisches Entwerfen spielt die Intuition eine wichtige Rolle in unserer Arbeit. In unseren Entwürfen streben wir nach einer Synthese sensueller Wahrnehmung und rationaler Reflexion. Die Intuition bringt die suggestiven, manchmal poetischen Komponenten in unsere Projekte, die Überlagerung von Rationalismus und Emotionalität generiert die »Weichheit« in unseren Arbeiten.

Normierte Gebäude für Bahntechnik,
Grundriß und Ansichten

Gustav Peichl

Gustav Peichl	
1928	geboren in Wien
1949–1953	Studium an der Akademie der bildenden Künste in Wien, Meisterschule Professor Clemens Holzmeister
seit 1955	Tätigkeit als politischer Karikaturist (Pseudonym »Ironimus«)
seit 1956	eigenes Architekturbüro in Wien
1969	Preis der Stadt Wien für Architektur
1971	Großer Österreichischer Staatspreis
1973–1996	Leiter der Meisterschule für Architektur an der Akademie der bildenden Künste in Wien
1975	Reynolds Memorial-Award, USA
1984	Steirischer Architekturpreis
1986	Mies van der Rohe-Preis
1987–1988	Rektor an der Akademie der bildenden Künste
1989	Berliner Architekturpreis
1993	Goldenes Ehrenzeichen für Verdienste um das Land Wien
1993	Auszeichnung zum Deutschen Architekturpreis
1996	Honorary Fellow of The American Institute of Architects
1996	Großes Verdienstkreuz des Verdienstordens der Bundesrepublik Deutschland
1997	Großes Goldenes Ehrenzeichen für Verdienste um die Republik Österreich
1998	Ehrenmedaille der Bundeshauptstadt Wien
2000	Nestroy Ring
2002	Gastprofessur an der Harvard University, Boston
2003	Goldenes Komturkreuz des Ehrenzeichens für Verdienste um das Bundesland Niederösterreich
	Mitglied des Österreichischen Kunstsenats
	Ehrenmitglied des Bundes Deutscher Architekten, BDA
	Mitglied der Akademie der Künste Berlin
	Ehrenmitglied des Royal Institute of British Architects

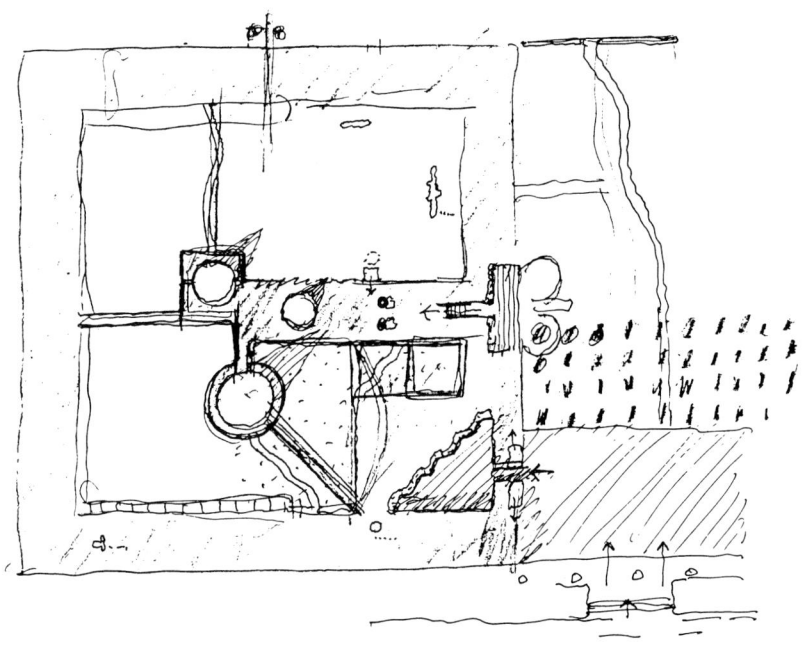

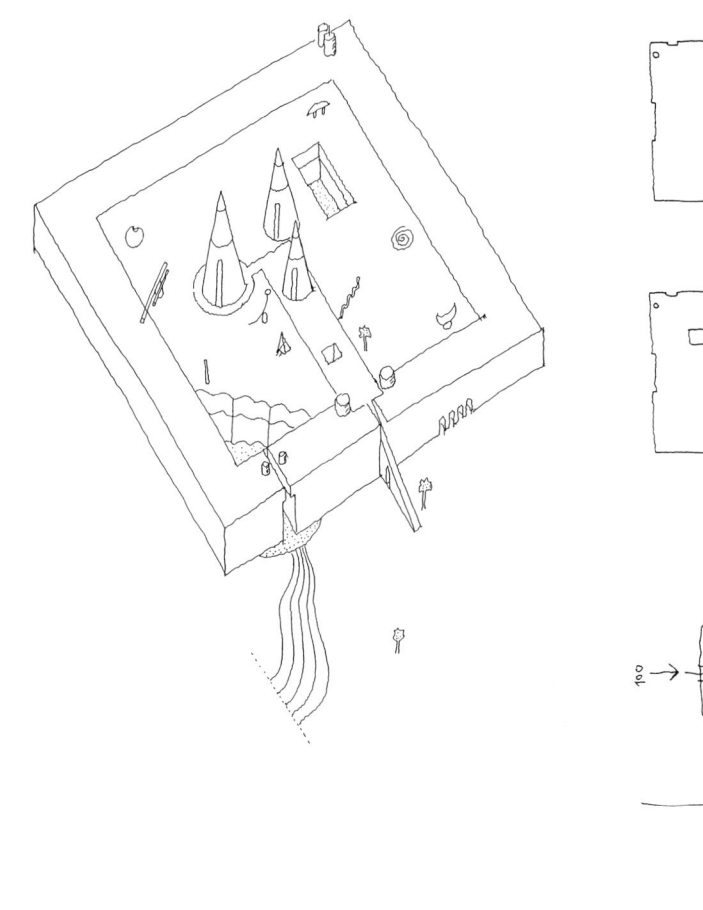

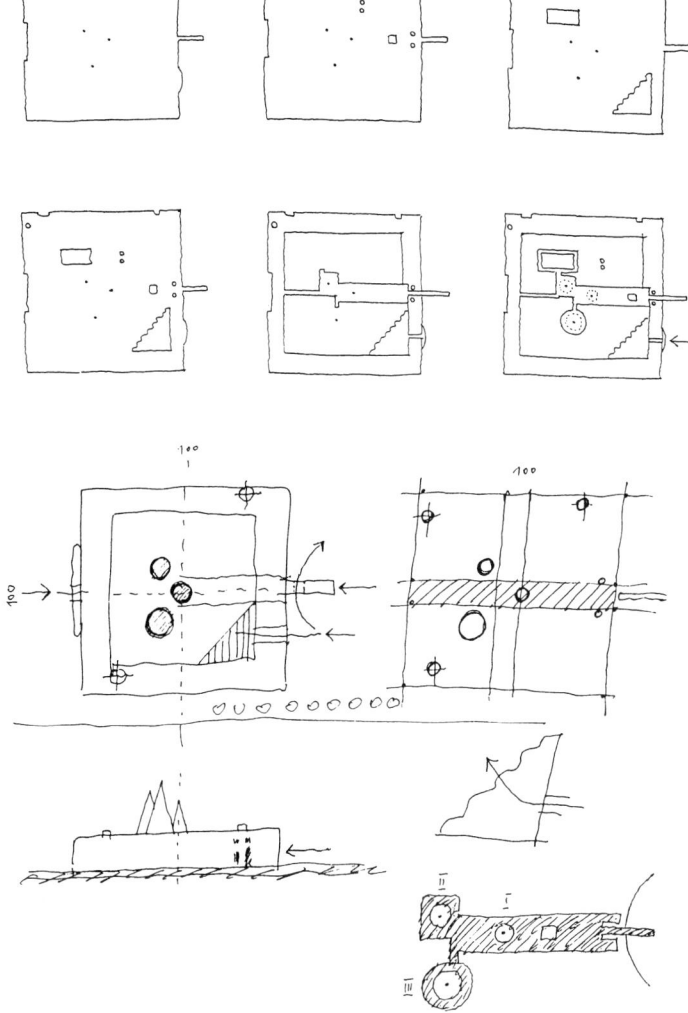

Kunst- und Ausstellungshalle der Bundesrepublik Deutschland, Bonn, Entwurfsskizzen

Zehn Fragen – zehn Antworten

1. Welche Arbeitsmittel sind für Sie beim Entwerfen am wichtigsten – Handskizze, CAD-Technik, Arbeitsmodelle –, und wie hat sich der Computer als Arbeitsmittel auf Ihre Entwurfsarbeit und auf Ihre Entwurfsergebnisse ausgewirkt?

Als Arbeitsmittel dienen mir immer eine oder mehrere Handskizzen, später Arbeitsmodelle und ausgearbeitete Detailpläne.

2. Welches sind Ihre ersten Arbeitsschritte am Beginn einer neuen Entwurfsaufgabe, in welche Arbeitsschritte gliedert sich der Prozeß eines Gebäudeentwurfes in Ihrem Büro idealerweise?

Jeder Entwurf wird bei mir zunächst als Skizze festgehalten und darin mit meinen Partnern oder Mitarbeitern diskutiert, ergänzt oder verändert.

3. Welcher Anteil an der Entwurfsarbeit entfällt in Ihrem Büro auf die konzeptionelle Arbeit, welcher auf Darstellung und Präsentation? Mit welchen Mitteln präsentieren beziehungsweise vermitteln Sie Ihre Entwurfskonzepte?

Konzeptionelle Entwicklungsarbeit während des Entwurfsprozesses ist wichtig.

4. Kann Entwerfen Teamarbeit sein, oder ist es immer das Werk eines einzelnen? Welche Rolle spielen Bauherr und weitere fachlich Beteiligte beim Entwurf?

Architektenarbeit ist Teamarbeit. Die Kreativität jedes einzelnen spielt eine große Rolle.

5. Was sind für Sie wesentliche Merkmale eines gelungenen Gebäudeentwurfes?

Ein Projekt gilt dann als gelungen, wenn die Funktion stimmt und das Erscheinungsbild ein positives ist.

6. Welchen Stellenwert beziehungsweise Anteil hat das Entwerfen für Sie am Gesamtplanungsprozeß für ein Gebäude?

Idee und Entwurf für ein Bauprojekt sind das UM und AUF!

7. Welche Entwürfe Ihres Büros halten Sie selbst für besonders wichtig beziehungsweise charakteristisch für Ihre Arbeit?

Alle Entwürfe sind für meine Arbeit charakteristisch.

8. Welche Kenntnisse beziehungsweise fachlichen und persönlichen Eigenschaften sind für einen Entwerfer besonders wichtig?

Allgemeinbildung, fachliche Kompetenz und Intelligenz sind für einen Entwerfer wichtig.

Kunst- und Ausstellungshalle der Bundesrepublik Deutschland, Bonn, Dachlandschaft

9. Entwerfen Sie eher spontan oder systematisch, eher rational oder gefühlsbetont?

Der Beginn jeder kreativen Arbeit ist gefühlsbetont, später wird rational weitergearbeitet.

10. Was wäre Ihre liebste Entwurfsaufgabe beziehungsweise welchen Entwurf würden Sie niemals bearbeiten?

Alle Entwurfsaufgaben, die mir übertragen werden und die ich übernehme, sind mir lieb und wert.

Bekenntnis zur Form

Kunst- und Ausstellungshalle der Bundesrepublik Deutschland, Bonn, Eingangshof

Immer wieder beflügelt der Streit um die Moden in der Architektur die Architekturlehrer und Architekturschreiber. Die Diskussion, was Architektur überhaupt bedeutet, geht quer durch die Reihen der Gelehrten. Das Lexikon verrät uns, Architektur heißt »Baukunst«, was nur teilweise stimmt. Schriftsteller und Architektenkollegen nannten die Architektur »Macht« oder »zu Stein gewordene Musik«. Besonders Verwegene rufen »alles ist Architektur!«.

Die oft diskutierte Streitfrage, ob Architektur Kunst, Technik oder Wissenschaft sei, ist müßig. Bestenfalls ist die Frage von methodischem Interesse. Architektur kann man nicht nur einer dieser Kategorien zuzählen, sondern allen. Architektur umfaßt nicht nur Kenntnis vom Bauen im wahrsten Sinn des Wortes, sondern die Gestaltung und geistige Bewältigung des gesamten Lebensraums.

Ich bringe die Architektur auf einen einfachen Nenner. Architektur ist die Summe von:

Raum, Funktion, Form, Material, Farbe und Licht.

Eine Fehlleistung in Sachen Architektur ist der um sich greifende Gestaltverzicht. Gestaltverzicht erzeugt Langeweile in der sogenannten »bescheidenen Architektur«.

Das höchst Erforderliche ist das Bekenntnis zur Form. Schlichte Zweckerfüllung in der Architektur ist zu wenig. Phantasie muß Ansporn zur Gestaltung sein. In der Architektur sind unaufhörlich Veränderungen notwendig. Ebenso notwendig ist aber der Anspruch auf Qualität und damit Vermeidung modernistischer Ausritte.

Aktualitätsbezug ist notwendig, Qualitätsbezug aber ist unabdingbar. Architektur muß länger Bestand haben als publizierte Modeware.

Seit es die sogenannte »Postmoderne Architektur« und den »Dekonstruktivismus« gibt, tragen die Architekturmoden ein immer kürzeres Ablaufdatum.

Architektenarbeit ist nicht eine Affekthandlung eines Künstlers oder ein emotionaler Kraftakt, aber der Genius loci muß dabei sein. Einen Ausweg lasse ich mir, wo ich behaupte, Architektur gibt es weder ohne Ratio noch ohne Emotion.

Jedes Haus hat »erogene Zonen«. Diese aufzuspüren ist die vornehmste und schönste Aufgabe eines Architekten.

Schneider + Schumacher

Zehn Fragen – zehn Antworten

1. Welche Arbeitsmittel sind für Sie beim Entwerfen am wichtigsten – Handskizze, CAD-Technik, Arbeitsmodelle –, und wie hat sich der Computer als Arbeitsmittel auf Ihre Entwurfsarbeit und auf Ihre Entwurfsergebnisse ausgewirkt?

Entwerfen geschieht im Kopf. Wir versuchen in einem freien, assoziativen Prozeß herauszufinden, worin eine denkbare Antwort für die Aufgabe liegen könnte und welche Aspekte zu berücksichtigen sind. Idealerweise ergibt sich daraus eine Entwurfsstrategie, die in groben Zügen skizziert, worum es bei dem jeweiligen Entwurf geht. Um die entstandenen Bilder sich selbst und anderen klar zu machen, hilft am schnellsten die Skizze. Die Ideen werden somit unmittelbar in reale Bilder übersetzt, und noch im Prozeß des Skizzierens wird der Gedanke präzisiert. Das Stimmige wird aus der Gestaltvielfalt herausgearbeitet.

2. Welches sind Ihre ersten Arbeitsschritte am Beginn einer neuen Entwurfsaufgabe, in welche Arbeitsschritte gliedert sich der Prozeß eines Gebäudeentwurfes in Ihrem Büro idealerweise?

Erst die Skizze macht es möglich, über die eigenen Vorstellungen mit anderen ins Gespräch zu kommen. Zumeist wird diese Konzeptskizze durch eine maßstäbliche Skizze ergänzt, welche die Proportionen genauer festlegt. Erst dann kann CAD sinnvoll und vorteilhaft eingesetzt werden, mit der Wiederholung gleicher Elemente, dem Überprüfen der Gesamtform in der Summe der Einzelteile und der vergleichbar leichten Betrachtung unterschiedlicher Alternativen. Große Arbeitsmodelle ermöglichen direkt und ohne die Illusion der leuchtenden Animationsflächen die räumliche Bewertung, sie nehmen den Bauprozeß vorweg und begleiten kontinuierlich die Gestaltfindung.

Welches Arbeitsmittel zu welchem Zeitpunkt das richtige ist, entscheidet sich darüber, welches am besten und schnellsten geeignet ist, sich selbst, dem Team im Büro, den Bauherren, oder den Fachingenieuren, die Idee und deren Auswirkungen zu vermitteln.

Michael Schumacher

1957	geboren in Krefeld
1978–1985	Studium Universität Kaiserslautern
1985	Sommerakademie Salzburg
1986	Postgraduiertenstudium Städelschule Frankfurt am Main bei Peter Cook
1986–1988	Mitarbeit Braun + Schlockermann, Frankfurt am Main
1987	Freie Mitarbeit im Büro Sir Norman Foster, London
1988	Gründung des Büros Schneider + Schumacher

Till Schneider

1959	geboren in Koblenz
1979–1982	Studium Universität Kaiserslautern
1982–1986	Studium TH Darmstadt
1986	Postgraduiertenstudium Städelschule, Frankfurt am Main bei Peter Cook
1986–1988	freie Mitarbeit Eisele + Fritz, Darmstadt
1985–1988	freie Mitarbeit Professor Mürb, Darmstadt
1988	Gründung des Büros Schneider + Schumacher

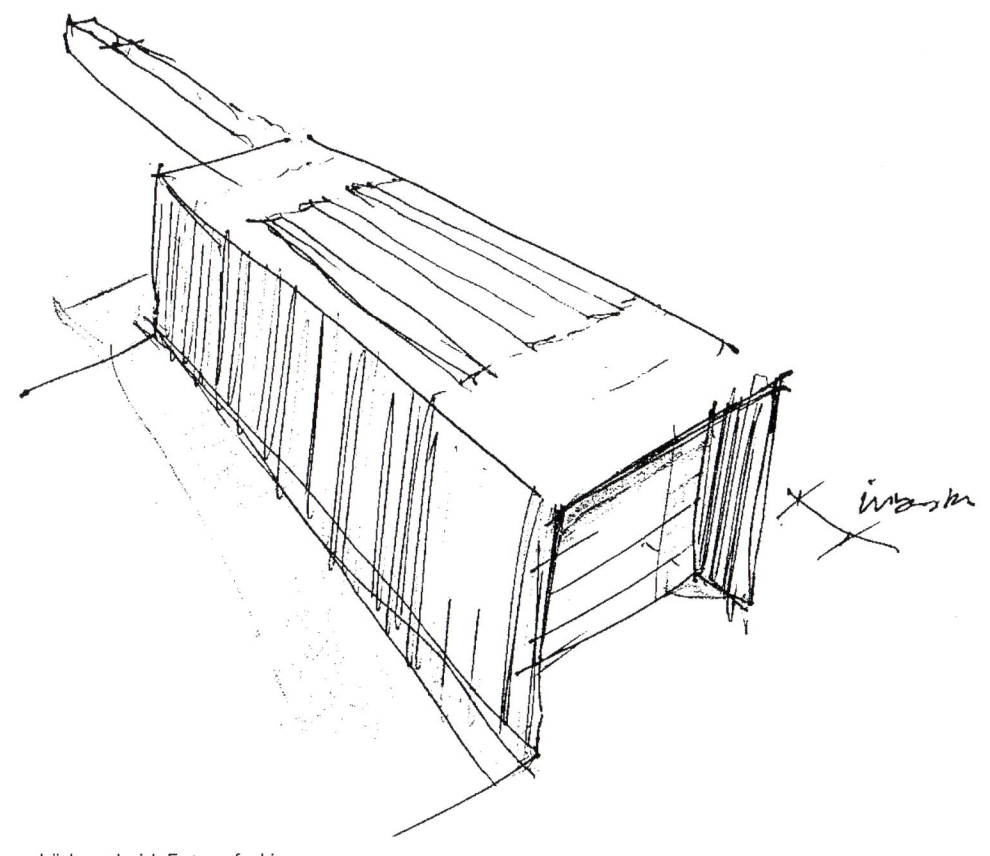

Hochregallager Lüdenscheid, Entwurfsskizze
und realisiertes Projekt

Es geht hier, wie immer, wenn Menschen mit unterschiedlichen Wissenshintergründen aufeinander treffen, um Reden und Zuhören können – um das Begreifen der Ansprüche und Sichtweisen des Gegenübers. Es geht um Forschung und Erkundung. Ein Gebäude ist keine fertige Idee, es entsteht aus Anforderungen und Lösungsansätzen, die im besten Fall in einem Verfahren mit offenem Ergebnis entwickelt werden sollten: Somit ist natürlich anfangs nicht klar, wie das Gebäude am Ende funktioniert und ausschaut, sondern man nähert sich iterativ über Beispiele, Zeichnungen, Bilder, Modelle und Gespräche in Übereinstimmung mit der Entwurfsstrategie trichterförmig dem konsequenten Gesamtergebnis.

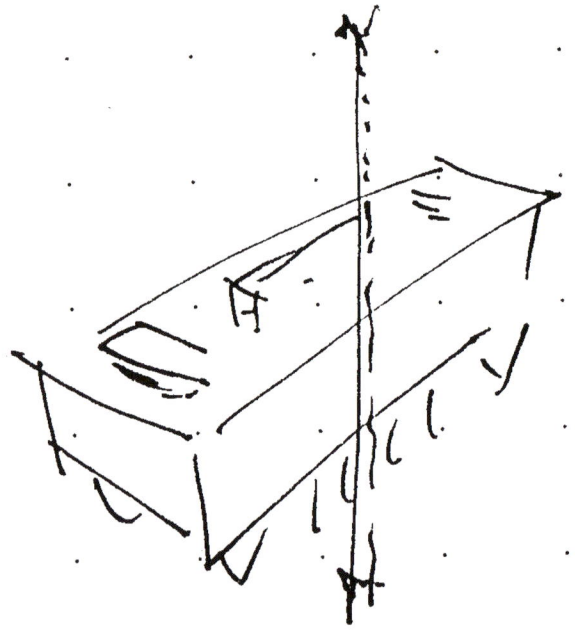

Infobox Berlin, Ideenskizze und realisiertes Projekt

3. Welcher Anteil an der Entwurfsarbeit entfällt in Ihrem Büro auf die konzeptionelle Arbeit, welcher auf Darstellung und Präsentation? Mit welchen Mitteln präsentieren beziehungsweise vermitteln Sie Ihre Entwurfskonzepte?

Darstellung und Präsentation sind kein Selbstzweck. Sie entstehen beim Machen. Auch hier gilt genau hinzuschauen, wie groß das Vorwissen der Partner ist, denen man die Konzeption vermitteln möchte. Wie groß ist die Runde der Zuschauer und Zuhörer überhaupt, und wie ist deren Erwartungshaltung gelagert? Danach kann man entscheiden, ob es mit der Präsentation der eigenen Arbeitsmittel (Skizzen, Pläne, Modelle) getan ist, ob Broschüren oder Beamerpräsentationen sinnvoll sind oder ob sogar eine filmische Umsetzung des Entwurfs erforderlich wird.

4. Kann Entwerfen Teamarbeit sein, oder ist es immer das Werk eines einzelnen? Welche Rolle spielen Bauherr und weitere fachlich Beteiligte beim Entwurf?

Das Entwurfsprodukt ist – solange Bauherr und Architekt nicht identisch sind – immer Ergebnis eines Teams. Daß es sich innerhalb unserer arbeitsteiligen Gesellschaft bewährt hat, für bauliche Entwurfsarbeiten Architekten zu befragen, schmälert nicht die Bedeutung und den Einfluß der anderen in den Prozeß integrierten Personen.

Dabei gibt es immer wieder diese sich grundsätzlich widersprechenden Einzelanforderungen und je nach Problemstellung und Interessenlage auch wechselnde Allianzen. Damit dieser vielgestaltige Prozeß nicht durch erkennbare Unvereinbarkeit von Einzelanforderungen ins Stocken gerät, braucht es Raum, Zeit und Bewegung, um gemeinsam das Beliebige durch das Sinnvolle zu ersetzen. Entwerfen im Team gelingt dann, wenn es erstens genug hervorragende Ideen in der Gruppe gibt und zweitens bei den Teammitgliedern die Fähigkeit vorhanden ist, den besseren Ansatz zu erkennen und ihn auch zuzulassen.

5. Was sind für Sie wesentliche Merkmale eines gelungenen Gebäudeentwurfes?

Der gelungene Entwurf soll emotional anrühren. Es geht um die spezielle Verknüpfung zwischen dem Ort, für den man entwirft, und der Aufgabe, die sich in dem Gebäude befinden soll. Wir suchen nach der einfachen, selbstverständlichen Lösung, die vielschichtige Interpretationen zuläßt, neue Sichtweisen eröffnet und dadurch eine poetische Dimension entfaltet. Es geht nicht um Stil und nicht um Eleganz als Selbstzweck.

Ziel ist ein komplexes und nicht kompliziertes Gebäude, das sich in drei Sätzen erklären läßt und worüber man stundenlang reden kann ... Uns geht es um die Strategie und die Haltung, die unseren Entwürfen zugrunde liegt. Eine Infobox ist etwas anderes als ein Bürogebäude, etwas anderes als ein Hochregallager und wieder etwas anderes als ein Behindertenwohnheim.

6. Welchen Stellenwert beziehungsweise Anteil hat das Entwerfen für Sie am Gesamtplanungsprozeß für ein Gebäude?

Die drei bis vier Gedanken, die einen Entwurf hauptsächlich prägen – seine genetischen Grundlagen – entscheiden maßgeblich darüber, ob überhaupt ein gutes Gebäude entstehen kann. Die Abwicklung und Umsetzung dieser Ideen erfordert die konsequente Auseinandersetzung und Präzisierung dieser Grundparameter. Die Entwurfsidee durchdringt den gesamten Planungsprozeß von der Konzeption bis zur Bauleitung.

7. Welche Entwürfe Ihres Büros halten Sie selbst für besonders wichtig beziehungsweise charakteristisch für Ihre Arbeit?

Da uns die Entwurfsstrategie und die gefundenen Themen in bezug auf die gestellte Aufgabe interessieren, könnten wir hier eine ganze Reihe von Projekten auflisten, die jeweils für sich diese Parameter erfüllen. Zwei möchten wir dennoch hervorheben: Die Info-Box, weil sie zeigt, wieviel mehr Architektur soziologisch sein kann als eine bloße Gebäudehülle, und das Hochregallager für ERCO, weil es zeigt, daß selbst die banalste Bauaufgabe poetische Dimensionen erlangen kann.

8. Welche Kenntnisse beziehungsweise fachlichen und persönlichen Eigenschaften sind für einen Entwerfer besonders wichtig?

Ohne Ideen geht gar nichts. Die Ideen gilt es zu überdenken und in den Müll zu werfen, falls es erforderlich sein sollte. Zwei weitere wichtige Eigenschaften: Offenheit und Unvoreingenommenheit. Dazu gehört das Entwickeln von Respekt vor den unterschiedlichen Ansichten der Beteiligten und von Geduld, unüberwindbar und unlösbar erscheinende Standpunkte stehen lassen zu können. Ein guter Entwerfer hat eine Passion für das Originelle, ohne sich von den Anforderungen der Realität abzukoppeln. Er benötigt räumliches Vorstellungsvermögen, und es ist wichtig, daß er zeichnen kann. Zeichnen erschließt alle Ebenen, die für die Architektur wichtig sind.

9. Entwerfen Sie eher spontan oder systematisch, eher rational oder gefühlsbetont?

Das Wesen unserer Art des Entwerfens ist, daß von allem etwas benötigt wird. Der kluge Einfall allein ohne die auf dem an-

gereicherten Erfahrungsschatz beruhende und oft zeitintensive Überprüfung führt zu keinem sinnvollen Ergebnis.

10. Was wäre Ihre liebste Entwurfsaufgabe beziehungsweise welchen Entwurf würden Sie niemals bearbeiten?

Wir sind über neue, spannende Aufgaben verführbar: Es bereitet uns Spaß, sich mit für uns neuen Dingen auseinanderzusetzen. Insofern fällt es uns schwer, hier eine einzige Typologie zu benennen. Bei dem, was wir nicht tun würden, ist das einfacher: Wir würden nichts bauen, was gegen das moralische Gesetz in uns oder gegen die Würde des Menschen verstoßen würde.

Entwurfsstandpunkt

Markante und eigenständige Orte zu schaffen, die identifizierbar und wiedererkennbar sind und die den Menschen an diesen Orten angenehme Räumlichkeiten bieten, bilden den Kern unserer Bemühungen. Dies auf eine möglichst einfache Art zu erreichen, darin sehen wir die Kunst. Möglichst wenig Gestaltungsmittel, möglichst wenig Material, möglichst wenig unterschiedliche Konstruktionsweisen führen zur Reduktion auf das Maximum!

Wir haben keinen Stil, und wir sind nicht an Formen interessiert. Die beiden besten Architekturbücher sind Bernhard Rudofskys »Architecture without Architects« und Christopher Alexanders »Pattern Language«. Rudofsky zeigt, wie wundervoll und selbstverständlich regionales Bauen mit namenlosen Baumeistern ohne Architekturschulenverbildung funktioniert, und Alexander erläutert eindringlich, wie Architektur im Mikro- und Makrokosmos den Menschen dienlich sein kann. Bauen ohne Architekten geht heute nicht mehr. Es ist notwendig, unsere Bedingungen und Möglichkeiten zu interpretieren und zu einer so hochwertigen und gleichzeitig selbstverständlichen Architektur zu gelangen. Dazu muß man offen an Planungsaufgaben herangehen, wobei offen nicht bedeutet, keine Grundsätze zu haben, und offen bedeutet auch nicht Beliebigkeit. Für uns sind die Wegeführung innerhalb eines Gebäudes, die räumliche Disposition und die Nachvollziehbarkeit der Konstruktion wichtige Kontrollparameter für die Qualität eines Entwurfs. Darüber hinaus spielt aber in einer medial geprägten Welt die Bildhaftigkeit eine größere Rolle als in früheren Zeiten. Orte in ihrer räumlichen und soziologischen Eigenschaft verbessern und verstärken zu wollen, bedeutet für uns nicht, auf Eigenständigkeit und Originalität zu verzichten. Architektur sollte immer einen Neuimpuls geben, und sie sollte immer für sich stehen können. Von der Bauaufgabe und der Wichtigkeit des einzelnen Gebäudes im Kontext hängt es ab, ob diese Eigenschaften eher offensichtlich oder eher zurückhaltend hervortreten.

Axel Schultes
Charlotte Frank

Axel Schultes

17. Nov. 1943	geboren in Dresden
1963–1969	Studium in Berlin
1972–1991	in Partnerschaft mit D. Bangert, B. Jansen, St. Scholz (BJSS)
seit Januar 1992	eigenes Büro mit Charlotte Frank und Christoph Witt

Charlotte Frank

25. Juli 1959	geboren in Kiel
1979–1984	Studium in Berlin
seit 1987	Zusammenarbeit mit Axel Schultes (BJSS)
seit Januar 1992	Partnerin von Axel Schultes und Christoph Witt

Zehn Fragen – zehn Antworten

1. Welche Arbeitsmittel sind für Sie beim Entwerfen am wichtigsten – Handskizze, CAD-Technik, Arbeitsmodelle –, und wie hat sich der Computer als Arbeitsmittel auf Ihre Entwurfsarbeit und auf Ihre Entwurfsergebnisse ausgewirkt?

Die Konzeptskizze und die Modellskizze am heißen Draht – da geht nichts drüber; CAD ist wie ein Pilz-Mycel – langsam aber sicher durchdringt es alle Entwurfsvorgänge, zum Guten wie zum Schlechten, unaufhaltsam.

2. Welches sind Ihre ersten Arbeitsschritte am Beginn einer neuen Entwurfsaufgabe, in welche Arbeitsschritte gliedert sich der Prozeß eines Gebäudeentwurfes in Ihrem Büro idealerweise?

Siehe oben.

3. Welcher Anteil an der Entwurfsarbeit entfällt in Ihrem Büro auf die konzeptionelle Arbeit, welcher auf Darstellung und Präsentation? Mit welchen Mitteln präsentieren beziehungsweise vermitteln Sie Ihre Entwurfskonzepte?

Erst die Arbeit, dann das Vergnügen? Nein, bei Architekten kippt diese Lebensregel: die Konzeptfindung ist die Kür, das Vergnügen – die Sache in die Pläne bringen ist die eigentliche, kontinuierliche Arbeit, was sonst. Und wie das dargestellt wird? Mit Zeichnungen, Modellfotos, manchmal auch – wenn's denn sein muß – mit CAD-Perspektiven, kundenfreundlich.

4. Kann Entwerfen Teamarbeit sein, oder ist es immer das Werk eines einzelnen? Welche Rolle spielen Bauherr und weitere fachlich Beteiligte beim Entwurf?

Die Konzeptfindung – die ist immer Zwiegespräch über die Alternativen, ist Dialog, nach Innen und mit dem Partner. Das Team wird eingestimmt – so archaisch geht es zu, bei uns. Und daran geht kein Weg vorbei: für eine architektonische Ordnung, die den Namen verdient, braucht das Gehirn ein paar Jährchen, da reicht ein noch so kreatives Brainstorming nicht hin.

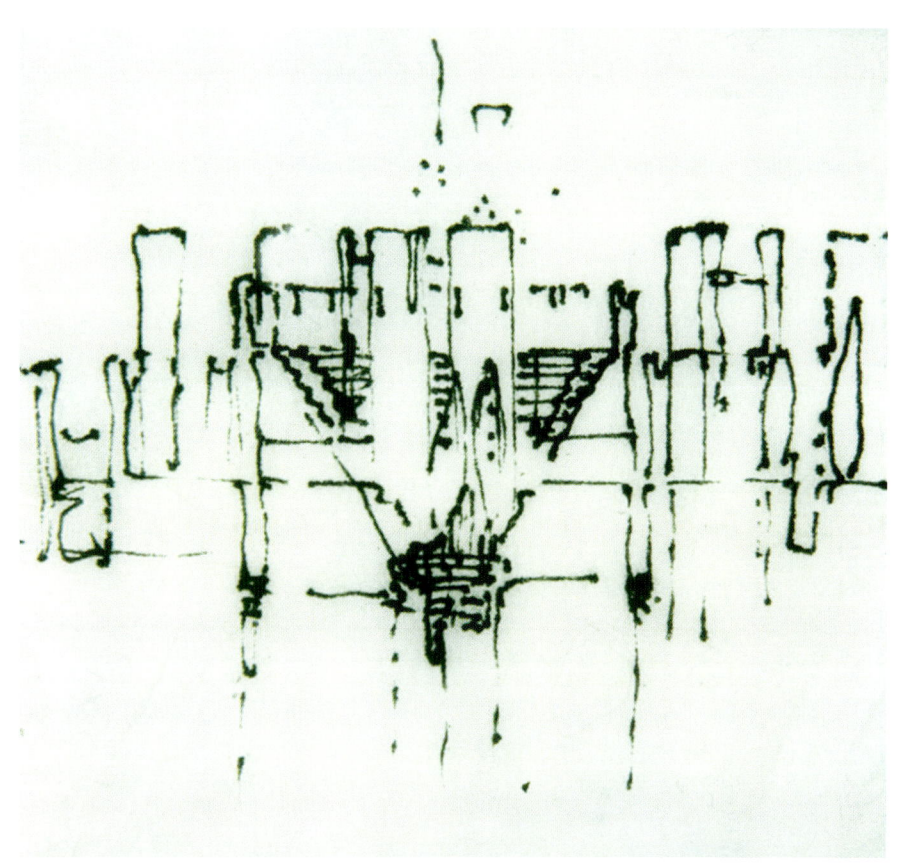

Deutsches Historisches Museum, Berlin,
Wettbewerbsskizze und -modell

5. Was sind für Sie wesentliche Merkmale eines gelungenen Gebäudeentwurfes?
Lust am Raum, suggestive Räumlichkeit, Räume, die ein Gefühl von Befreiung, Geborgenheit und Nützlichkeit abstrahlen.

6. Welchen Stellenwert beziehungsweise Anteil hat das Entwerfen für Sie am Gesamtplanungsprozeß für ein Gebäude?
Wenn die Entwurfsidee nicht trägt (siehe 5), dann ist alles andere nichts, ist verlorene Liebesmüh, ist – mit Verlaub – Sch.... polieren. Aber natürlich ist auch die schönste Idee mit einer miesen Planung kaputt zu kriegen.

7. Welche Entwürfe Ihres Büros halten Sie selbst für besonders wichtig beziehungsweise charakteristisch für Ihre Arbeit?
Jeden Entwurf, der das Zeug zum Prototyp, im besten Fall zum Archetyp hat – zum Beispiel unseren Wettbewerbsentwurf zum Deutschen Historischen Museum von 1988, mit seinem Nach-

folger, dem Spreebogenkonzept von 1993, wenn man dessen langen Atem nicht abgewürgt hätte; und die Abschiedshalle im Krematorium Treptow, den bisher einzigen Raum, der unsere Absichten so ungefähr eingelöst hat.

8. Welche Kenntnisse beziehungsweise fachlichen und persönlichen Eigenschaften sind für einen Entwerfer besonders wichtig?
Einbildungskraft.

9. Entwerfen Sie eher spontan oder systematisch, eher rational oder gefühlsbetont?
Lieber Peter Lorenz, was für eine Frage! Spontan *und* systematisch, rational *und* gefühlsbetont, wie denn anders.

10. Was wäre Ihre liebste Entwurfsaufgabe beziehungsweise welchen Entwurf würden Sie niemals bearbeiten?
Über Zuchthäuser mögen sich andere Gedanken machen, aber eine Philharmonie zum Beispiel wäre ein zehnfach durchgesiebter Herzenswunsch.

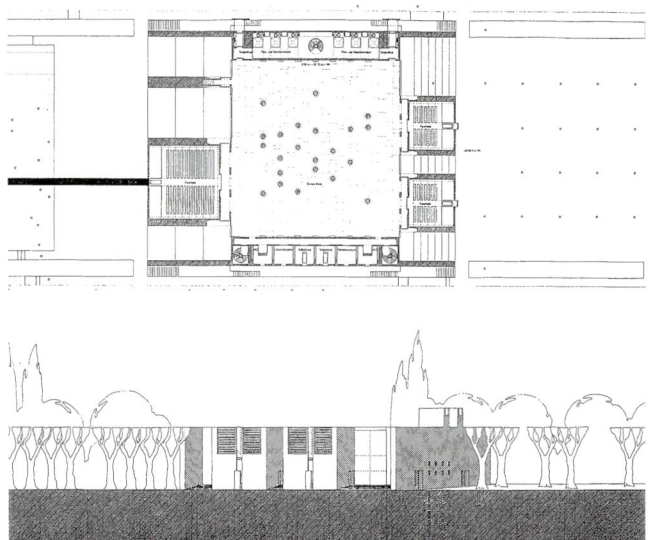

Krematorium Baumschulenweg, Berlin,
Wettbewerbszeichnungen und -modell
sowie Innenraum Kondolenzhalle

Die Leichtigkeit des Steins

We never know what space is – recht hat er, der Louis Kahn, und er fährt fort: *and what is talked about as space*, was so alles über Raum erzählt wird. Ja, mit Worten läßt sich's trefflich streiten, zuerst und vor allem über das Flüchtigste, Unfaßbarste, Zentralste aller Architektur, den Raum: als Zuflucht und Ausrede, als Bemäntelung und Beweihräucherung, aber auch als deren Quintessenz, als deren Geheimnis, als der Augen »Hader, der Welt Suppe, der Ratte Stern«.

„Alles ist Raum«, behauptet eine feuilletonlancierte Avantgarde und reduziert unsere Architektenkunst auf's Kunstgewerbe, im besten Fall auf Raumkunst, Raumskulptur. All die Glas- und Blech- und Gipskartonkistentricks, all die Plastikblasen, die den Architekturmarkt füllen, verwechseln die Zwecke mit den Mitteln, machen Effekt, machen Wirkung ohne zureichende Ursache. »Schönes in dieser schönen Arbeit« ist nur zu leisten in der präzisen Begrenzung von Raum durch die Schwere, die Tiefe des Materials, beseelt durch das Licht.

Aber der alten Schwere, den Wundern von Sakkara zum Beispiel, von Istanbul und Cordoba, kann durchaus eine neue, freiere, suggestive Räumlichkeit zugestellt werden, eine sehr widersprüchliche, sehr streitbare Leichtigkeit des Steins, eine komplexere, kontrastreichere Verknüpfung von aufgetürmter Erde und dem Licht, das darauf herunterregnet: der stahlbewehrte Beton, eine technisch-konstruktive Täuschung allerersten Ranges, hat tatsächlich das Zeug dazu, uns über all die ehrwürdigen, verlorenen Tugenden von Konsistenz und Tektonik hinwegzutrösten – und nur er kann unsere Suche nach neuen Räumen und Raumtypen verknüpfen mit einer, zugegeben, sehr weit zurückreichenden Sehnsucht nach Geborgensein, nach Notwendigkeit: »So und nicht anders« – das sagt uns jede frisch ausgeschalte Wand, »nimm mich wie ich bin«, und »leb mit mir«, »laß dich drauf ein«. Damit ist der gegossene Stein Hoffnung des Architekten, Angst der Bauleute, Herausforderung des Bauherrn – und oft genug Menetekel unserer Baukultur.

Und ausgerechnet jetzt, am Beginn des neuen Millenniums, wenn der optimierte Trocken- und Montagebau seine endgültigen, banalen Triumphe feiern wird, dämmert uns Eingeweihten: Es wird eine rührende Sage daraus werden, daß es im 20. Jahrhundert eine Art des Bauens, eine höchst beschwerliche Art gegeben habe, die noch einmal, zum letzten Mal, Architektur von Gewicht hervorbringen konnte – was sage ich: Architektur. Große Bauten erkennt man am Déjà-vu. Sie sagen, was man immer wußte, nur vergessen hatte. Sie zeigen das eine Glück des Architekten: die Gleichzeitigkeit der Architektur, der Räume über fünf Jahrtausende hinweg – »How are we doing, Corbusier; how are we doing Imhotep?«

Mit den präfabrizierten Kartonagen und Blasen einer mutigen neuen Welt wird es diese raunende Beschwörung unseres Imperfekts nicht mehr geben.

Peter P. Schweger

Peter P. Schweger

1935	geboren in Mediasch, Rumänien
1959	Diplom nach Studium, Technische Hochschule Budapest, Eidgenössische Technische Hochschule Zürich
bis 1960	Mitarbeit in verschiedenen Architekturbüros in Zürich
1963	Arbeitsgemeinschaft mit Heinz Graaf, Hamburg, und A. Schweighofer, Wien
1968	Partnerschaft mit Heinz Graaf und Gründung des Büros Graaf + Schweger Architekten
1968-1971	Lehrauftrag an der Hochschule für Bildende Künste in Hamburg und an der Technischen Universität Hannover
1972	Professor, Lehrstuhl für Gebäudekunde und Entwerfen an der Universität Hannover
1973	Umwandlung des Büros in Graaf - Schweger + Partner
1987	Umbenennung des Büros in Architekten Schweger + Partner
1998	ASP Schweger Assoziierte Gesamtplanung GmbH, Geschäftsführender Gesellschafter

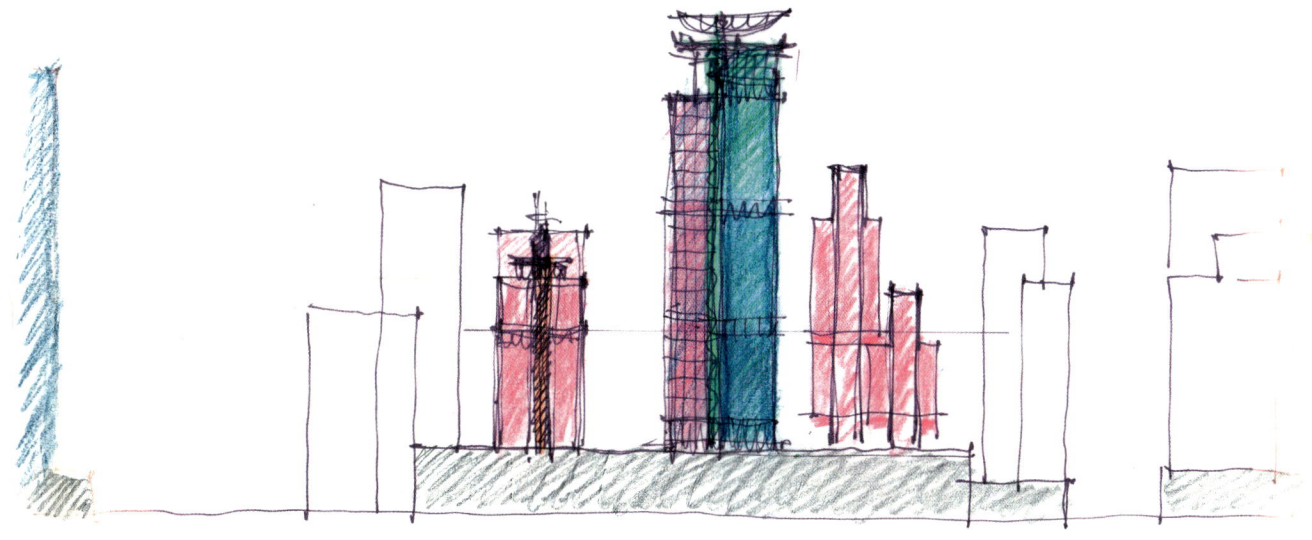

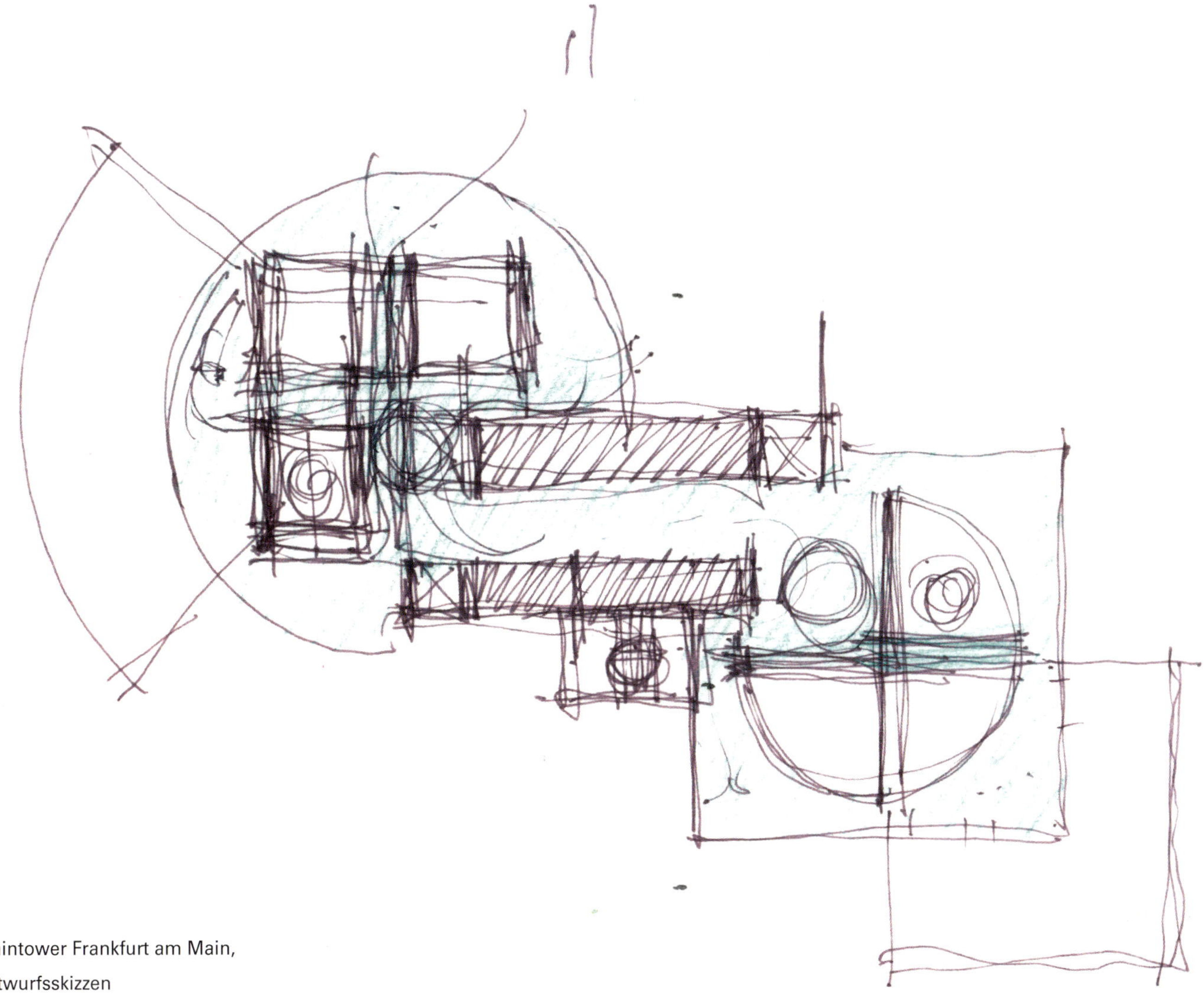

Maintower Frankfurt am Main,
Entwurfsskizzen

Zehn Fragen – zehn Antworten

1. Welche Arbeitsmittel sind für Sie beim Entwerfen am wichtigsten – Handskizze, CAD-Technik, Arbeitsmodelle –, und wie hat sich der Computer als Arbeitsmittel auf Ihre Entwurfsarbeit und auf Ihre Entwurfsergebnisse ausgewirkt?

Hauptsächlich Handskizzen, Arbeitsmodelle, Gedanken, Notizen. Diese werden dann vom Mitarbeiter über Computer-Darstellungen präzisiert und komplettiert.

2. Welches sind Ihre ersten Arbeitsschritte am Beginn einer neuen Entwurfsaufgabe, in welche Arbeitsschritte gliedert sich der Prozeß eines Gebäudeentwurfes in Ihrem Büro idealerweise?

Analyse von Programm, Ort, Typologien und Analogien. Alternative Konzepte in Skizzen, Plänen und überwiegend Modellen, bis die Lösung erkannt und entschieden ist.

Maintower Frankfurt am Main

3. Welcher Anteil an der Entwurfsarbeit entfällt in Ihrem Büro auf die konzeptionelle Arbeit, welcher auf Darstellung und Präsentation? Mit welchen Mitteln präsentieren beziehungsweise vermitteln Sie Ihre Entwurfskonzepte?

Überwiegender Anteil entfällt auf die konzeptionelle Arbeit, da die Darstellung mit Hilfe von CAD relativ schnell geht. Präsentation des Ergebnisses ist abhängig davon, ob es ein Wettbewerbsbeitrag oder eine persönliche Präsentation ist.

4. Kann Entwerfen Teamarbeit sein, oder ist es immer das Werk eines einzelnen? Welche Rolle spielen Bauherr und weitere fachlich Beteiligte beim Entwurf?

Entwerfen ist immer eine Teamarbeit, die Konzeptfindung meist das Werk eines einzelnen, das sich von den Beiträgen der Beteiligten ergänzt und reift.

5. Was sind für Sie wesentliche Merkmale eines gelungenen Gebäudeentwurfes?

Daß es auf die Komplexität der Anforderungen eine Antwort gibt, bezogen auf den Gebrauchs- und ästhetischen Wert und den Ort.

6. Welchen Stellenwert beziehungsweise Anteil hat das Entwerfen für Sie am Gesamtplanungsprozeß für ein Gebäude?

Der Entwurf ist die Voraussetzung im Gesamtplanungsprozeß und wird erst beendet, wenn das Gebäude in Realisierung ist.

7. Welche Entwürfe Ihres Büros halten Sie selbst für besonders wichtig beziehungsweise charakteristisch für Ihre Arbeit?

Alle Entwürfe sind für uns wichtig und daher auch charakteristisch, auch wenn man später Schwächen feststellt, aus denen man lernt.

8. Welche Kenntnisse beziehungsweise fachlichen und persönlichen Eigenschaften sind für einen Entwerfer besonders wichtig?

Fertigkeiten und Kenntnisse sind erlernbar, das Wichtigste ist eine fundierte, neugierige Kultur.

9. Entwerfen Sie eher spontan oder systematisch, eher rational oder gefühlsbetont?

Von allem etwas charakterisiert den Entwurfsprozeß.

10. Was wäre Ihre liebste Entwurfsaufgabe beziehungsweise welchen Entwurf würden Sie niemals bearbeiten?

Es gibt eine Reihe von Aufgaben, die ich nicht bearbeiten würde, zum Beispiel Schlachthof, Bunker und so fort.

Orte für das Wohnen

Die Entstehung von architektonischen Werken war und ist immer von Theorien, persönlichen »Philosophien« beeinflußt. Jeder architektonische Ausdruck hat seinen Anfang in neuen theoretischen Ansätzen, unabhängig davon, wie vollständig diese auch sind. Die Deutung und Erklärung der eigenen Werke ist auch die Darstellung der persönlichen Architekturphilosophie beziehungsweise -theorie. Das beinhaltet meist eine subjektive Kombination und Auslegung von empirisch gefundenen Erkenntnissen und wissenschaftlichen Fakten sowie die Übernahme von akzeptierten Philosophien.

Das Lernen ist als fortlaufender Prozeß zu sehen. Im Rückblick der Jahre ergänzen und verändern sich die Anschauungen, die Beschäftigung mit Architektur weitet den Blick, und je mehr wir nach dem Sinn des eigenen Tuns fragen, desto mehr nähern wir uns der philosophischen Definition der Architektur von Georg Lukács, gemäß der » die Architektur realen und angemessenem Raum schaffen muß, dazu bestimmt, diese Angemessenheit optisch zu verdeutlichen«. Diese Ansicht deckt sich mit der Entwicklung einer Theorie, die ohne Zweideutigkeiten die Identität und die spezifische Qualität der Architektur herauszustreichen versucht. Sie weist auf die Unzertrennlichkeit des Gebrauchswertes und der symbolischen Funktion der Architektur hin, auf die Differenziertheit der Wahrnehmungs- und Deutungsvorgänge als Gebrauchswert und als ästhetisches Phänomen.

Architektur gehört der »Welt« der Gebrauchsgegenstände an, sie wird von den jeweiligen gesellschaftlichen Bedürfnissen bestimmt, Architektur schafft zu deren Befriedigung bestimmte materielle technische Gebilde, sie wandelt aber diese als Wirklichkeit »für sich« seiende Gebilde in einer zweiten »Widerspiegelung« so um, daß sie zu einer Wirklichkeit »für uns« werden, aus einem Bauwerk »für sich« ein Kunstwerk für uns macht und damit die »Anschaulichkeit« der Architektur bestimmt.

Wir haben lernen müssen, daß eine euphorisch verordnete »soziale Utopie« und deren ästhetische Symbolisierung nicht der Ganzheit des Architekturanspruchs entspricht, daß wir also nicht weniger fragen müssen als die »Moderne«, sondern viel mehr. Die Moderne hatte die Fragen nach der geschichtlichen Kontinuität und nach der Identität des Ortes nicht gestellt oder verdrängt. Das forderte von uns eine kritische Fortsetzung der »Moderne« mit einem erweiterten Architekturbegriff.

Es wurde uns auch im Laufe der Jahre bewußter, daß die Teile der Stadt und die Stadt selbst das Ergebnis eines geschichtlichen, sozialen Prozesses sind, den man nicht anhalten, bisweilen aber regulieren kann. Das Stadtbild kann auch verstanden werden als »Kontinuität«, als eine Vielfalt von Entwicklungen und Überlagerungen, von Widersprüchen, von Fragmen-

ten, zu dem jede Generation in jeweils »ihrem« Verständnis ihren Beitrag geleistet hat.

So ist unsere Generation nicht berechtigt, sondern verpflichtet, eigene Leistungen nach dem Verständnis unserer Zeit zu hinterlassen. Die Veränderungen sollten aber im Bewußtsein der Kontinuität der Entwicklung erfolgen. Es bedarf einer respektvollen und selbstbewußten architektonischer Annäherung, um die Architektur der Stadt als Ganzes zu begreifen. Es bedarf funktionaler und städtebaulicher Angemessenheit, Aufmerksamkeit für die Charakteristika des Ortes, Kontinuität der Tradition, um Verständlichkeit von Architektur durch ihre Elemente und Zeichen zu erreichen.

Wir stimmen auch mit der Anschauung von Lukács überein, daß ein jedes Gebäude, die Stadt und ihr Plan aber im besonderen Symbole schaffen, in denen der einzelne sich wiederfindet als Glied der Gemeinschaft. Es genügt niemals, daß ein Gebäu-

Deutsches Historisches Museum, Berlin,
Lageskizze und Entwurfsmodell

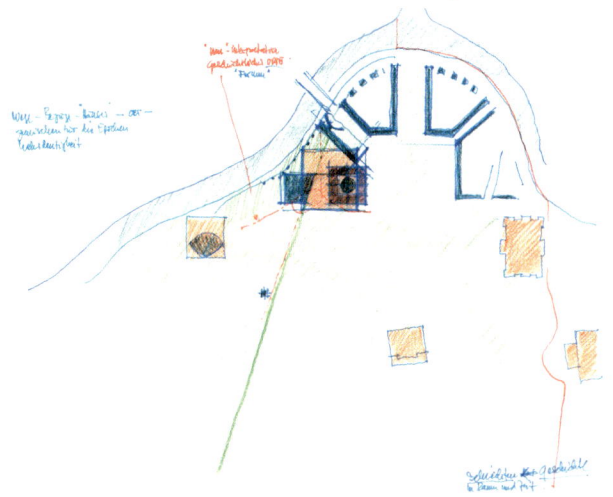

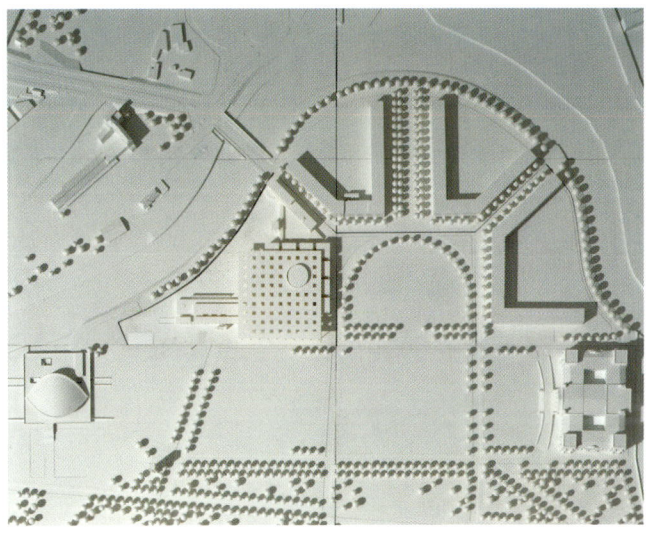

de oder ein Plan seinen Zweck erfüllt, es genügt auch nicht, daß man ihm den Zweck ansieht (obwohl dies erheblich wichtiger ist als die Zweckerfüllung selbst). Nicht den erfüllten Zweck allein muß man dem Bau ansehen können, sondern die Menschenart, die Lebensart, in welcher der Zweck gilt: Man spricht daher wieder von »Transzendierung der Funktionen in das gesellschaftlich bestimmte Symbol«. Es ist abhängig vom Selbstverständnis der Gesellschaft, ob die Typologie eines Ortes oder der Ausdruck eines Architekturelementes zum Symbol wird.

Nach allgemeiner Übereinkunft ist die Vorstellung von der Vollkommenheit der äußeren Form gebunden an ausgewogene Balance, Übereinstimmung, in gewissem Sinne auch Prachtentfaltung. In der Harmonie sucht man die Dauer eines vollkommenen Zustandes herbeizuführen. Das Gefühl für Vollkommenheit als Möglichkeit künstlerischen Ausdrucks und als Antwort auf eine mehrdeutige Fragestellung liegt jedoch in der Offenheit, in der Balance zwischen Ordnung und Vielfalt. »Offenheit« meint die »Unvollkommenheit« eines Werkes, die aber keine endgültige, etwa aus der Ungeschicklichkeit ihres Verfassers hervorgebrachte ist. Es ist eine Unvollkommenheit, die die Möglichkeit der Vollendung in sich trägt und sich dem Gegenüber darbietet.

Denn das Gegenüber, der »Sehende« oder auch »Hörende«, ist aufgerufen, indem das Werk ihm einen »Nachklang« vermittelt, es in sich zu vollenden. Es soll so im Unsichtbaren, Unhörbaren Vollkommenheit herstellen. Das Geschaffene – das Dingliche und das Ideelle – und der Empfänger sollen zu einer Einheit werden. Das drückt sich in mehreren thematischen Schichten aus, die in sich je eigene Bedeutung tragen und durch die Überlagerung eine Mehrdeutigkeit, eine «Offenheit» bewirken.

Der Begriff von der »Ordnung der Offenheit« wird auch als »Ordnung des Zufalls« interpretiert, als ein Spektrum unterschiedlicher Absichten, die wiederum mit jeweils anderen Vorstellungen von Ästhetik verknüpft und in der Regel auf diesen Inhalt reduziert sind.

Während die eine Gruppe sich um die subjektiv-emotionale Aufladung der architektonischen Objekte kümmert, ist für die andere die Emotionslosigkeit des architektonischen Raums ein wichtiges Anliegen. Schon die russische Avantgarde der zwanziger Jahre (gemeint sind Malewitschs Suprematismus, die Formalästhetik der Rationalisten und insbesondere die Prounen El Lissitzkys) habe sich mit einer veränderten Raum-Zeit-Beziehung auseinandergesetzt und in Zeichnungen und Modellen einen abstrakten, gegenstandslosen Architekturraum geschaffen.

Der heutige Stadtraum, der ohnehin keine dauerhaften Inhalte mehr glaubhaft verkörpern kann, sollte – so die These – in einer Verselbständigung akzeptiert und als leeres Raumkontinuum mit Körpern gelesen werden. Auf dieser abstrakten ästhetischen Ebene käme auch das Leitmotiv der heutigen Stadt, die Ordnung des Zufalls, am klarsten zum Ausdruck.

Die Entwürfe dieser formalästhetischen Dekonstruktivisten wollen in diesem Kontext verstanden werden. Sie thematisieren die Auflösung der logischen Einheit, wobei die Wiederaufnahme des russischen Formenrepertoires als Hommage für die Moderne gedacht ist.

Auffallend fatalistisch gibt sich die Mehrzahl der Dekonstruktivisten. Die inflationären Auflösungstendenzen von Zeit und Raum werden hingenommen, als handle es sich um eine zwangsläufige Entwicklung, der sich nichts und niemand entziehen kann, dabei wendet sich doch gerade die dekonstruktivistische Philosophie, zum Beispiel Lyotards, gegen derartige historische Einheitsobsessionen. Muß man nicht, wenn es um die Kritik logischer Einheitsobsessionen geht, auf den Besonderheiten der menschlichen Existenz bestehen, ihrer eigenen Zeit und einer humanökologisch begründeten Umwelt?

Auch ästhetisch ist ja der Einheitsdrang keineswegs überwunden. In zynischer oder auch in heroischer Pose ahnt man das Ende der Ganzheit, aber in dieser Befangenheit fixiert auf das Bruchstück, kann eben nur zerbrochene Ganzheit entstehen. Symptomatisch ist, daß soviel vom Abbild die Rede ist, und nicht ohne Grund bilden die Zeichnungen der Dekonstruktivisten als Carceri-Szenen des 20. Jahrhunderts ein eigenständiges Genre. In diesen Zeichnungen und nicht im realen Stadtraum ist die psychische Aufarbeitung am Platze.

Es gibt auch eine andere Art, die Gesetze des Zufalls und die scheinbare Unordnung zu betrachten, derart, daß die Auflösung der Ganzheit kein dramatisches Unglück zu sein braucht. Man könnte in diesem Falle in einem positiven Sinn von chaotischen Regelungen sprechen, wenn nicht der Begriff »Chaos« als Negativum von den Freunden der Ganzheit besetzt wäre. Nicht leidvoll erfahrene Demontage und Unglück, sondern sogar Glücksversprechen kann die Auflösung der Ganzheit sein.

Sie ist die notwenige Folge einer innerlich vollzogenen Emanzipation, deren Freiheit man als Chance sieht für eine gänzlich andere Art der Ordnung. Einer Ordnung, die von einem aufgelösten Zustand ausgeht, damit sich die zunächst voneinander unabhängigen Elementarteile wie durch Selbstorganisation zu einer höheren Ordnung zusammenfinden. Es handelt sich hierbei um ein inhaltliches, am Menschen orientiertes Prinzip. Es ist nicht destruktiv, sondern hoffnungsvoll zumindest im konkreten Bezug auf die zu lösende Aufgabe.

Wenn ein Mensch sich mit dem Ort identifiziert, sagen wir: »er wohnt«. Wohnen im weitesten Sinne heißt, sich tief mit den differenzierten Qualitäten eines Ortes, im Gebrauch und seiner Erscheinung verbunden zu fühlen und damit auch die Anschaulichkeit der Architektur für sich zu bestimmen. Architektur kann »Orte« schaffen, die das »Wohnen« in diesem Sinne fördern.

Deutsches Historisches Museum Berlin,
Perspektivskizze Innenraum

Otto Steidle

Otto Steidle

1943	geboren in München, gestorben am 28. Februar 2004
1962-1965	Studium an der Staatsbauschule München
1965-1969	Studium an der Kunstakademie München
1969	Gründung des Architekturbüros Steidle + Partner
1979-1981	Professor für Entwerfen und Funktionsplanung an der Gesamthochschule Kassel
1981-1990	Professor für Entwerfen und Konstruktion an der Technischen Universität Berlin
1991-XX	Professor für Architektur an der Akademie der Bildenden Künste, München
ab 1994	Mitglied der Akademie der Künste Berlin-Brandenburg
ab 1995	Mitglied der Akademie der Schönen Künste, München
2000	Teilnahme an der 7. Internationalen Architekturbiennale in Venedig

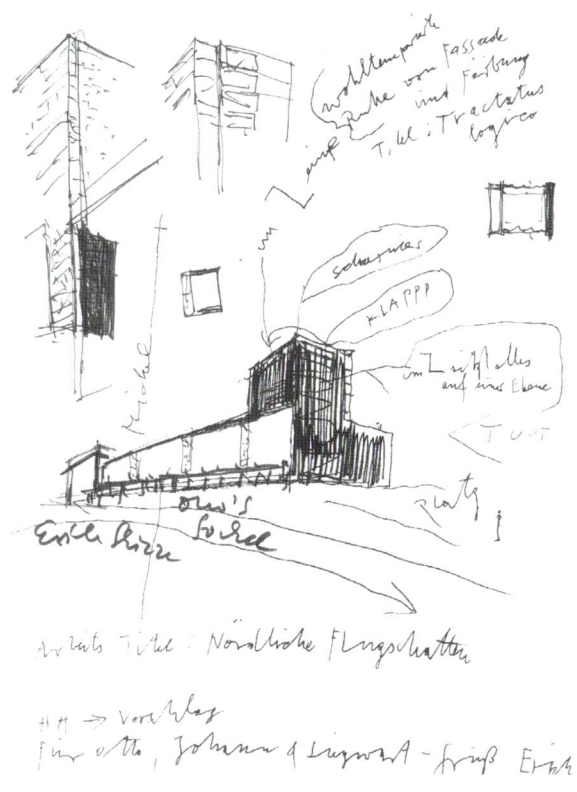

Michaelisquartier, Hamburg, Entwurfsskizze,
Arbeitsmodell

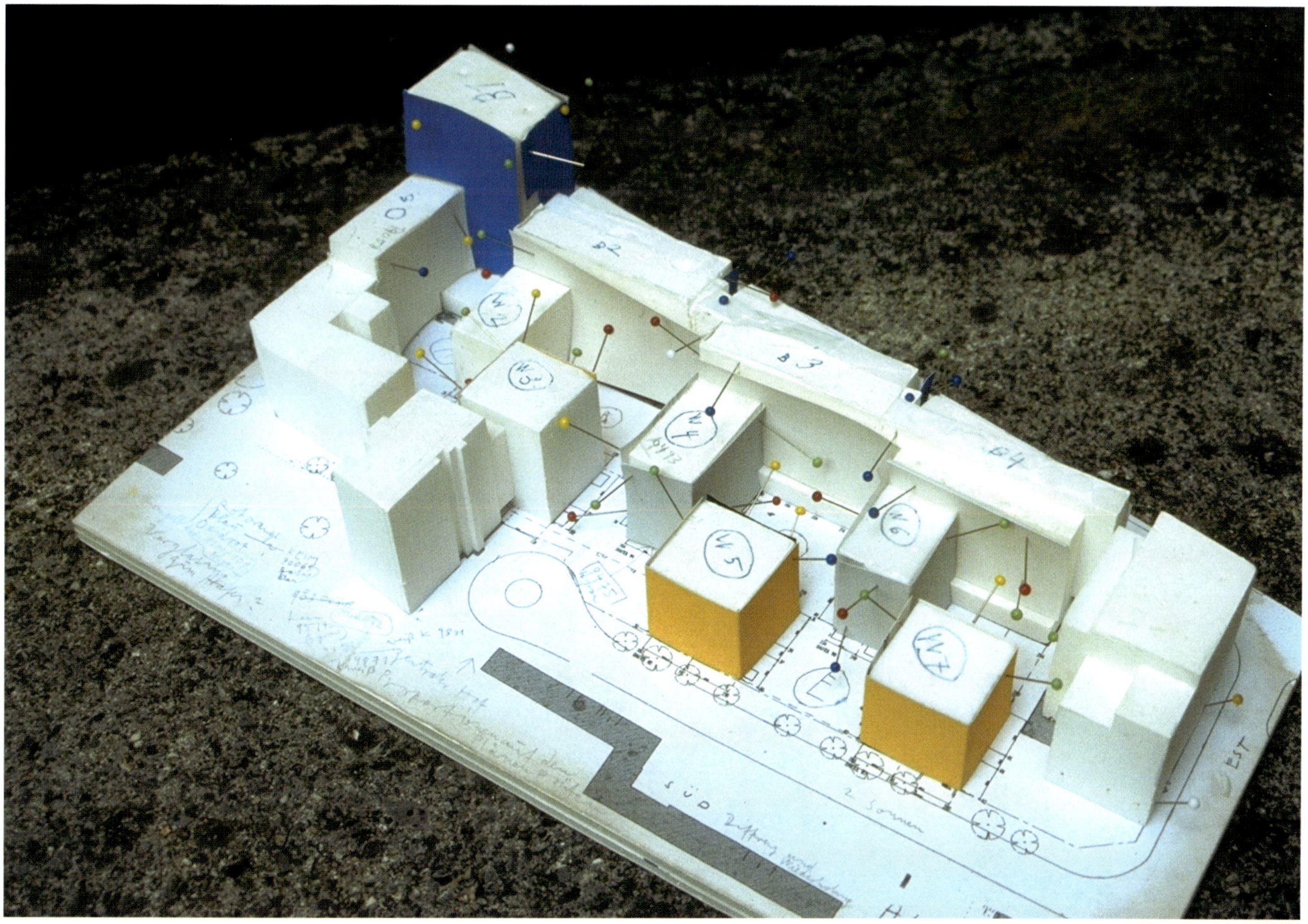

Michaelisquartier, Hamburg

Zehn Fragen – zehn Antworten

1. Welche Arbeitsmittel sind für Sie beim Entwerfen am wichtigsten – Handskizze, CAD-Technik, Arbeitsmodelle –, und wie hat sich der Computer als Arbeitsmittel auf Ihre Entwurfsarbeit und auf Ihre Entwurfsergebnisse ausgewirkt?
Viele Skizzen, manchmal kurze Texte, oft Arbeitsmodelle.

2. Welches sind Ihre ersten Arbeitsschritte am Beginn einer neuen Entwurfsaufgabe, in welche Arbeitsschritte gliedert sich der Prozeß eines Gebäudeentwurfes in Ihrem Büro idealerweise?
Meist gefaxte Skizzen, die ich auf dem Land an das Büro in der Stadt schicke, dann weitere gemeinsame Arbeitsschritte.

3. Welcher Anteil an der Entwurfsarbeit entfällt in Ihrem Büro auf die konzeptionelle Arbeit, welcher auf Darstellung und Präsentation? Mit welchen Mitteln präsentieren beziehungsweise vermitteln Sie Ihre Entwurfskonzepte?
Ein großer Teil der Arbeit (ca. ein Drittel) fällt in die konzeptionelle Phase, der Rest in die Projektphase mit Skizzen, Modellen, Zeichnungen (CAD).

4. Kann Entwerfen Teamarbeit sein, oder ist es immer das Werk eines einzelnen? Welche Rolle spielen Bauherr und weitere fachlich Beteiligte beim Entwurf?
Kann Teamarbeit sein, selten auch mit dem Bauherrn (manchmal doch), andere fachliche Beteiligte: Künstler, Grünplaner, Ingenieure meist später.

Theresienhöhe München, Grundrißtypologie

5. Was sind für Sie wesentliche Merkmale eines gelungenen Gebäudeentwurfes?
Stimmigkeit mit Entwerfer und Person, Potential + Poesie.

6. Welchen Stellenwert beziehungsweise Anteil hat das Entwerfen für Sie am Gesamtplanungsprozeß für ein Gebäude?
Den Wichtigsten.

7. Welche Entwürfe Ihres Büros halten Sie selbst für besonders wichtig beziehungsweise charakteristisch für Ihre Arbeit?
Ulm, HH (Michaelisquartier), Theresienhöhe, Bremerhaven (Alfred-Wegener-Institut), »Peking-Image«.

8. Welche Kenntnisse beziehungsweise fachlichen und persönlichen Eigenschaften sind für einen Entwerfer besonders wichtig?
Die Fähigkeit, konzeptionelle Absichten für die konkreten Aufgaben nutzbar zu machen.

9. Entwerfen Sie eher spontan oder systematisch, eher rational oder gefühlsbetont?
Sowohl als auch, insbesondere intuitiv und rational gleichzeitig.

10. Was wäre Ihre liebste Entwurfsaufgabe beziehungsweise welchen Entwurf würden Sie niemals bearbeiten?
Sehr gerne ein Stadtquartier vom Städtebauentwurf bis zum Haus – eigentlich nicht (nicht niemals) einen Flughafen (jedoch gerne einen Bahnhof).

Zu meiner Arbeit

Ich baue an einer Welt nicht nach einem übergeordneten Ziel und auch nicht aus einem Glauben an die Verbesserung und den Fortschritt der Welt. Weder ist es also ein idealistisches noch ein ironisches Verhältnis zur Wirklichkeit, weder Euphorie noch Resignation, weder eine materielle noch eine immaterielle Ausrichtung. Ich folge dem Anstoß meiner Arbeit, mehr noch dem Antrieb aus den mir begegnenden und von mir gesuchten Möglichkeiten und Aufgaben.

Lange schon Erfundenes, existierende Werte und Errungenschaften und Verabredungen, ob in Kultur, Technik oder Gesellschaft, sind mir genauso wichtig wie die Erkenntnis, daß diese immer auch Errungenschaften schon überwundener Verabredungen sind, und nichts davon bleibend ist und dennoch bleibenden Wert besitzt. Ich habe die Hoffnung, für viele und für vieles etwas Gültiges zu finden, und erhebe daraus keinen Anspruch auf allgemeine Gültigkeit.

Ich hoffe auf die Überwindung der kollektiven Unvernunft gegenüber Umwelt und Gesellschaft, die bis zum kollektiven

Ich habe nicht die Vision einer besonderen Begabung, aber vertraue auf meine Fähigkeiten, ein eigenes Stück der Welt mit einer eigenen Ordnung und Struktur zu erfinden und dabei ein eigenes Bild mit eigenen Fragen zu Orten und zur Zeit, sowohl zur vergangenen als auch zur künftigen, zu entwerfen. Dabei auch das Verhältnis der Menschen zueinander und ihr Verhältnis zu den Dingen zu beobachten, zu denen, die sie brauchen, und zu denen, die sie sich wünschen. Es ist mir wichtig herauszufinden, oft »herauszuentwerfen«, was allgemein ist an unseren Erfahrungen und unseren Werken und an dem, was den persönlichen Spielraum mit einer eigenen Färbung (oft im wörtlichen Sinn) ausmacht.

Ich freue mich an der Temperatur, die ein Haus erzeugt. Ich suche das Spezifische genauso wie das Normale und sehe keinen Konflikt zwischen der Forderung nach Konsens und dem eigenen Wunsch nach Originalität.

Wahnsinn reicht. Ich schätze die Lebendigkeit, die Dichte und den Impuls der Stadt und liebe die Beständigkeit und Schönheit des Landes.

Ich freue mich über die Annehmlichkeit des Holzes und genauso über die Festigkeit des Steins, an der Überraschung und Kraft der Farbe und an der Lebendigkeit des Lichts.

Es gibt in meiner Arbeit kein übergeordnetes Prinzip, und dennoch ist alles davon bestimmt. Es gibt kein Ideal, und dennoch richtet sich alles danach. Es gibt keinen Fortschritt, und dennoch bleibt nichts wie es war und wie es ist. Es gibt keine allgemeine Verantwortlichkeit, und dennoch darf nichts dagegen handeln. Ich hoffe, den äußeren Antrieb mit innerer Kraft zu erfüllen.

Theresienhöhe München, Ansichtsskizze
Bürogebäude und realisiertes Projekt

Jan Störmer

Jan Störmer

1942	geboren in Berlin
1960	Ingenieurschule in Bremen
1962	Praktikum im Büro Rolf Störmer
1963	Hochschule für bildende Künste in Hamburg, Studienaufenthalte in Niederlanden an der Technischen Hochschule Delft, Büropraktika und Studienreisen in den USA, Gaststudent an der AA in London
1969	Diplom Hochschule für bildende Künste in Hamburg
1970	Gründung der Hamburg Design GmbH für Architektur, Industrie und Graphik Design
1972	Gründung der Hamburger Architektengruppe me di um (mit drei Partnern)
1985	Zusammentreffen mit William Alsop auf dem ersten Hamburger Bauforum
1990	Gründung der Büros Alsop & Störmer Architects London, Hamburg
seit 2001	die Büros gehen getrennte Wege, das Hamburger Büro heißt nun Jan Störmer Architekten
seit 2002	Partnerschaft mit Holger Jaedicke

Zehn Fragen – zehn Antworten

1. Welche Arbeitsmittel sind für Sie beim Entwerfen am wichtigsten – Handskizze, CAD-Technik, Arbeitsmodelle –, und wie hat sich der Computer als Arbeitsmittel auf Ihre Entwurfsarbeit und auf Ihre Entwurfsergebnisse ausgewirkt?

0,9 mm 2 B Mienen im Drehbleistift von Mont Blanc sind mein Hauptarbeitsmittel. Papier, Pappen, Servietten, Tischdecken, Briefumschläge, gerade das, was zu haben ist an dem Ort, wo es beginnt. Der Computer hat mich aus meiner erlernten und praktizierten handwerklichen Arbeitswelt ausgeschaltet, dafür habe ich vieles gewinnen können durch die notwendige frühe Teambildung mit denen, die das CAD-System so beherrschen, wie ich den Mont-Blanc-Stift.

2. Welches sind Ihre ersten Arbeitsschritte am Beginn einer neuen Entwurfsaufgabe, in welche Arbeitsschritte gliedert sich der Prozeß eines Gebäudeentwurfes in Ihrem Büro idealerweise?

Kopf und Bauch oder besser: Bauch und Kopf. Mir selber und meinen Mitarbeitern versuche ich zu vermitteln, daß es gut ist, sich möglichst lange von einer Lösung fernzuhalten, um zuerst die Aufgabe, den Ort, das Umfeld und die soziale Struktur zu verstehen. Die Lösung wächst dann fast von allein, da der eigene Fundus und die eigene Philosophie der Humus ist, aus dem jeder Architekt seine Architektur entstehen läßt. Das heißt, die Gliederung ist: Denken, Analysieren, Skizzieren, Diskutieren, Auswählen, Überprüfen, Entscheiden, Ausarbeiten bis zur Fertigstellung. Wichtig ist für mich, das diejenigen, die diesen Prozeß mit mir von Beginn an begleiten, die Chance haben, bis zum fertigen Projekt dabeizubleiben und so sich als Architekten genauso entwickeln, wie ich es von mir erwarte.

3. Welcher Anteil an der Entwurfsarbeit entfällt in Ihrem Büro auf die konzeptionelle Arbeit, welcher auf Darstellung und Präsentation? Mit welchen Mitteln präsentieren beziehungsweise vermitteln Sie Ihre Entwurfskonzepte?

Alles beginnt mit der Idee, die ein Konzept und dann einen Entwurf trägt. Ich glaube, daß der Anteil an der Entwurfsarbeit nie aufhören darf, auch wenn das Konzept stehen muß. Denn die Qualität eines Entwurfes kann erst im Detail überprüft und in der Bauausführung bestätigt werden. So muß sich vieles wie Farbe, Licht, Oberflächenmaterialien im letzten Moment auf der Baustelle entscheiden können, was oft dem Bauherrn sehr schwer zu vermitteln ist. Die Darstellung durch Modelle oder aufwändige 3-D-Animationen ist mehr und mehr wichtig geworden, um Politiker, Vorstände, Investoren und Mietinteressenten zu überzeugen. Sie fressen viel Zeit und führen oft zu einem Zeitpunkt, an dem das Projekt die notwendige Tiefe noch nicht besitzt, zu emotionalen, falschen Entscheidungen. Auch hier ist es wichtig, daß die Visualisierungen fortgeschrieben werden, um die Konzept-, Entwurfs- und Realisierungsphasen zu kon-

trollieren – dies ist teuer, und sehr oft wird es vom Bauherren dann nicht mehr als notwendig angesehen. Dennoch bin ich der Auffassung, daß die beste Vermittlung durch das Gespräch und das darin zu gewinnende Vertrauen erfolgt. Die Mittel sind nicht nur Planung, Simulation oder Modelle, es können auch Reisen, Materialmuster oder auch Literaturbeispiele anderer Architekten und deren Gebäude sein.

4. Kann Entwerfen Teamarbeit sein, oder ist es immer das Werk eines einzelnen? Welche Rolle spielen Bauherr und weitere fachlich Beteiligte beim Entwurf?

Ja! Absolut kann die Teamarbeit zu den allerbesten Ergebnissen führen. Ich finde keinen Geschmack daran, mich und meine Idee als absolut zu bezeichnen. Gerade junge Mitarbeiter, die oft ganz andere Gedanken in ein Team einbringen, höre ich gerne an und versuche, sie zu verstehen. Für ein Büro, das den Ehrgeiz hat, in einer oberen Liga mitzumischen, ist es meine Aufgabe, neben neuen Ideen jedem Teammitglied so viel Freiheiten einzuräumen, daß sie den Kurs, die rote Linie, die ich vorgebe, da es meine Auffassung von Architektur ist, nicht verlassen. Bauherren spielen dann eine große Rolle, wenn diese den Architekten direkt beauftragen. Das kann gut sein, wenn man den gemeinsamen Umgang erfolgreich bereits geprobt hat, es kann aber auch schiefgehen. Wenn ein gewonnener Wettbewerb zum Auftrag führt, an dem meistens hochqualifizierte Fachberater hinzugezogen werden und weitestgehend später mit im Boot sitzen, ist dies die beste Vorraussetzung, ein ausgewogenes Verhältnis zwischen Bauherren und Architekt aufzubauen. Auch dann spielt der Bauherr noch eine große

Berliner Tor Center, Hamburg, Entwurfsskizze und realisiertes Projekt

Rolle, aber eben nicht die der Dankbarkeitsabhängigkeit der ersten Stunde.

5. Was sind für Sie wesentliche Merkmale eines gelungenen Gebäudeentwurfes?

Zumindest nicht immer die, die im ersten Erscheinungsbild zu sehen sind. Für mich sind die wichtigsten Merkmale das konsequente Einhalten und Durchsetzen von Qualität. Dazu gehört natürlich alles, vom Städtebau über die Konstruktion bis zur Fußleiste. Ein Beispiel ist das Projekt der Konzerthalle in Luzern von Jan Nouvel.

6. Welchen Stellenwert beziehungsweise Anteil hat das Entwerfen für Sie am Gesamtplanungsprozeß für ein Gebäude?

Den höchsten, da das Entwerfen die harte Durchsetzung der am Anfang eines Entwurfsprozesses gefundenen Architekturlösung sich bis zur Fertigstellung einer Bauaufgabe durchziehen muß, um ans eigene Ziel zu gelangen. Der Architekt hat durch sein Leistungsbild die Aufgabe, die Koordination aller an der Planung beteiligten Fachleute zu erfüllen. Das bedeutet, daß das Entwerfen auch im Gespräch mit dem Tragwerksplaner, Haustechniker oder Landschaftsplaner weitergeführt werden muß. Genauso wie mit der Bauleitung und den ausführenden Firmen. Der Entwurf und seine Durchsetzung ist eben alles.

7. Welche Entwürfe Ihres Büros halten Sie selbst für besonders wichtig beziehungsweise charakteristisch für Ihre Arbeit?

Seit 35 Jahren bin ich überzeugter Architekt und kenne nur die Selbstständigkeit. In vier Bürokonstellationen habe ich jeweils mit unterschiedlichen Partnern Architektur entwickelt und mich

Gott sei Dank nie festgelegt auf ein formales Dogma. So entstanden sehr unterschiedliche Architekturen. Aus jeder Zeit gibt es natürlich ein besonderes Projekt, wie: 1. Der vielfach ausgezeichnete Leistungssportbereich der Universität Bremen – ein erster großer Wettbewerbserfolg mit dem Büro meines Vaters Rolf Störmer und me di um, 1978; 2. Der Um- und Erweiterungsbau für das Germanische Nationalmuseum in Nürnberg mit me di um, 1984; 3. Der internationale Wettbewerbserfolg mit meinem Partner Will Alsop für das Hotel du Department in Marseille, 1990; 4. Der international eingeladene Wettbewerb Potsdamer-Leipziger-Platz, bei dem das Büro Alsop & Störmer den 4. Preis erlangte, 1992; 5. Der 1. Preis für das Verwaltungszentrum in Hamburg am Berliner Tor von Dieter Becken, 1998; 6. Der 1. Preis für das 5-Sterne-Hotel SIDE in Hamburg für die Familie Gerlach, 1999; 7. Umbau und Aufstockung des Stadtlagerhauses an der Elbe in Hamburg.

8. Welche Kenntnisse beziehungsweise fachlichen und persönlichen Eigenschaften sind für einen Entwerfer besonders wichtig?

Für die Jüngeren gilt vor allem, nicht zu kopieren, sondern einen eigenen Standpunkt zu erarbeiten, Vorbilder zu analysieren und mit Respekt sie zu verstehen versuchen, das Verhältnis ausloten zwischen dem wirtschaftlich-konstruktiv Machbaren und dem Visionären. Er sollte Menschen in allen sozialen Ebenen tolerieren. Er sollte frei sein von jeglichen Vorurteilen, er sollte ein Gespür für Proportionen, Farben und Materialien haben. Vor allem sollte er über seinen Entwurf reden, für ihn verbal kämpfen und andere von der Qualität überzeugen können.

9. Entwerfen Sie eher spontan oder systematisch, eher rational oder gefühlsbetont?

Ich entwerfe vor allem zuerst im Bauch und Kopf, bevor ich mit Skizzen anfange. Ich entwerfe aber auch im Team am Computer, den ich nicht selbst bedienen kann, und ich suche nach spontanen Ansätzen vor Ort, durch das Umfeld.

10. Was wäre Ihre liebste Entwurfsaufgabe beziehungsweise welchen Entwurf würden Sie niemals bearbeiten?

Am liebsten plane und baue ich für und mit Menschen aus dem Bereich der Kultur. Meine Arbeiten mit Museums- und Ausstellungsbauten haben neben guter Architektur insbesondere auch zu wunderbarem Erfahrungsaustausch und Freundschaften geführt. Vor langer Zeit, als ich noch am Anfang meines Architektenlebens stand, wurde ich gefragt, ob ich mich an einem Wettbewerb für eine Wiederaufbereitungsanlage in Norddeutschland beteiligen möchte. Das zum Beispiel hätte ich niemals getan.

Stadtlagerhaus, Hamburg, Entwurfsskizze
und realisiertes Projekt

Der Stil ist das Gesamtwerk

Es gibt wohl kaum ein aufregenderes Gefühl für mich, als vor einem weißen Blatt Papier zu sitzen, um für eine neue Aufgabe den ersten Strich zu suchen. Alles, was vorher gelaufen ist und alles, was es werden könnte, geht mir durch den Kopf. Der Bleistift sucht ohne Ziel, das Formale, das Emotionale überwiegt, die eigne Entwurfsphilosophie ist der Kontrolleur. Die Philosophie, die ich für mich gefunden habe, ist erwachsen aus meiner Arbeit und Selbstkritik. Sie überprüft meine Lust zur Freiheit, zum Risiko, zur Ehrlichkeit und zur Verantwortung. Meine Gebäude sind am Ende klare Aussagen, die in die Bürophilosophie passen. Dies drückt sich aus in Form, Material und Farbe, obgleich jedes Gebäude seine Eigenheit zeigt und durch keine Regeln bestimmt wurde. Einflüsse von außen kommen natürlich aus der praktizierenden Architektenwelt. Ich schaue mit großem Respekt oft Gebäude anderer Architekten an, von denen ich spüre, daß diese mit gleichem oder noch höherem Einsatz vom Beginn bis zum Ende erarbeitet wurden. Nie habe ich das Bedürfnis zu kopieren, aber oft zu lernen im Erkennen einer Idee. Ich hätte eine schlechte Ausbildung, wenn ich nicht von meinem Lehrmeistern wie Professor Schneider-Essleben oder Professor Bakema beeinflußt worden wäre, aber auch meine verschiedenen Partnerschaften, vor allem die mit Will Alsop, beeinflußten meine Auseinandersetzung mit der Architektur. Am wichtigsten ist der Einfluß in der direkten Auseinandersetzung mit unseren Mitarbeitern im aktuellen Büroalltag, den ich zusammen mit meinem Partner Holger Jaedicke erlebe. Auch die Kritik meiner Mailänder Frau, die mir als Fotografin oft einen anderen Blickwinkel zeigt, fördert meine Kreativität. Zugleich zwingt sie mich, auf den vielen Reisen Dinge der Architektur zu erklären, die mir

eigentlich als selbstverständlich vorkommen.

Die allgemeine Frage nach Gestaltungsprinzipien stellt sich bei mir nicht, da ich keinem Prinzip gehorche. Es gibt für mich Konstruktions- oder Organisationsprinzipien. Ich glaube, das ist einer der großen Unterschiede in der Architekturlandschaft. Eine Architektur, die einem Gestaltungsprinzip untersteht, kann schnell seelenlos werden. Für ein einzelnes Gebäude dagegen kann ein Gestaltungsprinzip durch das Entwurfskonzept bestimmt werden, so zum Beispiel bei dem Hochhausprojekt Berliner Tor in Hamburg, wo das Prinzip der Farbe die Fassaden in den vier Himmelsrichtungen bestimmt, wie auch die Anordnung der Farbstreifen die Geschoßebenen überlagert und aufhebt. Also bleibt meine Entwurfsphilosophie, daß ein Gestaltungsprinzip nur für ein bestimmtes Projekt besteht, nie aber Allgemeingültigkeit haben kann.

Die Grundposition eines Entwerfers ist sein Fundus, sein Wissen, seine Fähigkeit, sich den unterschiedlichsten Aufgaben zu stellen, um mit seiner Kreativität jeweils neue Lösungen finden zu können. Der Stil ist das Gesamtwerk. Für mich ist es nicht wichtig, daß man das einzelne Gebäude als die typische »Störmer-Architektur« erkennt, aber es sollte sich in die Kette aller meiner Bauwerke einordnen lassen.

Jeder Wettbewerb, jedes Gutachten ist eine neue Entwurfsaufgabe, die sich ganz von selbst stellt. Es gehört zum Leben des Architekten, daß er ständig auf der Suche nach neuen Aufgaben sein muß, ich zumindest habe es nie anders kennengelernt und gewollt.

Das Grundprinzip meiner Philosophie von Architektur ist, daß die Kette vom Städtebau bis zum Design eines Türgriffs nicht abreißen darf, auch wenn der Architekt nicht alles selber bestimmen muß, so muß er mit allem umgehen können, um für seine Aufgabe die richtige Entscheidung zu treffen. Die Farbe der Fassade eines Wohnhauses, eines Bürohauses oder eines Theaters hat für den städtischen Raum die gleiche Bedeutung wie die Farbe einer Bar in einem Hotel oder in einem Museum. Die Entscheidung für öffentliche Außen- und Innenräume, die der Stadtplaner, Architekt oder Innenarchitekt trifft, trennt Städtebau nicht vom Design.

Die Entscheidung, ob Anpassung und Einfügung oder Solitär richtig ist, wird vom Ort bestimmt. Das eine schließt das andere nicht aus. Wo das eine oder das andere richtig ist, sollte von qualifizierten Preisgerichten, in denen Architekten, Politiker und Bauämter vertreten sind, entschieden werden.

Carlo Weber

Carlo Weber

Carlo Weber

1934	geboren in Saarbrücken
Studium	TH Stuttgart und Ecole Nationale Supérieure des Beaux Arts, Paris
1961	Diplom TH Stuttgart
1960–1965	Mitarbeit bei Behnisch + Lambart, Stuttgart und Düsseldorf
	Prof. Louis Arretche, Paris
1966–1979	Partner in Behnisch & Partner, Stuttgart
seit 1980	Bürogemeinschaft mit Fritz Auer, Auer + Weber + Architekten, München/Stuttgart
1980–1990	Dozent Universität Stuttgart
1992–1999	Professur für Gebäudelehre und Entwerfen, TU Dresden
seit 1996	Mitglied der Sächsischen Akademie der Künste, Dresden

Zehn Fragen – zehn Antworten

1. Welche Arbeitsmittel sind für Sie beim Entwerfen am wichtigsten – Handskizze, CAD-Technik, Arbeitsmodelle –, und wie hat sich der Computer als Arbeitsmittel auf Ihre Entwurfsarbeit und auf Ihre Entwurfsergebnisse ausgewirkt?

Lieber Bleistift statt Tusche oder Tinte, handliches, kleinformatiges Papier, wodurch Gedankenskizzen und Zusammenhänge »automatisch« optisch gebündelt werden und in ihrer Unfertigkeit Spielraum für Weiterentwicklung lassen. Einfache Arbeitsmodelle aus Papier. Kurz gesagt: »leichtes Gerät«, mit dem es leichtfällt, auch Intuitives und Nicht-Reflektiertes festzuhalten – und es genauso leichtfällt, einmal Gedachtes und Dargestelltes auch wieder zu verwerfen.

Nach dem heutigen Stand meiner Erfahrung hat sich der Computer – wenn zu früh eingesetzt, was bei den meisten Hochschulabgängern festzustellen ist – als Entwurfsmittel als einengend herausgestellt.

Da die Möglichkeiten dieser Geräte noch nicht voll entwickelt sind beziehungsweise durch die Bearbeiter noch nicht optimal ausgeschöpft werden können, ist es aus meiner Sicht besser, bei der Konzeptfindung bis zum Entwurf mit den oben genannten Mitteln (Papier, Bleistift, Pappe) zu arbeiten. Für die folgenden Arbeitsphasen ab Leistungsphase 3 ist der Computer ideal einsetzbar. Vereinfacht gesagt, der Computer setzt da ein, wo früher mit der Tusche begonnen wurde.

Der Computer ermöglicht es, über das binäre System eine Vielzahl von Varianten in kürzester Zeit durchzuspielen, eine enorme Chance. Unsere Fähigkeit, diese Chance für den Entwurfsprozeß zu nützen, sind jedoch noch nicht genügend ausgebildet. Bis dahin sehe ich den besseren Weg darin, den sehr komplexen Entwurfsprozeß (siehe Entwerfen!) über den »Computer menschliches Gehirn« abzuwickeln.

Auch der 3D-Simulation ziehe ich – für die Entwurfsphase – die Arbeit am Modell vor. Für Darstellung und Präsentation von Entwürfen sind mit CAD und Photoshop weiterbearbeitete Modellbilder sehr gut geeignet und unverzichtbar.

Olympiapark, München, Lageskizze und
Entwurfsmodell

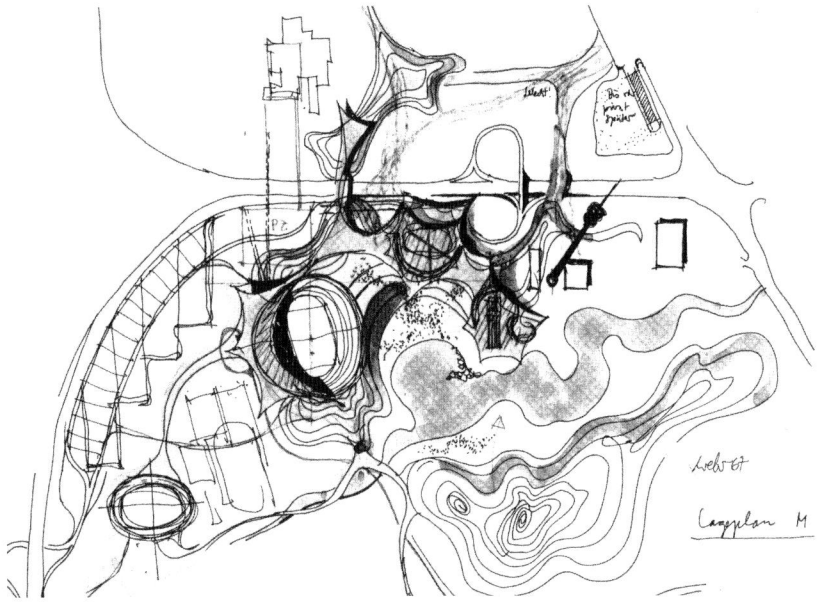

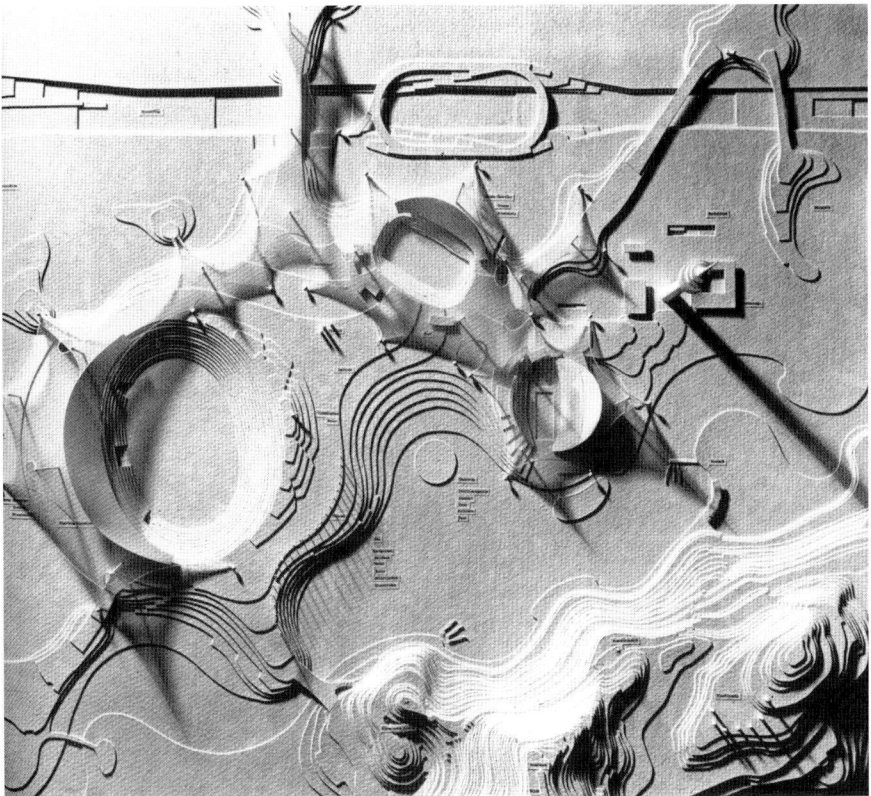

2. Welches sind Ihre ersten Arbeitsschritte am Beginn einer neuen Entwurfsaufgabe, in welche Arbeitsschritte gliedert sich der Prozeß eines Gebäudeentwurfes in Ihrem Büro idealerweise?

Iteratives Umkreisen des Themas von mehreren Seiten und durch mehrere Bearbeiter, wie gesagt »mit Kopf und leichtem Gerät«.

3. Welcher Anteil an der Entwurfsarbeit entfällt in Ihrem Büro auf die konzeptionelle Arbeit, welcher auf Darstellung und Präsentation? Mit welchen Mitteln präsentieren beziehungsweise vermitteln Sie Ihre Entwurfskonzepte?

Die meiste Zeit wenden wir für die konzeptionelle Arbeit auf, so daß für Darstellung und Präsentation meist wenig Zeit übrig bleibt. Letztere können jedoch auch knapp, einfach und direkt ausfallen, wenn das Konzept gut ist. Die Mittel sind natürlich die zeitgemäßen: gute Pläne, gute Modelle, auch Schemata und cartoonartige Skizzen.

4. Kann Entwerfen Teamarbeit sein, oder ist es immer das Werk eines einzelnen? Welche Rolle spielen Bauherr und weitere fachlich Beteiligte beim Entwurf?

Die Qualität eines Entwurfs kann im Idealfall durch Teamarbeit gesteigert werden. Zusammengetragen und gewichtet werden müssen die einzelnen Beiträge jedoch durch einen »verantwortlichen Kopf«. Den personifizierten, Verantwortung tragenden Bauherrn finden wir bei großen privaten Bauherrn und öffentlichen Auftraggebern leider immer seltener.

5. Was sind für Sie wesentliche Merkmale eines gelungenen Gebäudeentwurfes?

Die ausgewogene Kombination von Rationalem (Zweckmäßigkeit und Technik) mit Emotionalem (s. Entwerfen).

6. Welchen Stellenwert beziehungsweise Anteil hat das Entwerfen für Sie am Gesamtplanungsprozeß für ein Gebäude?

Einen fundamentalen Stellenwert! Ohne gutes Konzept sind zwei bis drei Jahre Planungs- und Bauzeit vergeudete Zeit.

7. Welche Entwürfe Ihres Büros halten Sie selbst für besonders wichtig beziehungsweise charakteristisch für Ihre Arbeit?

Der Olympiapark München, 1972 (als Partner von Behnisch&Partner) , das Kurgastzentrum von Bad Salzuflen 1983, das Altenwohn- und Pflegeheim St. Marien in Lemgo, 1986, das Theater in Hof, 1994, das Ruhrfestspielhaus in Recklinghausen, 1998.

8. Welche Kenntnisse beziehungsweise fachlichen und persönlichen Eigenschaften sind für einen Entwerfer besonders wichtig?

Neben den fachlichen Kenntnissen Motivation und menschliche Qualitäten, die erst eine ersprießliche Zusammenarbeit in der Gruppe ermöglichen.

9. Entwerfen Sie eher spontan oder systematisch, eher rational oder gefühlsbetont?

Siehe oben.

10. Was wäre Ihre liebste Entwurfsaufgabe beziehungsweise welchen Entwurf würden Sie niemals bearbeiten?

Jede Entwurfsaufgabe kann mich reizen.

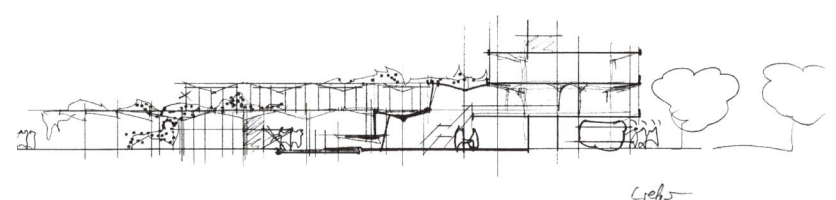

Kurgastzentrum, Bad Salzuflen, Schnitt und realisiertes Projekt

Einfügung und Harmonie

Entwerfen stellt einen sehr komplexen Prozeß dar, bei dem rationale (wirtschaftliche, zweckmäßige und technische Gesichtspunkte) und emotionale Faktoren (Erfahrungen, Erinnerungen, Assoziationen, Bilder) zusammenwirken.

Nicht wegzudenken bei einem guten Entwurf ist die letztere Komponente, die auch den Begriff Schönheit umfaßt. Sie nährt sich aus den Erfahrungen und Erlebnissen eines Individuums und – weiter gesehen – aus dem Vermächtnis vorhergegangner Kulturepochen. Vitruv führt sie neben der *utilitas* und *firmitas* als *venustas*, als eine der drei Säulen eines guten Gebäudes (Entwurfs) auf. Walter Gropius umschreibt sie dem Sinn nach so: »Zweckmäßigkeit an sich muß noch nicht schön sein. Der Zweck (man müßte noch hinzufügen, die Konstruktion) gibt dem Gebäude zwar die charakteristische Eigenart, doch die Schönheit eines Baus nährt sich aus anderen Quellen.« Und: »Empfindung ist ja die Quelle der Erfindung, der schöpferischen Gestaltungskraft.«

Beim Entwerfen sollte man sich bemühen,
– das Thema von verschiedenen Seiten anzugehen,
– die Stärke zu besitzen, am Vortag Gedachtes beiseite zu legen und ein Problem neu anzugehen,
– offen zu sein für die Anregung anderer – und erscheinen diese auf den ersten Blick noch so abwegig.

Örtlicher und gesellschaftlicher Kontext sind neben anderem Hauptparameter beim Entwerfen, Einfügung ist für mich eines der obersten Ziele. Natürlich versuche ich, zeitgemäß und innovativ zu bauen. Sollte dies jedoch mit dem Bestreben, sich einzufügen und zu harmonieren, kollidieren, messe ich letzterem den höheren Wert bei.

Von Stilrichtungen versuche ich mich freizumachen. Trends müssen gewertet werden.

Sich an Mustern und Beispielen zu orientieren ist legitim. Sie müssen jedoch für jeden Entwurfsfall angemessen eingestuft werden.

Von Assoziationen, Archetypen kann ich mich nicht freimachen. Sie begleiten uns und sind sozusagen das Vermächtnis unserer Zivilisation.

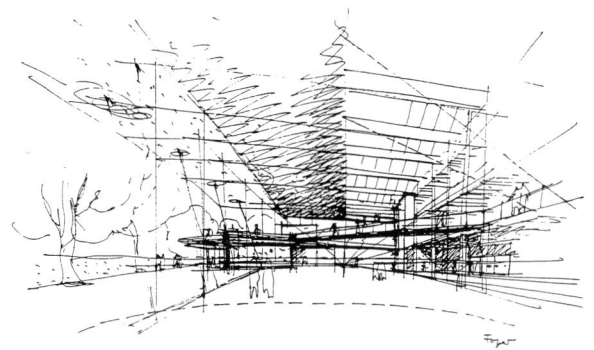

Ruhrfestspielhaus Recklinghausen, Schnitt und realisiertes Projekt

Reiseskizze aus der Bretagne
von Carlo Weber

Zehn Fragen – zweihundertfünfzig Antworten
Ein Resümee

Zehn Fragen – zweihundertfünfzig Antworten
Ein Resümee

Frage 1. Welche Arbeitsmittel sind für Sie beim Entwerfen am wichtigsten?

»Wir erarbeiten unsere Entwürfe in erster Linie anhand von Arbeitsmodellen. ... Die Entwicklung der Pläne erfolgt mittels CAD.« *Meinrad Morger*
»0,9 mm 2-B-Mienen im Drehbleistift« *Jan Störmer*
»Die Konzeptskizze und die Modellskizze am heißen Draht – da geht nichts drüber.« *Axel Schultes*
»Der Entwurf beginnt mit einer Handskizze, parallel entstehen ein Arbeitsmodell und frühe Visualisierung am Computer.« *Hadi Teherani*
»Am Anfang steht bei mir immer die Handskizze. ...
Der Computer und das Arbeitsmodell sind viel zu langsam und technisch zu konditioniert, um zu ›entwerfen‹. Sie sind untauglich für den spontanen ›Wurf‹ intuitiver Phantasie, nur brauchbar für deren kontrollierende Zügelung.«
Volkwin Marg

Heutzutage werden Entwürfe und auch die Vorentwurfsarbeiten aus Architektenwettbewerben den Bauherren und der Öffentlichkeit mit massivem Einsatz von CAD-Technik und grafischen Bildbearbeitungsprogrammen präsentiert, fotorealistische Darstellungen und Simulationen gehören schon fast zum Standard.

Die naheliegende Vermutung, daß Computertechnik und neue Medien als Arbeitsmittel auch in der konzeptionellen Phase des Entwerfens und bei der Entwurfsfindung verbreitet sein könnten, wird durch die Antworten der Befragten gründlich widerlegt: Nur ganz wenige gaben an, der Computer könne ihnen beim Entwerfen bereits in frühen Phasen eine Hilfe sein, etwa zur schnellen Erstellung räumlicher Darstellungen als Ersatz für herkömmliche Arbeitsmodelle (Hadi Teherani) oder zur Darstellung komplexer Formen (Delugan-Meissl).

Die überwiegende Mehrheit der Entwerfer arbeitet in der Konzeptionsphase mit Handskizzen und einfachen Arbeitsmodellen aus Pappe oder »vom heißen Draht«, um Ideen festzuhalten und Alternativansätze zu vergleichen.

Das handwerkliche Arbeitsmodell ziehen viele aus gutem Grund allzu frühen 3-D-Visualisierungen am Computer vor, denn im Gegensatz zum vielleicht bewegten, aber unmaßstäblichen Bild am Bildschirm ist im Arbeitsmodell »die Körperhaftigkeit und Räumlichkeit von Architektur von Anfang an sicht- und greifbar« (Meinrad Morger). Manche formulieren ihre Ansätze auch in Texten und Zielpapieren zur eigenen Kontrolle und verdeutlichen sich das zu bearbeitende Bauvolumen und Raumprogramm in einfachen, maßstäblichen zwei- oder dreidimensionalen Flächendarstellungen.

Hauptarbeitsmittel in dieser Phase der Konzeptfindung ist für die meisten jedoch die Handskizze, die es ermöglicht, sehr schnell eine große Zahl von Ideen, Varianten und Alternativen festzuhalten und miteinander zu vergleichen. Die Handskizze zwingt nicht zur Detailpräzision wie das Werkzeug CAD. Ein geübter Zeichner kann mit grafischen Mitteln wie Farbe oder Betonung bestimmter Partien in der Skizze auf einfache Weise Prinzipien und Entwicklungsmöglichkeiten eines Konzeptansatzes verdeutlichen: die Idee herausarbeiten. Beim maßstäblichen Skizzieren sind die Proportionen und Dimensionen dem Entwerfer unmittelbar spürbar und greifbar, was bei der fast unmaßstäblichen Arbeit am Bildschirm nicht der Fall ist.

Die Betonung bei diesem Hauptarbeitsmittel liegt dabei auf »Skizze«, sei es im Lageplan, Grundriß, Aufriß, Schnitt, Perspektive oder Kombination all dieser Darstellungen. Es handelt sich nicht um exakte oder detaillierte Zeichnungen; Bleistift wird der Tusche vorgezogen, harte Striche am Lineal sind die Ausnahme, allzu frühe Genauigkeit der Darstellung kann im Detail verfangen und den Blick für die konzeptionelle Entwicklung verstellen.

Entwurfsideen werden nach entsprechender gedanklicher Arbeit oft spontan geboren und in spontanen Skizzen festgehalten. Verwendet werden dabei »Papier, Pappen, Servietten, Tischdecken, Briefumschläge, gerade das, was zu haben ist an dem Ort, wo es beginnt« (Jan Störmer). Auch Carlo Weber zieht »leichtes Gerät« vor, »mit dem es leichtfällt, auch Intuitives und nicht Reflektiertes festzuhalten – und es genauso leichtfällt, einmal Gedachtes und Dargestelltes auch wieder zu verwerfen«.

Er benennt sehr treffend die Gründe, aus denen die meisten Entwerfer in der Konzeptionsphase mit den herkömmlichen Arbeitsmitteln Skizzenrolle und Massenmodell arbeiten: »Nach dem heutigen Stand meiner Erfahrung hat sich der Computer – wenn zu früh eingesetzt, was bei den meisten Hochschulabgängern festzustellen ist – als Entwurfsmittel als einengend herausgestellt. Da die Möglichkeiten dieser Geräte noch nicht voll entwickelt sind beziehungsweise durch die Bearbeiter noch nicht optimal ausgeschöpft werden können, ist es aus meiner Sicht besser, bei der Konzeptfindung, bis zum Entwurf, mit den ... Mitteln Papier, Bleistift und Pappe zu arbeiten. Für die folgenden Arbeitsphasen ab Leistungsphase 4 ist der Computer ideal einsetzbar. Vereinfacht gesagt, der Computer setzt da ein, wo früher mit der Tusche begonnen wurde.

Der Computer ermöglicht es, über das binäre System eine Vielzahl von Varianten in kürzester Zeit durchzuspielen, eine enorme Chance. Unsere Fähigkeit, diese Chance für den Entwurfsprozeß zu nützen, sind jedoch noch nicht genügend ausgebildet. Bis dahin sehe ich den besseren Weg darin, den sehr komplexen Entwurfsprozeß über den ›Computer menschliches Gehirn‹ abzuwickeln.«

Erfahrene Entwerfer wissen, daß die Annäherung an eine Entwurfslösung über das Skizzieren und Diskutieren von Alternativen ein sehr wichtiger Schritt ist, daß aber »endloses« Skizzieren die Lösung eines Problems verschleppen kann, daß zu einem gewissen Zeitpunkt exaktere, wenn auch einfache Darstellung nötig ist, um Stärken und Schwächen von Ansätzen »ungeschönt« zu erkennen und Entscheidungen zu treffen. Einige wenige kommen sogar mit ganz reduzierten Skizzierphasen aus: Gustav Peichl spricht von »ein oder mehreren Handskizzen«, Josef Paul Kleihues begreift das Entwerfen primär als kreative Kopfarbeit: »Der erste Entwurf für ein neues Projekt entsteht nicht am Arbeitstisch und auf einem Blatt Papier, sondern im Kopf. Nachdem ich das Programm studiert und den Ort für das Projekt besichtigt habe, verschaffe ich mir ziemlich genau Klarheit über das, was ich zu Papier bringen möchte; als reine Gedankenarbeit. Danach erst zeichne ich die erste Skizze ...«

Ganz im Gegensatz zur konzeptionellen Phase sind sich fast alle der befragten Entwerfer einig, daß in der Phase der Entwurfsausarbeitung und Präsentationsplanerstellung der Computer zu einem hervorragenden und unverzichtbaren Arbeitsmittel geworden ist. Sein Einsatz beginnt oft mit der Teambildung zur Entwurfsausarbeitung. Der Computer ermöglicht eine erhebliche Beschleunigung des Arbeitsprozesses, rasche Änderungen bei der Ausarbeitung und exakte räumliche Darstellungen auch komplexer Zusammenhänge. Vor allem ermöglicht er grafische Aufarbeitung von Präsentationsplänen auf völlig neuem Niveau bis hin zu fast fotorealistischen Darstellungen, Montagen von Zeichnung, Foto und Text sowie räumlichen Simulationen. Dabei

schaffen Präsentationsprogramme wie Powerpoint neue Perspektiven für die Vorstellung von Entwurfsergebnissen auch über die reine Plandarstellung hinaus. Die Erstellung von Präsentationsplänen zum Entwurf mittels CAD- und Bildbearbeitungsprogrammen scheint schon fast Standard zu sein, wenngleich oftmals fast künstlerisch verfremdete Grafik auch Entwurfsinhalte verunklaren kann und allzu perfekte Darstellung dem konzeptionellen Ideencharakter von Vorentwürfen bisweilen zuwiderläuft.

Nur wenige entziehen sich beharrlich mit gekonnt »flüchtigen«, fast skizzenhaften Plandarstellungen dem Trend wie etwa Günter Behnisch, der auf die Frage nach den eingesetzten Arbeitsmitteln bei Wettbewerbsentwürfen meint: » ... Computereinsatz, wenn überhaupt, bisher nur für Fotobearbeitung!«

Frage 2. Welches sind Ihre ersten Arbeitsschritte am Beginn einer neuen Entwurfsaufgabe, in welche Arbeitsschritte gliedert sich der Prozeß eines Gebäudeentwurfes in Ihrem Büro idealerweise?

»1. Informationsphase, 2. Kreative Phase, 3. Bewertungsphase, 4. Ausarbeitungsphase« *Günter Behnisch*
»Zuerst kommen die Flächen- und die funktionale Raumorganisation, danach wird entworfen.« *Günther Domenig*
»Denken, Analysieren, Skizzieren, Diskutieren, Auswählen, Überprüfen, Entscheiden, Ausarbeiten« *Jan Störmer*
»Der Ort, die Typologie, Analogien, Materialien« *Max Dudler*
»Der wichtigste Schritt vor Beginn des Entwurfes ist das Feststellen der Rahmenbedingungen. Danach läuft das Entwerfen in perfekten Bahnen.« *Carlo Baumschlager*
»Durcharbeiten des Programms und Studieren des Ortes, um seine städtebaulichen Dimensionen zu erkennen, Diskussionen. Die Formen müssen so lange wie möglich zurückgehalten werden. Jede sich manifestierende Form verengt den Prozeß.« *Konrad Wohlhage*

Vielfach mag noch die Meinung bestehen, Gebäudeentwürfe würden nur aus einem kreativen Chaos heraus und ohne planbare Zeit- und Arbeitsabläufe entstehen. Das Bild vom Entwerfen als unberechenbare, freie künstlerische Tätigkeit ist aber ebenso wirklichkeitsfremd wie das des Entwerfergenies, das nach unabsehbarer gedanklicher »Schwangerschaft« irgendwann das »Ei des Columbus« auf eine Tischdecke kritzelt – oder auch nicht. Spätestens bei den Antworten auf unsere Frage 6 wird deutlich, daß Entwerfen ein hochkomplexer Prozeß mit meist mehreren Beteiligten und mit elementarer Bedeutung für den Erfolg eines Bauprojektes ist. Entwerfen ist keine freie Kunst, es muß geleistet werden im Spannungsfeld vielfältiger

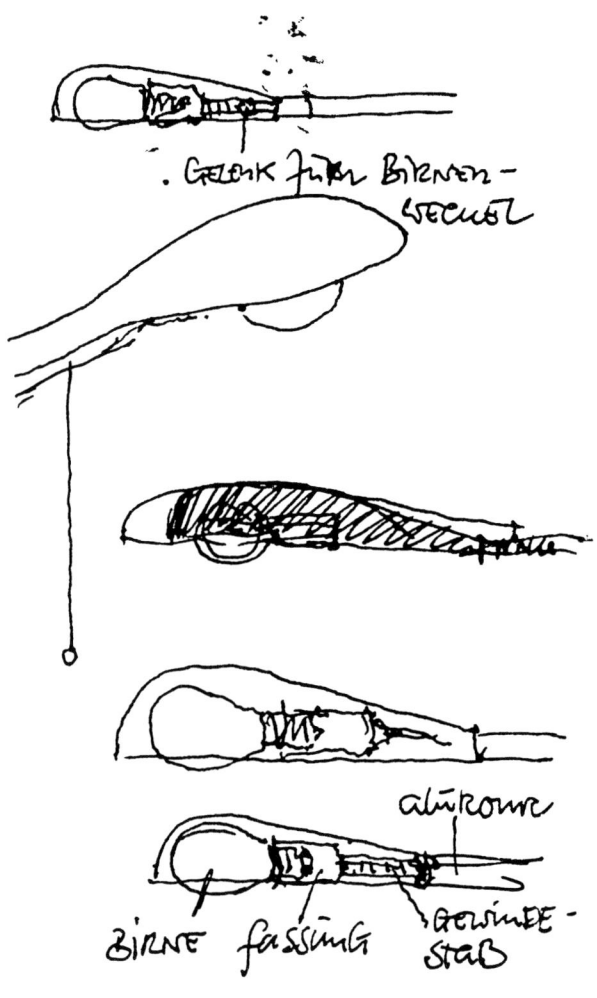

Entwurfsskizzen von Christoph Mäckler zu Einrichtungsdetails
(bis Seite 145)

Anforderungen der Öffentlichkeit und des Bauherren, in der Regel auch in einem vorbestimmten Zeitrahmen. Architekten, die bei aller Kreativität und Phantasie diese komplexe Arbeitsphase nicht zu strukturieren wissen, werden vielleicht einmal einen Zufallserfolg erlangen, in der Regel aber nicht die Basis für erfolgreiche Entwurfsarbeit finden. Und so ist es nicht verwunderlich, daß die hier befragten Entwerfer – auch wenn sie sowohl »aus dem Bauch« als auch »aus dem Kopf« heraus arbeiten – sehr konkrete Antworten bezüglich ihrer oft sehr klar strukturierten und durchdachten Arbeitsschritte und Arbeitsabläufe beim Entwerfen geben.

Einige Interviewpartner legen die einzelnen Schritte ihrer Entwurfsarbeit nicht in allen Details offen, sondern nennen nur die beiden wesentlichen Grundschritte der Konzeptionsphase bis zur Auswahl und Festlegung des Entwurfskonzeptes und der Ausarbeitungsphase bis hin zur Erstellung der Präsentationspläne. Bei Kleihues klingt dies folgendermaßen: »Nachdem meine Skizzen oder auch schon genauen Zeichnungen an meine Mitarbeiter weitergereicht wurden, werden diese in den Computer eingegeben...«; ähnlich bei Steidle: »... meist gefaxte Skizzen, die ich ... an das Büro schicke, dann weitere gemeinsame Arbeitsschritte ...« Gustav Peichl bestätigt die beiden Grundschritte des Arbeitsablaufs: »Jeder Entwurf wird bei mir zunächst als Skizze festgehalten und dann mit meinen Partnern oder Mitarbeitern diskutiert, ergänzt oder verändert ...«

Recht lapidar, aber sehr anschaulich und systematisch detailliert Jan Störmer die weitere Untergliederung der Arbeiten beim Entwerfen: » ... Denken, Analysieren, Skizzieren, Diskutieren, Auswählen, Überprüfen, Entscheiden, Ausarbeiten bis zur Fertigstellung ...« Ähnliche Einzelphasen benennt die Mehrzahl der Befragten, sie seien hier anhand der Vier-Stufen-Gliederung vorgestellt, die Günter Behnisch beispielhaft und sehr klar benennt: Informationsphase, kreative Phase, Bewertungsphase, Ausarbeitungsphase.

In der Informationsphase erfolgt eine vorurteilsfreie und offene Einstimmung auf die Entwurfsaufgabe mit Sammlung aller nötigen Grunddaten als Arbeitsgrundlage. Hierzu gehört einerseits die genaue Analyse des Ortes und der äußeren, städtebaulichen Rahmenbedingungen, andererseits die Analyse der Aufgabenstellung, des Raumprogramms und der inneren Nutzungsanforderungen. Günter Behnisch sieht diese Phase »ohne Wertung der (vorgegebenen) Anforderungen«, etwa aus Wettbewerbsauslobungen, und fordert damit die Freiheit, aber auch das Engagement, ohne vorgefaßte Bilder die Entwurfsgrundlagen zu erheben, als Voraussetzung, die optimale Lösung für die individuelle Aufgabenstellung zu finden, auch unter Infragestellung eventuell unsachgemäßer Vorgaben und »Sachzwänge«.

Fritz Auer ergänzt, zu dieser ersten Informationsphase gehöre natürlich auch die »Recherche vergleichender Beispiele«, nicht, um frühere, erfolgreiche Lösungen zu kopieren, sondern, um sich der Bautypologie zur Entwurfsaufgabe anzunähern und diese vielleicht im eigenen Entwurf weiterzuentwickeln.

In der anschließenden Kreativphase (Brainstorming) werden auf Grundlage des gewonnenen Wissens um die Aufgabenstellung möglichst viele und auch gegensätzliche realistische Lösungsvarianten mit stimmigen Massen und Programmflächenzuordnungen erarbeitet. Einfache Massenmodelle und schematische Grundrißzeichnungen sind zur vergleichenden Darstellung der Alternativen in dieser Phase besonders wertvoll, und der Entwerfer sollte sich laut Jan Störmer dabei »möglichst lange von einer Lösung fernhalten, um zuerst die Aufgabe, den Ort, das Umfeld und die soziale Struktur zu verstehen« und um offen zu bleiben für neue Ansätze.

In der Bewertungsphase werden die »mit Kopf und Bauch« erarbeiteten Alternativansätze kritisch gewertet, verglichen und diskutiert. Ebenso sollten die eigenen Kriterien und Zielvorstellungen zur Aufgabe aus der bisherigen Arbeit am Projekt noch einmal geprüft und gegebenenfalls angepaßt werden. In dieser für die Wahl der Entwurfslösung entscheidenden Phase ist für viele Kommunikation im Team von großer Wichtigkeit, um möglichst viele Einzelaspekte ganzheitlich einfließen zu lassen. Ebenso wichtig ist aber auch die klare Teamführung durch einen »Regisseur« (Delugan-Meissl), um die Konzeption durch die Vielfalt der Ansätze nicht zu verwässern, sondern klare Auswahl und Entscheidungen zu treffen entsprechend der Grundzielsetzungen. Meinrad Morger fordert, in dieser Bewertungsphase müsse sich ein tragender Entwurfsgedanke herauskristallisieren: »Die Reduktion auf ein wesentliches Thema ist unserer Meinung nach die Basis für einen konzeptionell schlüssigen und präzisen Entwurf.«

Als letztes schließt sich die Ausarbeitungsphase an. Das gewählte Entwurfskonzept wird durchgearbeitet und verfeinert, die Einzelelemente entsprechend dem »roten Faden« der Leitidee präzisiert. Detailaspekte unter anderem hinsichtlich Material und Konstruktion, Innenraumgestaltung oder Ökologie werden bearbeitet, die klare Grundkonzeption muß angereichert werden im Sinne der »Komplexität« und des »Reichtums an Lösungen«, die unter anderem Baumschlager und Eberle als Merkmale eines gelungenen Entwurfs ansehen (siehe Antwort auf Frage 5).

Spätestens in dieser Ausarbeitungsphase empfiehlt sich bei komplexeren Aufgabenstellungen auch die Hinzuziehung von Sonderfachleuten (Haus- und Klimatechniker, Tragwerksplaner und andere), um im ganzheitlichen Ansatz Einzelaspekte aufeinander abzustimmen und die Lösung zu optimieren. Schließlich sind die Festlegung der angemessenen und wirkungsvollsten Art der Darstellung und die Ausarbeitung der Präsentation wesentliche Schritte der letzten Phase der Entwurfsarbeit.

Nach diesem oder einem ähnlichen Ablaufschema arbeiten die meisten hier befragten Entwerfer. Ausnahmslos alle erwähnen die Bedeutung der ersten Phase der Information und der Einarbeitung in die Aufgabenstellung, naturgemäß alle auch die Notwendigkeit der letzten Phase der Entwurfsausarbeitung und -darstellung. Die dazwischenliegenden Schritte des kreativen Brainstorming und der Lösungsfindung über Varianten und Alternativansätze werden von einzelnen unterschiedlich bewertet und sicher auch mit unterschiedlicher Intensität betrieben, je nachdem, ob ein Entwerfer grundsätzlich offen an eine neue Aufgabe herangeht und grundsätzliche Fragen immer neu zu diskutieren bereit ist, oder ob er, beispielsweise aufgrund ausgeprägter theoretischer Grundlagen, konkretere Grundvorstellungen und prinzipielle Antworten auf manche Fragestellungen bereits mitbringt.

Frage 3. Welcher Anteil an der Entwurfsarbeit entfällt in Ihrem Büro auf die konzeptionelle Arbeit, welcher auf Darstellung und Präsentation? Mit welchen Mitteln präsentieren beziehungsweise vermitteln Sie Ihre Entwurfskonzepte?

»Bei der Bearbeitung eines Wettbewerbes ... entfallen von etwa vier Wochen zweieinhalb auf die Konzeption, eine Woche entfällt auf die finale Ausarbeitung, und drei bis vier Tage brauchen Vorbereitung und Layout der Präsentation mit allen Grundrissen, Perspektiven und Ansichten. Handskizzen werden für die Präsentation kaum noch benötigt.« *Hadi Teherani*

»75 Prozent Konzeption, 25 Prozent Präsentation. ... Pläne, Modelle, Texte« *Günter Behnisch*

»Die meiste Zeit wenden wir für die konzeptionelle Arbeit auf, so daß für Darstellung und Präsentation meist wenig Zeit übrig bleibt. Letztere können jedoch auch knapp, einfach und direkt ausfallen, wenn das Konzept gut ist. Die Mittel sind ...: gute Pläne, gute Modelle, auch Schemata und cartoonartige Skizzen.« *Carlo Weber*

»Für Phantasiebegabte sind am besten Skizzen, die der interpretierenden Phantasie Freiräume lassen. Für Gebildete und
Verständige sind am besten manuelle Perspektiven mittels Bleistift oder Tinte, zuweilen koloriert, für Ästheten reizvoll in altmeisterlicher Zeichentechnik. Für Vorstellungsschwache und
Phantasielose eignen sich naturalistische Computeranimationen
am besten, weil sie keinerlei Eigenleistung des sonst überforderten Betrachters voraussetzen.« *Volkwin Marg*
»Die Präsentation ist ... das Kommunikationsmittel, das dem
Rezipienten die Konzeption näherbringen soll. Sie stellt aber immer nur einen vorläufigen Zwischenschritt dar, ist also Mittel
zum Zweck.« *Allmann, Sattler, Wappner*

Entwerfen bedeutet einerseits das Entwickeln von Konzeptionen über Alternativansätze bis hin zur Ausarbeitung der ausge-
wählten Lösung, wie die Antworten auf Frage 2 zum Ausdruck
bringen. Andererseits müssen Entwürfe auch verständlich und
überzeugend dargestellt und präsentiert werden, um die Grundidee der Konzeption zu »transportieren«.

Die Öffentlichkeit lernt die Entwürfe von Architekten zumeist erst bei der Präsentation der endgültigen Pläne kennen.
Insbesondere für größere Projekte und bei konkurrierenden
Gutachter- oder Wettbewerbsverfahren werden immer aufwen-
digere Präsentationen erwartet, mit ausgefeilten Entwurfsmo-
dellen und hochkomplexen Plandarstellungen bis hin zu fotorealistischen Perspektiven und Animationen, die erst mit der
CAD-Technologie möglich und fast schon Standard wurden.
Trotz moderner Darstellungsmittel steckt hinter diesen Präsentationen ein erheblicher Arbeitsaufwand, und es stellt sich die
Frage, ob angesichts auch der für Entwürfe begrenzten Zeit-
und Kostenbudgets noch genügend Zeit bleibt für die eigentliche Konzeptionsarbeit der Entwurfsfindung.

Die Antworten auf Frage 3 zeigen einerseits, daß die reine
Darstellung der Entwurfsergebnisse besonders in Konkurrenzsi-
tuationen aufgrund des hohen Niveaus und der Erwartungshal-
tungen, ausgelöst von der CAD-Technologie, tatsächlich mit großem Aufwand betrieben werden muß. »Der Präsentation und
der Vermittlung des Konzepts [wird] ein hoher Stellenwert beigemessen«, konstatieren Delugan-Meissl, und Jan Störmer verweist dabei auch auf die Problematik zu hoher Erwartungen an
die Perfektion und zu früher »blendender« Darstellungen: » Die
Darstellung durch Modelle oder aufwendige 3-D-Animationen
ist mehr und mehr wichtig geworden, um Politiker, Vorstände,
Investoren und Mietinteressenten zu überzeugen. Sie fressen
viel Zeit und führen oft zu einem Zeitpunkt, an dem das Projekt
die notwendige Tiefe noch nicht besitzt, zu emotionalen, falschen Entscheidungen.«

Andererseits zeigen die Antworten deutlich, daß für die
Mehrzahl der Entwerfer die konzeptionelle Arbeit gegenüber

der Präsentation immer noch den überwiegenden Anteil am
Entwurfsprozeß haben muß und auch hat. Formulierungen wie
»größter Anteil« oder »Hauptanteil« werden konkretisiert durch
Angaben zu den Zeitanteilen: Etwa zwei Drittel bis drei Viertel
der Entwurfsarbeit muß der Entwerfer für die konzeptionelle Arbeit der Ideenfindung und -ausarbeitung investieren, ein Viertel
bis ein Drittel der Zeit bleibt für die Präsentation. Dies erscheint
als recht plausible »Faustformel« für die Zeitplanung und
Schwerpunktsetzung bei der Entwurfsarbeit, denn einerseits
muß bei Terminarbeiten (z. B. Wettbewerbsentwürfen) tatsächlich ein ausreichendes Zeitpolster für die Erstellung der Präsentation eingeplant werden, andererseits muß die Erarbeitung der
eigentlichen Entwurfsinhalte natürlich den Schwerpunkt der Arbeit ausmachen. Baumschlager-Eberle formulieren: »Die konzeptionelle Arbeit ist der eigentliche Auftrag des Architekten
und hat somit das entsprechende Gewicht.« Für ihre eigene Arbeit haben sie die Schwerpunkte entsprechend gesetzt und fügen entgegen dem Trend zu immer aufwendigeren Entwurfsplä-
nen hinzu: »Darstellung und Präsentation sind in unserem Büro
reduziert.«

Die genannten Mittel der Präsentation und Darstellung von
Entwurfsergebnissen sind vielfältig: Die Darstellung in maßstäblichen Grundriß- und Lageplanzeichnungen sowie Ansichten
und Gebäudeschnitten ist selbstverständlich. Darüber hinaus
werden konventionelle (Hand-)Skizzen sowie Arbeits- und Prä-
sentationsmodelle (oder deren Fotos) genannt, aber auch präg-
nante Erläuterungstexte, abstrahierende Diagramme (z. B. zu
Funktionsbereichen oder Erschließungsschemata) oder atmosphärische »Cartoon-Skizzen« (Carlo Weber).

Räumliche, dreidimensionale Darstellungen auch in der
Zeichnung sind heute Standard, um die Idee und Wirkung zukünftig gebauter Realitäten schon im Entwurfsstadium auch
Laien realistisch und überzeugend zu vermitteln. Dies können
Handperspektiven sein, die oft hohe Stimmungswirkung erzeugen und dem Verbindlichkeitsgrad eines Vorentwurfs durchaus
angemessen sind. Vielfach werden für Entwurfspräsentationen
aber auch aufwendige, fotorealistische Perspektiven oder Per-
spektivserien als 3-D-Animation mit CAD-Technik sowie Foto-
montagen erstellt. Volkwin Marg sieht die verschiedenen Techniken sehr differenziert im Hinblick auf den jeweiligen Kreis der
Anzusprechenden.

Fritz Auer weist auf ein weiteres Mittel der Präsentation hin,
das die herkömmlichen Modelle und Planzeichnungen ergänzt:
»Die Darstellung und Präsentation erfolgt ... anhand von Arbeitsmodellen ... sowie anhand räumlicher Simulationen. Dabei
gewinnt die Powerpoint-Präsentation zunehmend an Bedeutung, weil mit ihr die Konzentration auf das Vorzustellende vor
allem in Gremien besser gelenkt werden kann.« Die Präsentation und Vorstellung eines Entwurfs kann sich heute oft nicht

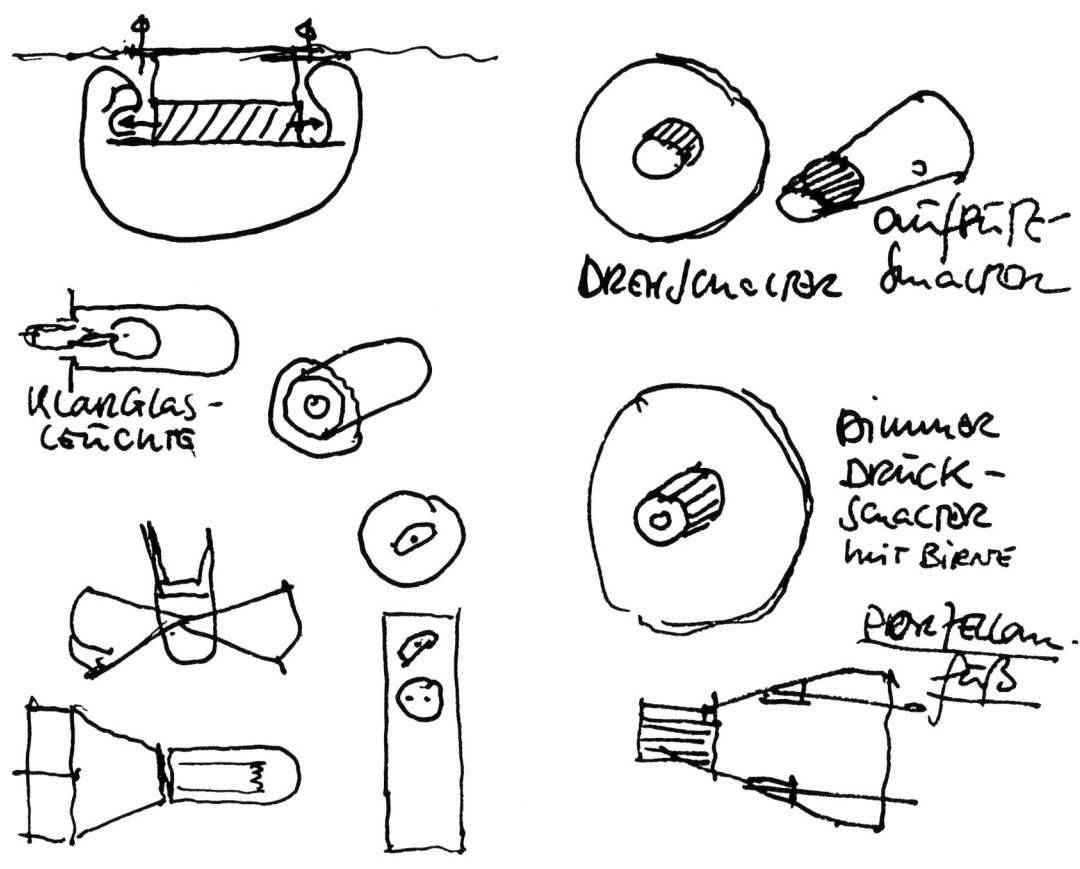

mehr auf die spontane Erläuterung von Plänen und Modell beschränken, sondern erfordert das zusätzliche Mittel des strukturierten und vorbereiteten Vortrags mit Unterstützung durch neue Präsentationstechniken.

Wie schon bei Frage 2, so zeigen auch die Antworten auf Frage 3, daß ein qualitätvoller Entwurf mehrerer, aufeinander aufbauender Arbeitsschritte bedarf, von denen die Präsentation ein entscheidender, aber nicht der wichtigste ist. Blendende Präsentation alleine kann einen Entwurf vor kritischen Bauherren kaum durchsetzen, weshalb die konzeptionelle und inhaltliche Arbeit nach wie vor den Hauptanteil des Entwerfens ausmacht. Andererseits kann auch ein guter Entwurf im Wettbewerb durchaus untergehen, wenn er schlecht dargestellt wird, weshalb der Präsentation mit allen zur Verfügung stehenden technischen Mitteln immer auch ein entsprechender Anteil bei der Entwurfsausarbeitung eingeräumt werden muß. Die Öffentlichkeit sieht oft nur diese Präsentation als Ergebnis, kaum einmal den Hauptanteil der konzeptionellen Arbeit mit Bergen verworfener Alternativskizzen und Arbeitsmodelle. So mancher Laie mag das Honorar für einen Architektenentwurf an der Flächengröße und der Gestaltung der Präsentationspläne messen, vergißt dabei aber den unsichtbaren »Löwenanteil« der Konzeptionsarbeit. Im Gegensatz zu den Zeichnungen oder Gemälden des bildenden Künstlers ist der Architektenplan immer nur ein Medium, ein Mittel zum Zweck, das die weitergehende Konzeption eines Gebäudeentwurfs nur hilfsweise darstellt, bevor er zu gebauter Realität werden kann.

Frage 4. Kann Entwerfen Teamarbeit sein, oder ist es immer das Werk eines einzelnen? Welche Rolle spielen Bauherr und weitere fachlich Beteiligte beim Entwurf?

»Absolut kann die Teamarbeit zu den allerbesten Ergebnissen führen.« *Jan Störmer*
»Entwerfen ist prinzipiell die Idee des einzelnen, in der Folge wird sie zu Teamwork.« *Günther Domenig*
»Die Qualität eines Entwurfes liegt in seiner Komplexität, seiner Vielschichtigkeit. ... Daß ein Team das am besten bewerkstelligen kann, ist selbstverständlich. Entscheidend ist jedoch die Qua-

143

lität der Teamführung. Sie ist der ausschlaggebende Faktor für das Niveau eines Entwurfes.« *Carlo Baumschlager, Dietmar Eberle*

»Ja – Entwerfen bedeutet Teamarbeit! Doch es muß immer einen Moderator geben, der die Ideen sammelt, die Richtungen angibt und die Entscheidungen fällt.« *Allmann, Sattler, Wappner*

»Entwerfen ist immer eine Teamarbeit, die Konzeptfindung meist das Werk eines einzelnen, das sich von den Beiträgen der Beteiligten ergänzt und reift.« *Peter Schweger*

»Entwerfen ist wie Komponieren; keine kollektive, sondern eine individuelle Leistung; nur im Ausnahmefall und nach bekannter Melodie und abgesprochenem Arrangement gelingt eine Entwurfs-Jam-Session.« *Volkwin Marg*

»Entwerfen als umfassender Ideen-Entwurf ist immer die Sache eines einzelnen. Dieser gibt Rahmen und Richtung vor. Teamarbeit kann ... auf dieser Grundlage erfolgreich werden.« *Hans-Busso von Busse*

Betrachtet man die Antworten auf Frage 4, so hat man auf den ersten Blick den Eindruck, die Zeit der genialen Einzelentwerfer sei vorbei – fast alle Befragten sind der Überzeugung, daß Entwerfen Teamarbeit sein kann, sein sollte oder sogar sein muß. Baumschlager-Eberle begründen die Notwendigkeit der Teamarbeit damit, daß es im Team am besten möglich ist, ein Maximum an Informationen zu verarbeiten und vielfältige Fragen zu beantworten, um die Komplexität zu erreichen, die einen gelungenen Entwurf ausmacht. Fritz Auer betont den Wert der Teamarbeit auch für die Phase des Brainstorming, um eine möglichst große Bandbreite von Lösungsansätzen zu erhalten und zu diskutieren. Gustav Peichl sieht Architektenarbeit grundsätzlich als Teamarbeit, bei der die Kreativität jedes einzelnen eine große Rolle spielt.

Wichtig ist die Frage nach der Organisation eines Entwurfsteams, das möglichst kreative und effektive Arbeit ermöglicht. Sollen im Team alle eingebrachten Ansätze diskutiert und verfolgt werden? Können Entwurfsentscheidungen durch Mehrheitsabstimmungen getroffen werden, oder wird hier gar so lange diskutiert, bis sich alle auf eine Lösung geeinigt haben, quasi auf kleinstem gemeinsamem Nenner?

Struktur und Arbeit eines guten Entwurfsteams sehen anders aus, da sind sich die meisten der Befragten einig. Sie betonen die Notwendigkeit klarer Regieführung und Teamleitung als Voraussetzung für erfolgreiches Entwerfen. Carlo Weber spricht von einem »verantwortlichen Kopf«, Baumschlager und Eberle betonen: »Entscheidend ... ist die Qualität der Teamführung. Sie ist der ausschlaggebende Faktor für das Niveau eines Entwurfes.« Auch Max Dudler meint: »Zum Zeitpunkt, da Entscheidungen getroffen werden müssen, ist ... eine klare Hierarchie erforderlich, um Verwässerungen zu vermeiden«, und Hadi Teherani

beschreibt die Organisation im eigenen Büro wie folgt: »Bei uns ist Entwerfen Teamarbeit. Jedoch geht das nicht ohne mich. Ich steuere jedes Projekt, gebe im entscheidenden Moment die Richtung vor.«

Und so macht der zweite Blick sehr schnell klar, daß erfolgreiches Entwerfen zwar der Teamarbeit bedarf, um eine breite Vielfalt von Gedanken, Ansätzen und auch Fähigkeiten in diese komplexe Arbeit einfließen zu lassen, daß aber eben doch ein leitender Kopf hinter diesem Team stehen muß, der als Regisseur die Fäden in der Hand hält und kraft eigener Fähigkeit und Erfahrung den richtigen Kurs zur optimalen Lösung entsprechend der eigenen Architekturauffassung weist.

Bei näherer Betrachtung wird auch deutlich, daß die Teamarbeit sich in manchen Büros hauptsächlich auf die Phase der Entwurfsausarbeitung erstreckt, während die grundlegende Konzeptfindung durch einen Einzelentwerfer oder einen kleinen Kreis von Partnern geleistet wird. »Entwerfen ist prinzipiell die Idee des einzelnen, in der Folge wird sie zu Teamwork«, meint Günther Domenig, ähnlich Josef Paul Kleihues: »Die eigentliche Teamarbeit beginnt ... erst, wenn das Konzept steht.«

Neben den Entwurfsteams mit Regisseur, die durchaus auch in frühen Phasen der Konzeptfindung arbeiten (Carlo Weber: »Iteratives Umkreisen des Themas von mehreren Seiten und durch mehrere Bearbeiter«), gibt es sie also doch noch: jene Einzelentwerfer, die weitgehend alleine und autonom ihre Entwurfslösung entwickeln und vorgeben. Oft sind es gerade die Entwerferpersönlichkeiten, deren Konzepte sehr stark auf der Basis oft über Jahrzehnte aufgebauter theoretischer Grundlagen und Überzeugungen entstehen, deren Eckpfeiler natürlich nicht mehr bei jedem Entwurf erneut zur Diskussion gestellt werden.

Viele der Befragten betonen auch die Bedeutung frühzeitiger, interdisziplinärer Zusammenarbeit mit Fachingenieuren und Sonderfachleuten, sozusagen im erweiterten Team. Dabei wird der Architekt als teamführend und verantwortlich für das Gesamtkonzept angesehen: »Bei den beteiligten Firmen und Konsulenten, ... setzen wir voraus, daß diese auf der Basis unseres Entwurfes kreativ mitgehen und sich einbringen«, definieren Delugan-Meissl die Zusammenarbeit, und Hadi Teherani stellt fest, daß Fachplaner auf den gestalterischen Prozeß wenig Einfluß haben: »Sie unterstützen uns in erster Linie bei der technischen Umsetzung unserer Ideen.« Daß es aber auch Gegenbeispiele gibt für weitergehendes Einfließen fachplanerischer Aspekte in den Entwurf, erwähnt Fritz Auer am Projekt für den deutschen EXPO-Pavillon in Sevilla, bei dem das Konzept aus einer frühen, engen Zusammenarbeit von Architekt, Künstler, Klimatologen und Tragwerksingenieur entstanden sei.

Selbstverständlich wird in aller Regel auch der Bauherr frühzeitig in die Entwurfsarbeit und im weitesten Sinne in das Team eingebunden, ist er es doch, der letztendlich über die Realisierung des Entwurfs entscheidet und diese ermöglicht. Dessen Aufgabe in der Entwurfsphase sieht Hadi Teherani darin, »die Aufgabenstellung für sein Grundstück zu definieren, die wesentlichen Vorgaben eines Entwurfs«, nicht mehr und nicht weniger, denn »der Bauherr und die fachlich Beteiligten sind keine Mitentwerfer, sonst geht die persönliche Verantwortlichkeit des Entwerfers verloren« (Volkwin Marg).

Frage 5. Was sind für Sie wesentliche Merkmale eines gelungenen Gebäudeentwurfes?

»Ganzheitlichkeit« *Günther Domenig*
»seine Komplexität, der Reichtum an Lösungen auf verschiedenen Ebenen« *Carlo Baumschlager, Dietmar Eberl*e
»... wenn die Idee eines Gebäudes im Gebauten lesbar bleibt.« *Meinrad Morger*
»innere Stimmigkeit« *Max Dudler*
»... daß es auf die Komplexität der Anforderungen eine Antwort gibt bezogen auf den Gebrauchs- und den ästhetischen Wert und den Ort.« *Peter Schweger*
»An den wesentlichen Qualitätsmerkmalen hat sich seit Vitruv und Palladio nichts geändert: Brauchbarkeit, Dauerhaftigkeit und Schönheit.« *Volkwin Marg*

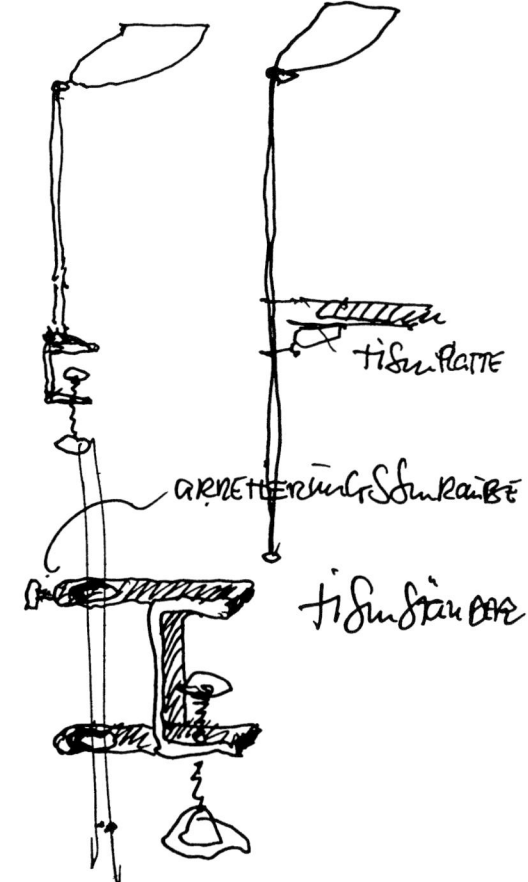

Über die Qualität von Architektur und von Gebäudeentwürfen wird oft kontrovers gestritten, der eine legt den Schwerpunkt auf städtebauliche Aspekte, der andere auf Funktionalität oder Ästhetik. Gerade Gebäudeentwürfe, die aus dem Rahmen des Gewohnten fallen und neue Wege gehen, provozieren und polarisieren oftmals die Kritik. Von Interesse ist daher, welche – vielleicht auch abstrakten – Kriterien und Merkmale anerkannt erfolgreiche Entwerfer für gelungene Gebäudekonzepte benennen.

Einer verweigerte sich dieser Frage: Günter Behnisch wollte keine Festlegungen treffen – eine logische und sympathische Konsequenz aus seiner offenen Haltung, die sich auf seine Architektur übertragen hat und in ihr spürbar wird. Alle anderen beantworteten die Frage, wie erwartet, nicht mit der Festlegung konkreter Architekturmerkmale, sondern abstrakter, mit der Nennung von Eigenschaften und Werten eines Entwurfs.

Ein wesentliches Merkmal für einen gelungenen Gebäudeentwurf ist demnach dessen Ausprägung und Prägnanz. Meinrad Morger konstatiert, ein Entwurf sei dann gelungen, wenn »die Idee eines Gebäudes im Gebauten lesbar bleibt«. Voraussetzung ist also eine über die reine Programmerfüllung hinausgehende Leitidee für den spezifischen Gebäudeentwurf am spezifischen Ort. Ist diese Idee der Aufgabe und dem Ge-

nius loci angemessen, so wird der Entwurf und so wird das Gebäude als eine gelungene Bereicherung seines Umfeldes empfunden. Wird die Grundidee mit den richtigen Mitteln und in klarer Sprache im Gebauten umgesetzt, so bleibt sie lesbar und verständlich. »Ein gelungener Entwurf ist einfach verständlich. Einfach gelungen!«, meint Hadi Teherani und erhebt damit ebenso wie Morger Prägnanz und klar erkennbare Grundkonzeption zum Kriterium.

Prägnanz und eigenständige Idee dürfen aber nie Begründung oder Vorwand sein für eine nur selektive und einseitige Erfüllung der vielfältigen Anforderungen an ein Gebäude. Ganz im Gegenteil nennt ein Großteil der Befragten als wesentliches Merkmal für einen gelungenen Entwurf auch die Begriffe Ganzheitlichkeit und Komplexität mit einem »Reichtum an Lösungen« (Carlo Baumschlager). Ein gelungener Gebäudeentwurf muß sowohl nach außen auf seine Umgebung, den Ort und die städtebaulichen Zusammenhänge aktiv reagieren als auch den vielfältigen Anforderungen aus innerer Nutzung und Zweckbestimmung entsprechen. Gustav Peichl hält einen Entwurf dann für gelungen, »wenn die Funktion stimmt und das Erscheinungsbild ein positives ist«. Peter Schweger differenziert, ein

Entwurf sei gelungen, wenn »es auf die Komplexität der Anforderungen eine Antwort gibt, bezogen auf den Gebrauchswert, den ästhetischen Wert und den Ort«, und für Jan Störmer ist das Kriterium »das konsequente Einhalten und Durchsetzen von Qualität. Dazu gehört natürlich alles, vom Städtebau über die Konstruktion bis zur Fußleiste«.

Die Merkmale der Verständlichkeit und Prägnanz einerseits, der Ganzheitlichkeit und Komplexität andererseits werden ergänzt durch weitere individuelle Antworten: So erachtet Carlo Weber in Einklang mit den Antworten auf Frage 9 einen gelungenen Entwurf als »die ausgewogene Kombination von Rationalem ... mit Emotionalem«. Für Axel Schultes gehören »Lust am Raum« und »suggestive Räumlichkeit« zu einer gelungenen Entwurfskonzeption. Bei Josef Paul Kleihues fußt ein gelungener Gebäudeentwurf entsprechend seiner persönlichen Philosophie einerseits auf der theoretischen Basis des Entwerfers, »die gewissermaßen den Charakter aller seiner Projekte ausmacht«, andererseits auf dem Programm, der Zweckbestimmung und dem Genius loci, »aus denen sich die Individualität seiner Entwürfe entwickeln sollte«.

Bezeichnend ist, daß keiner der Befragten lediglich gute Gestaltung nach innen und außen als Kennzeichen für einen gelungenen Gebäudeentwurf nannte. Hervorragende Gestaltung ist eine selbstverständliche Anforderung an einen guten Entwurf, aber eben nur ein einzelner und auch subjektiv zu bewertender Teilaspekt des Entwerfens. Zu den weiteren Aspekten, die in ganzheitlichem und komplexem Entwurf zu verarbeiten sind, gehören unter anderem die städtebauliche Integration, Funktionserfüllung und Zukunftsfähigkeit, Konstruktion, Ökonomie und Ökologie. »Architektur, die zu überzeugen vermag, ist nicht allein ästhetisches Objekt«, konstatieren Delugan-Meissl, und der Architekt als Entwerfer ist bei weitem nicht nur ein »Fachingenieur für Gestaltung«, sondern kann gelungene Entwürfe nur durch ganzheitliches Denken und komplexe Konzeptionen schaffen. Diesen »Reichtum an Lösungen« dann wiederum so klar und prägnant im Gebauten umzusetzen, daß es »für die Menschen auf verständlich ablesbare und erfahrbare Weise wahrnehmbar wird« (Volkwin Marg), ist sicherlich ein wesentliches Merkmal gelungener Gebäudeentwürfe.

Frage 6. Welchen Stellenwert beziehungsweise Anteil hat das Entwerfen für Sie am Gesamtplanungsprozeß für ein Gebäude?

»Den höchsten Stellenwert, denn für uns hört das Entwerfen nie auf. Der Entwurfsprozeß begleitet eine Gebäudeplanung bis zur Fertigstellung. Der Entwurf ist das Ziel.« *Hadi Teherani*

»Wenn die Entwurfsidee nicht trägt ... , dann ist alles andere nichts, ist verlorene Liebesmüh, ist – mit Verlaub – Sch... polieren!« *Axel Schultes*

»Alles wird in irgendeiner Form festgelegt; also muß alles entworfen werden.« *Max Dudler*

»Das Entwerfen hört nie auf; die Kunst liegt darin, auch Vorgänge des Gesamtablaufes im Sinne einer stetigen Gestaltwerdung zu beeinflussen, nicht grundsätzlich zu verändern, aber zu verdichten.« *Hinrich Baller*

Nach der Deutschen Honorarordnung für Architekten und Ingenieure werden die Arbeitsphasen des Vorentwurfs und des Entwurfs gerade einmal mit 18 Prozent vom gesamten Umfang der Architektenleistung für ein Gebäude bewertet. Auch manche Architekten, deren eigene Schwerpunkte eher in der Ausführungsplanung oder im Bereich von Ausschreibung, Vergabemitwirkung und Bauleitung liegen, neigen bisweilen dazu, den Entwurf als bloße Formulierung einer Grundidee, als ersten Einstieg in den eigentlichen Gesamtplanungs- und Entstehungsprozeß des Gebäudes zu sehen.

Den in diesem Buch Befragten können wir mit guten Gründen unterstellen, daß sie nicht nur im Entwerfen zu Hause sind, sondern den Gesamtplanungsprozeß für ein Gebäude aus Erfahrung überschauen und die Qualität eines Bauwerks durchaus auch an der Qualität seiner Ausführung und seiner Details messen. Kein einziger der Befragten sieht die Entwurfsarbeit jedoch als kleinen Teilschritt der Gesamtleistung an, als der sie manchmal verkannt wird. Vielmehr geben ihm alle den wichtigsten, den höchsten, den entscheidenden Stellenwert an der Planung bis hin zu der Bewertung »der Entwurf ... ist eben alles« (Störmer).

Die Begründungen sind einleuchtend: Der Entwurf ist von allergrößter Wichtigkeit, da die Grundentscheidungen der Konzeptions- und Entwurfsphase die Qualität des späteren Gebäudes vorbestimmen und da die Entwurfsvorgaben alle weiteren Schritte determinieren. Der Entwurf »bestimmt, womit man die *Zeit* der Durchplanung und Ausführung verbringt« (Behnisch). Volkwin Marg sieht im Entwurf den entscheidenden Teil des Planungsprozesses, »weil hier in der Synthese aller Anforderungen samt Zielkonflikten und aller technischen Teildisziplinen für eine architektonische Regieleistung das Ganze geschaffen wird, das mehr ist als die bloße Summe seiner Teile«.

Insgesamt machen die Äußerungen auch deutlich, daß die Befragten das Entwerfen keineswegs nur unter gestalterischen Aspekten, sondern als ganzheitliche Aufgabe sehen, die keineswegs mit dem Bauantrag abgeschlossen sein kann, wenngleich bis zu diesem natürlich die wesentlichen Entwurfsentscheidungen feststehen müssen, als klare Basis für die weitere, detailliertere Planung. »Erst wenn jedes Detail geklärt ist, endet der

Entwurfsprozeß«, meinen Hascher + Jehle, »das Entwerfen muß sich als harte Durchsetzung der am Anfang eines Entwurfsprozesses gefundenen Architekturlösung bis zur Fertigstellung einer Bauaufgabe durchziehen«, meint Jan Störmer. Auf die Ganzheitlichkeit des Entwerfens weist Volkwin Marg hin, und diese findet sich selbst schon im Anforderungskatalog der deutschen Honorarordnung, die die Berücksichtigung städtebaulicher, gestalterischer, funktionaler, technischer, bauphysikalischer und wirtschaftlicher Anforderungen ebenso vorschreibt wie das Entwerfen bis ins Detail (zumindest für raumbildende Ausbauten) und die Kostenkontrolle beim Entwurf.

Allen Befragten ist zu unterstellen, daß sie das Entwerfen in all seiner Komplexität mit Engagement betreiben, unterschiedlich ist allenfalls die Definition des Entwerfens als Arbeitsphase im Detail. Während Behnisch durchaus Folgephasen der Durchplanung und Ausführung erwähnt, betrachten andere das Entwerfen ausdrücklich nicht als abgeschlossenen Schritt, sondern als »roten Faden, der sich durch alle Entwurfsstufen eines Projektes zieht« (Auer).

Josef Paul Kleihues geht noch weiter, wenn er für sich feststellt: »Der gesamte Planungsprozeß für ein Gebäude – von der Konzeptentwicklung bis zum letzten Detail – ist für mich ... Entwurfsprozeß.«

Vereinbaren könnte man diese unterschiedlichen Definitionen in folgendem gedanklichen Modell: Es gibt sehr wohl unterschiedliche Phasen vom Entwurf über die Ausführungsplanung bis zur Bauleitung, doch darf die konzeptionell-entwerfende Arbeit nach der Entwurfsphase nicht gänzlich abgeschlossen sein, sondern setzt – quasi als Korrektiv und Garant für durchgängige (Entwurfs)-Qualität bis ins Detail – immer dann, wenn es nötig ist, auch in den Folgephasen bis hin zu Festlegungen auf der Baustelle wieder ein, ebenso wie Teilaspekte und Einzelüberlegungen der Ausführungsplanung bereits in die Entwurfsplanung hineinwirken müssen, um auch wirtschaftlich und bauphysikalisch sinnvolle Umsetzungen bis ins Konstruktionsdetail zu gewährleisten. Wesentlich erscheint in jedem Fall die Durchgängigkeit der Planung, die Kleihues insgesamt als Entwurfsprozeß bezeichnet und für den andere den »roten Faden« des Entwerfens bis ins Detail fordern, denn »natürlich ist auch die schönste (Entwurfs-)Idee mit einer miesen (Ausführungs-)Planung kaputt zu kriegen« (Schultes).

Stellenwert, Auswirkungen und Umfang ganzheitlicher und verantwortungsvoller Entwurfsarbeit sind offensichtlich wesentlich höher und komplexer, als es ein flüchtiger Blick in die Honorarordnung oder die Einschätzung mancher »Baupraktiker« vermuten lassen, da waren sich alle Befragten einig. Im Entwurf werden Grundlagen nicht nur für die Gestaltung gelegt, sondern auch für Baugefüge und Konstruktionen. Es werden Grundentscheidungen getroffen zur Nutzbarkeit des Gebäudes durch Raumanordnungen-, -ausformungen und -erschließungen. Und es werden durch Grundform, Konstruktionswahl und Dimensionierungen die Weichen gestellt auch für die Wirtschaftlichkeit eines Gebäudes: »Genauso wie die späteren Betriebskosten werden natürlich auch die Investitionskosten im wesentlichen in der Entwurfsphase definiert«(Hascher + Jehle). Scheinbare Fehler späterer Arbeitsphasen wie verplante Baudetails oder auch problematische Kostenentwicklung gehen in sehr vielen Fällen auf Versäumnisse in der konzeptionellen und entwerfenden Arbeit zurück, auch wenn sie erst später deutlich werden. Unterplanung und Pfusch in der Entwurfsphase dürfen nicht mit Termin- oder Sachzwängen begründet werden, denn sie verhindern qualitätvolles und auch wirtschaftlich optimiertes Bauen. Dies allen Beteiligten, neben den Fachplanern auch der Bauherrschaft, zu verdeutlichen ist eine der Aufgaben des verantwortlichen und ganzheitlichen Planers und Entwerfers.

Das Entwerfen hat »den höchsten Stellenwert« beim Gebäudeplanungsprozeß, wie Hadi Teherani betont, und es bedarf einer besonders fundierten Ausbildung, lebenslanger Weiterentwicklung und hoher Verantwortlichkeit des Entwerfers, um die komplexen Aufgaben zu bewältigen.

Frage 7. Welche Entwürfe Ihres Büros halten Sie selbst für besonders wichtig beziehungsweise charakteristisch für Ihre Arbeit?

»Alle Entwürfe sind für uns gleichermaßen wichtig und werden stets als neue Herausforderung betrachtet.« *Delugan-Meissl*
»Jeder Entwurf wird mit Leidenschaft betrieben. Manchmal sind die äußeren Umstände günstig, manchmal nicht.« *Max Dudler*
»Wir versuchen, in jedem Entwurf auf die Besonderheiten eines Ortes, einer Aufgabe einzugehen, insofern empfinden wir jeden unserer Entwürfe als wichtig.« *Meinrad Morger*
»Jeden Entwurf, der das Zeug zum Prototyp, im besten Fall zum Archetyp hat.« *Axel Schultes*
»Alle Entwürfe sind für meine Arbeit charakteristisch.« *Gustav Peichl*

Die Auswahl der Entwurfsprojekte, die die Angesprochenen für dieses Buch getroffen haben, könnte ja schon für sich sprechen und diese Frage beantworten. Doch eine solche Auswahl erfolgt manchmal auch spontan und nach Aktualität, vielleicht auch nur anhand der gerade verfügbaren Entwurfsskizzen oder nach ganz anderen Kriterien. So sandte Günter Behnisch, dessen Büro ja durchaus eine ganze Reihe von Großprojekten mit städtebaulicher Dimension vorzuweisen hat, bewußt sehr schönes Material zum Werdegang eines Kindergartens, eines vergleichsweise kleinen, aber sehr liebenswürdigen und phantasievollen Projektes. Mit dieser Frage sollte daher noch einmal gezielt nachgefragt werden nach besonders wichtigen und charakteristischen Entwurfsprojekten, die vielleicht auch Angel- oder Wendepunkte der jeweiligen Entwicklung sein könnten.

Manche haben konkrete Projekte benannt, die zumeist aufgrund ihrer Größe, der besonderen Inhalte oder prototypischer Qualitäten aus dem Gesamtwerk herausragen. Bei Hascher und Jehle ist dies etwa die innovative, von einem weiten Glasdach überspannte Bürolandschaft für die dvg in Hannover, bei Bothe, Richter, Teherani unter anderem das außergewöhnliche Projekt für den Firmensitz der SwissRe in München oder auch das Autohaus Car & Driver in Hamburg, mit dem das Büro erstmals bekannt wurde.

Andere haben Projekte benannt, in denen die eigenen Grundüberzeugungen und Entwurfsansätze besonders gut umgesetzt werden konnten wie etwa die Messebauten für Leipzig und Rimini bei Volkwin Marg als »Inszenierungen mit Güte für den Menschen« oder die Abschiedshalle im Krematorium Treptow bei Axel Schultes, nach seinen Worten »der bisher einzige Raum, der unsere Absichten so ungefähr eingelöst hat«. Einige führten ohne konkrete Projektnennung auch abstrakte Kriterien an wie etwa Günther Domenig, dem die Entwürfe besonders wichtig sind, »deren Inhalt im Vordergrund steht«.

Überraschend ist, daß etwa die Hälfte der vorgestellten Architekten kein Projekt besonders hervorheben möchte, sondern sich eindeutig zu allen Entwürfen und Projekten und deren Bedeutung für die eigene Arbeit bekennt. Für sie gibt es offensichtlich keine »Lieblingsprojekte« einerseits, andererseits Projekte, die aus der Erinnerung verdrängt werden, weil sie sich eben nicht nach dem gedachten Idealbild entwickelten (... und solche Projekte gibt es sicherlich im Werk eines jeden Architekten, sei es aufgrund von »Sachzwängen« oder auch Entscheidungen beispielsweise der Bauherren), sondern diesen Entwerfern sind sämtliche ihrer bisherigen Projekte wichtig als Stationen der eigenen Vita und Entwicklung.

Günter Behnisch antwortete nach über fünfzigjähriger Berufspraxis: »Sie sind alle wichtig, nur mehr oder weniger gelungen.« Noch deutlicher wird die Akzeptanz auch negativer Erfahrungen in den Aussagen von Fritz Auer und Peter Schweger: »Grundsätzlich alle, da jeder Entwurf eine weitere Erkenntnis und Erfahrungsstufe im Positiven wie gegebenenfalls auch im Negativen bedeutet« (Auer); »Alle Entwürfe sind für uns wichtig und daher auch charakteristisch, auch wenn man später Schwächen feststellt, aus denen man lernt« (Schweger). Diese Aussagen zeigen, daß die Überzeugung »alle Entwürfe sind uns wichtig« keineswegs auf mangelnde Selbstkritik oder fehlende kritische Reflexion weniger perfekter Projekte schließen läßt. Im Gegenteil belegen sie, daß ein ernsthafter Entwerfer sich mit all

seinen Projekten kritisch auseinandersetzt und auch bereit ist, aus Erfahrung zu lernen und sich weiter zu entwickeln.

Darüber hinaus belegt diese Haltung beeindruckend die dauerhafte und enge Beziehung der meisten Entwerfer zu all ihren Projekten. Jeder Entwurf ist und bleibt »ein eigenes Kind«, aus eigener Erfindung, eigenen Konzeptionen und auch Visionen geboren. Jeder Entwurf bleibt immer auch ein Stück des eigenen Selbst und eine Momentaufnahme der eigenen Entwicklung. Es zeugt von Format, sich zu all diesen Momentaufnahmen mit kritischer Distanz auch nach Jahren noch bekennen zu können.

Frage 8. Welche Kenntnisse beziehungsweise fachlichen und persönlichen Eigenschaften sind für einen Entwerfer besonders wichtig?

»Klarer Kopf, Phantasie, Offenheit« *Günter Behnisch*
»Ein Entwerfer sollte über Kreativität und eine gewisse Hemmungslosigkeit, gepaart mit einem analytischen Kopf verfügen.« *Meinrad Morger*
»Das Wissen eines Entwerfers kann gar nicht fundiert und vielseitig genug sein. ... Eine starke Persönlichkeit ist ein Muß!« *Hadi Teherani*
»Fertigkeiten und Kenntnisse sind erlernbar, das Wichtigste ist eine fundierte, neugierige Kultur.« *Peter Schweger*
»Mangelnde Bildung, fehlende Begabung, technische Stümperei und die Ignoranz menschlicher Bedürfnisse reichen jeweils einzeln, um Entwurfsansätze architektonisch zu verkrüppeln.« *Volkwin Marg*
»Die Ausdauer, einen Gedanken bis zum Ende zu denken. Voraussetzung hierfür sind Unvoreingenommenheit und Mut zu radikalen Ansätzen, das Training einer konzeptuellen Intelligenz.« *Konrad Wohlhage*
»Jeder Entwerfer sollte alles wissen und gleichzeitig alles vergessen können.« *Mario Botta*

Die Antworten auf Frage 8 sind in direktem Zusammenhang zu sehen mit den Fragen nach der Teamarbeit beim Entwerfen (Frage 4) und nach dem Stellenwert von Ratio und Gefühl (Frage 9). Die Vielzahl der angeführten Kenntnisse und Eigenschaften läßt sich kaum in einer einzigen Person vereinigen und legt die Vorteile von Teambildung oder zumindest intensiver Kommunikation beim Entwerfen nahe, wie es Meinrad Morger formuliert: »Jeder von uns hat Schwächen und Stärken, die sich im Team optimal ergänzen.«

Analog zu den Antworten auf Frage 9 nennen zahlreiche Befragte Begriffspaare, die die Anforderung an zugleich rationale und gefühlsbetonte Fähigkeiten beim Entwerfer bekräftigen: »Klarer Kopf« sowie »Phantasie« (Behnisch), »Disziplin« sowie

»Kreativität« (Delugan-Meissl), »analytischer Kopf« sowie »Hemmungslosigkeit« (Morger). Gerade diese Dualität und die Notwendigkeit, sehr unterschiedliche Eigenschaften als gegenseitig sich befruchtende Pole in einer Person zu vereinen, machen die besondere Herausforderung für den Entwerfer aus: Er muß nicht nur mit »Kopf und Bauch« dialektisch und gleichzeitig arbeiten, er muß auch eine »starke Persönlichkeit« (Teherani) mit eigenen Standpunkten und Visionen aufbauen, gleichzeitig aber auch offen und aufnahmebereit für alles Neue sein. Er muß den Entwurfsprozeß diszipliniert strukturieren, gleichzeitig aber auch phantasievoll und kreativ arbeiten. Er sollte umfassendes Hintergrundwissen zum Bauen bis zur Ausführung besitzen, muß sich gleichzeitig aber in der kreativen Phase der Konzeptfindung auch frei machen können von den »Sachzwängen der Erfahrung«, um ohne »Schere im Kopf« auch zu neuen, vielleicht experimentellen Lösungen finden zu können.

Wenn wir die erwähnten Fähigkeiten des »Idealentwerfers« nach psycho-physiologischen Aspekten ordnen, so zeigen sich vier Kategorien: Kenntnisse und Wissen, kognitive Fähigkeiten, Problemlösungsfähigkeiten sowie kommunikative Fähigkeiten.

Umfassende Allgemeinbildung sowie fundiertes Fachwissen werden von den Befragten generell vorausgesetzt, von einzelnen auch besonders betont (»gute Kenntnisse der Baugeschichte und Architekturtheorie« bei Kleihues, »umfassende Architekturkenntnisse« bei Domenig). All dies läßt sich mit entsprechender Motivation und Fleiß erlernen.

Schwieriger wird es bei den weiteren Anforderungen an die kognitiven Fähigkeiten und die Fähigkeiten zur Lösung von Problemen. Hier handelt es sich um Talente, die sich in der Entwurfspraxis mit wachsender Erfahrung vertiefen lassen, die im Grunde aber in der Persönlichkeit bereits angelegt sein sollten. Gerade Fähigkeiten wie Disziplin, Kreativität, Wachsamkeit, Schnelligkeit und selbst Intelligenz lassen sich mit geeigneten Arbeitstechniken trainieren, erst recht räumliches Vorstellungsvermögen oder das Gespür für Proportion, Farbe und Material. Qualitäten wie »eigener Standpunkt« oder »Freiheit von Vorurteilen«(Störmer) dagegen können nur aus der Gesamtpersönlichkeitsentwicklung erwachsen und nicht alleine aus der beruflichen Arbeit.

Die genannten Fähigkeiten sind nötig, um in ganzheitlichem Engagement optimale Lösungen für die Sachfragen bei Entwürfen zu finden. Die letzte Kategorie der Kommunikationsfähigkeit dagegen ist wichtig, um diese Lösungen konstruktiv im Team der Planungspartner zu erarbeiten und sie nach außen überzeugend zu vertreten. Carlo Weber spricht bei der Frage nach dem »Idealentwerfer« von »menschlichen Qualitäten, die erst eine ersprießliche Zusammenarbeit in der Gruppe ermöglichen«, Hadi Teherani ergänzt: »auch Sympathie und Charme sind nicht zu unterschätzen«. Die Produktivität von Teamarbeit und die Qua-

lität des Arbeitsergebnisses – letztlich also der Erfolg – hängen ganz entscheidend davon ab, wie gut die Teammitglieder an der gemeinsamen Aufgabe zusammenarbeiten und wie gut insbesondere der »Teamregisseur« jeden einzelnen motivieren und die jeweiligen Stärken aktivieren kann. Am gemeinsamen »roten Faden« festzuhalten und gleichzeitig die Ideen jedes einzelnen an der richtigen Stelle einzuarbeiten, verlangt ein hohes Maß an Kommunikationsfähigkeit und sozialer Kompetenz.

Gleiches gilt für die Vermittlung der eigenen Entwurfskonzepte an andere, insbesondere an den Bauherren. Ein guter Entwurf und moderne Technik alleine reichen oft nicht aus – wichtig ist auch, wie gut eine Entwerferpersönlichkeit mit Argumenten und Visionen überzeugen kann.

Bemerkenswert ist, daß keiner der Befragten das Kriterium besonderer Belastbarkeit als Eigenschaft des Entwerfer nannte. Wer weiß, welche vielfältigen Anforderungen heute an den verantwortlichen Entwerfer gestellt werden, unter welchem Termin- und auch Erfolgsdruck heute häufig beispielsweise Wettbewerbsentwürfe verfaßt werden müssen, und wer weiß, daß ein Entwerfer nach jeder Ablehnung eines Entwurfs ohne Zögern und Enttäuschung mit voller Motivation die nächste Aufgabe anzugehen hat, der weiß, daß vom Entwerfer gerade auch Belastbarkeit gefordert wird – sowohl in psychischer (Vereinbarung von Gegensätzen wie »Standpunkt« und »Offenheit«) als auch in physischen Hinsicht (Terminarbeit ohne Begrenzung des Arbeitseinsatzes zur Erzielung des optimalen Ergebnisses). Die Befragten mögen das Kriterium der Belastbarkeit nach jahr(zehnt)elanger Routine als selbstverständlich sublimiert haben, es sollte dennoch als wichtige Voraussetzung für den Entwerfer genannt sein. Entsprechende Belastbarkeit erreicht er in aller Regel sicherlich nicht als »Künstler im Elfenbeinturm«, sondern vielmehr als vielseitige Persönlichkeit, die mitten im Leben steht – stark und sensibel zugleich.

Frage 9. Entwerfen Sie eher spontan oder systematisch, eher rational oder gefühlsbetont?

»Was für eine Frage! Spontan *und* systematisch, rational *und* gefühlsbetont, wie denn anders?« *Axel Schultes*
»Spontaneität beeinflußt meinen Entwurfsprozeß kaum. Ich arbeite eher rational und systematisch« *Josef Paul Kleihues*
»Sinnlichkeit ist das Ziel, Rationalität das Mittel.« *Max Dudler*
»Wir entwerfen spontan *und* systematisch, rational *und* gefühlsbetont. Diese Arbeitsweisen sind genauso wenig zu trennen wie die Prozesse der linken und der rechten Gehirnhemisphäre.« *Hascher + Jehle*
»Architektonisches Entwerfen zielt ... immer auf den Menschen. Darum ist Entwerfen richtig verstanden ein Dialog von

Kopf und Herz, von Verstand und Gemüt, von distanzierter Systematik und spontanem Gefühl und schließlich deren Synthese.« *Volkwin Marg*

Oft macht sich die Öffentlichkeit noch ein verklärtes Bild vom entwerfenden Architekten, das diesen in die Nähe eines freien Künstlers rückt, der primär aus sich heraus gestaltet, gefühlsbetont und wohl auch recht subjektiv und spontan. Der Architekt entwirft jedoch keine zweckfreien Kunstobjekte mit primär ästhetischer Sinngebung, denen sich jeder leicht entziehen kann, dem sie nicht zusagen. Der Architekt entwirft vielmehr Bauwerke als Teil unserer gestalteten öffentlichen Umwelt mit vielfältigen funktionalen, technischen, ökonomischen und auch ästhetischen Anforderungen.

Kann diese Aufgabe »nur« mit Phantasie, Kreativität und Gefühl bewältigt werden oder angesichts ihrer heutigen Komplexität vielmehr nur noch mit streng rationaler und systematischer Vorgehensweise?

Im Gegensatz zum einleitend genannten Vorurteil behauptet kein einziger der Befragten, er entwerfe primär oder ausschließlich gefühlsbetont und spontan. Auch diejenigen, deren sehr individuelle Entwürfe eine solche Arbeitsweise vermuten lassen könnten, arbeiten selbstverständlich nicht nur »aus dem Bauch heraus«: Günther Domenig nennt die »rationale Analyse« als ersten Arbeitsschritt, auch Delugan-Meissl arbeiten immer »auf der Basis des Wissens um das, was ein Gebäude können und leisten muß«.

Auf der anderen Seite gab es einige wenige Entwerfer, die sich zu grundsätzlich rationaler und systematischer Arbeitsweise bekannten. Sie zeichnen sich im übrigen dadurch aus, daß sie zum Entwerferporträt in diesem Buch weniger spontane Entwurfsskizzen beigetragen haben als vielmehr ausführliche Texte, die Hinweise geben auf ihre sehr ausgeprägt theoretischen Entwurfsgrundlagen und -gedanken. »Spontaneität beeinflußt meinen Entwurfsprozeß kaum. Ich arbeite eher rational und systematisch«, kommentiert Josef Paul Kleihues, Max Dudler formuliert: »Sinnlichkeit ist das Ziel, Rationalität das Mittel.«

Die überwiegende Mehrzahl der Porträtierten betont, für sie seien beide Aspekte beim Entwerfen wichtig, sowohl der rational-systematische als auch der spontane und gefühlsbetonte. Hascher und Jehle verweisen darauf, daß »diese Arbeitsweisen genauso wenig zu trennen sind wie die Prozesse der linken und der rechten Gehirnhemisphäre«, und Volkwin Marg betont, daß das Entwerfen letztendlich immer auf den Menschen ausgerichtet sei und schon deshalb beim Entwerfer immer in einem Dialog von Kopf und Herz, von Verstand und Gemüt stattfinden müsse.

Bei aller Einigkeit darüber, daß gute Entwürfe zumeist aus der Wechselwirkung von Ratio und Emotion beziehungsweise Spontaneität und Systematik entstehen, sind die Gewichtungen beider Faktoren im Detail unterschiedlich. Günter Behnisch hat für sich eine systematische Arbeitsweise beim Entwerfen entwickelt, sieht aber ebenso gefühlsbetonte und poetisch gefärbte Elemente beim Entwurf in Abhängigkeit von der Aufgabenstellung. Günther Domenig analysiert zunächst rational, »danach kommt es zum spontanen Entwurf«. Gustav Peichl hingegen beginnt die kreative Entwurfsarbeit gefühlsbetont, »später wird rational weitergearbeitet«.

Das Entwerfen von Gebäuden ist also ganz offensichtlich keine »künstlerische Baucharbeit«. Nur wenige setzen bei der Bewältigung der komplexen Fragestellungen auf ausschließlich rationale und systematische Vorgehensweise, für die meisten müssen auch emotionale Kompetenzen aktiviert werden. Die Antworten auf diese Frage zeigen Parallelen zu den Antworten auf die Frage nach den erforderlichen Fähigkeiten und Eigenschaften eines guten Entwerfers. Auch hier ist eine große Bandbreite emotionaler und rationaler Fähigkeiten erkennbar, die zur erfolgreichen Bearbeitung von Entwurfsaufgaben nötig sind. Der Entwerfer muß die Gegensätze von Ratio und Emotion in sich vereinen und in Wechselwirkung zur Synergie überbrücken. Hierzu sind gelegentlich auch Abstand und mehrere Ansätze zum »Umschalten« von Verstand auf Gefühl beim Entwerfen nötig, weshalb die konzeptionelle Entwurfsarbeit meist auch nicht als gleichmäßig effektive Tagesarbeit über acht oder zehn Stunden geplant werden kann, im Gegensatz zu vielen Phasen der nicht minder verantwortungsvollen Tätigkeit etwa in Ausführungsplanung oder Bauleitung.

Frage 10. Was wäre Ihre liebste Entwurfsaufgabe beziehungsweise welchen Entwurf würden Sie niemals bearbeiten?

»Die liebste Aufgabe ist immer die nächste!« Delugan-Meissl
»Alle Entwurfsaufgaben, die mir übertragen werden und die ich übernehme, sind mir lieb und wert.« *Gustav Peichl*
»Es gibt keine ,liebste Entwurfsaufgabe beziehungsweise alle Arbeiten sind die liebsten. Es kann andererseits Aufgaben geben, deren Inhalt unzugänglich ist, davon sollte man Abstand nehmen.« *Carlo Baumschlager*
»Ich würde nicht für Auftraggeber planen wollen, die sich ihrer gesellschaftlichen Verantwortung nicht bewußt sind oder entziehen.« *Fritz Auer*
»Mein Interesse liegt nicht an Bauherren, die nicht ganzheitliches Denken und eine dementsprechende Verantwortung in die Zusammenarbeit einzubringen gedenken.«
Hans-Busso von Busse

»Aufgaben, die Vorgänge menschlichen Lebens überhöhen, sind unser Ziel und solche, die dem entgegenstehen oder sich selbst genug sind, lehnen wir ab.« *Hinrich Baller*

Zugegeben, die Frage klingt vielleicht etwas naiv, aber der Grund für die Fragestellung liegt in der sicher nicht unberechtigten Annahme, daß es bei einer so eng mit Person und Emotion verbundenen Tätigkeit wie dem Entwerfen für lange Jahre tätige Entwerfer auch »Lieblings«- und »Haß«-Themen geben könnte. Die Befragten haben überraschend professionell reagiert: In beide Richtungen wurde nur wenig Konkretes genannt. Die Entwerfer scheinen sehr offen gegenüber unterschiedlichsten Aufgabenstellungen zu sein, mit wenig Anspruchshaltung bezüglich eines »Idealthemas«, aber auch mit wenigen Vorbehalten gegenüber scheinbar reizloseren Projekten.

Zur Frage nach dem Lieblingsthema erhielten wir nur vereinzelte Angaben wie »ein Stadtquartier« oder Kulturbauten wie ein Museum oder eine Philharmonie als »zehnfach durchgesiebter Herzenswunsch« von Axel Schultes. Die überwältigende Mehrheit scheint keine Lieblingsaufgaben beim Entwerfen zu kennen, sondern betrachtet alle aktuellen Aufgaben, die an sie herangetragen werden, als die jeweils liebsten beziehungsweise wichtigsten. »Meine liebste Entwurfsaufgabe? Das ist immer die, an der ich gerade arbeite«, sagt Hadi Teherani, Carlo Weber bekennt: »Jede Entwurfsaufgabe kann mich reizen.«

Hier wird spürbar, mit welcher Offenheit gegenüber den Inhalten die meisten Entwerfer in der Regel zu Werke gehen. Daß sie bei der Frage nach Lieblingsaufgaben keineswegs differenzieren etwa zwischen Zweck- und Repräsentationsbauten und sich nicht »die Rosinen herauspicken« möchten, zeigt ihr Engagement und ihre grundsätzliche Verantwortungshaltung gegenüber der Gestaltung der gebauten Umwelt, in der eben jedes neue Element entworfen werden muß.

Besonders bemerkenswert erscheint in diesem Zusammenhang die Aussage von Fritz Auer: »Die liebsten Entwurfsaufgaben sind mir gleichzeitig die anstrengendsten, komplexen, gesteigert noch durch ein begrenztes Budget – solche, bei denen man anfänglich konzeptionell vor dem Nichts steht, im Gegensatz zu solchen, die sich wiederholende Tendenzen beinhalten beziehungsweise nahelegen.« Hier wird deutlich, daß für manche Entwerfer die Begeisterung an der Arbeit gerade aus besonderen Herausforderungen erwächst, aus der Lust an der Lösung von Problemen, die besondere Kreativität und Innovation erfordern – unabhängig von den konkreten Nutzungsinhalten der Aufgabe.

Auch bei der Frage nach Entwurfsaufgaben, die sie ablehnen würden, nannten die Architekten kaum konkrete Beispiele – abgesehen von Zuchthäusern, Schlachthöfen oder Wiederauf-bereitungsanlagen, die sich einige nicht zur Aufgabe machen möchten. Für Volkwin Marg ist die unsympathischste Entwurfsaufgabe »eine Disneywelt, die das Publikum mit Surrogat in eine Scheinwelt zur Vermarktung führt«, und er spielt damit auf vordergründige »Erlebniswelten« der Konsum- und Freizeitindustrie an.

Generell aber zeigen auch hier die Antworten große Offenheit für jede Art von Projekten, die sich als Aufgabe stellen. Einschränkungen und Skepsis gibt es allenfalls hinsichtlich der Arbeitsbedingungen, weniger hinsichtlich der Inhalte: So betont Günter Behnisch, daß er (nur) »unter guten, annehmbaren Bedingungen« fast jeden Entwurf bearbeiten würde. Zu diesen annehmbaren Bedingungen gehört mehr als ein realistischer Bearbeitungszeitraum oder in der Praxis keineswegs immer selbstverständliche auskömmliche Honorierung von Vorentwurfs- und Entwurfsarbeit. Delugan-Meissl weisen im Umkehrschluß ihrer Aussage auf weitere Grundbedingungen der Entwurfsarbeit hin: »Dort aber, wo das Umfeld es uns unmöglich macht, uns zu positionieren und wir keine Chance zur dialogischen Auseinandersetzung sehen, sowohl im Umgang mit den beteiligten Personen als auch mit dem Ort an sich, dort müssen wir in letzter Konsequenz ein Projekt ablehnen.«

Bemerkenswert auch in diesem Zusammenhang wieder die Aussage von Fritz Auer: »Ich würde nicht für Auftraggeber planen wollen, die sich ihrer gesellschaftlichen Verantwortung nicht bewußt sind oder entziehen.« Hascher und Jehle formulieren es positiv: »Mit einem humanistisch geprägten und gebildeten, entscheidungsfähigen Bauherren würden wir jede Bauaufgabe zu unserer liebsten machen.« Offensichtlich gibt es eher abzulehnende Umstände und Bauherren als abzulehnende Projektinhalte, wobei die Aussage von Fritz Auer bezüglich verantwortungsloser Bauherren sicherlich auch und gerade auf städtebaulich unvertretbare oder sozial unverträgliche Bauprogramme und Inhalte bezogen werden muß. Hans-Busso von Busse formuliert ganz ähnlich: »Meine liebsten Entwurfsaufgaben werden weniger von der Gebäudeart als von der Qualität und Persönlichkeit eines Bauherren vorbestimmt.«

Schlußwort

Im Zentrum dieses Buchs stehen die Grundfragen zu Entstehung und Gestaltung unserer gebauten Umwelt: Auf welche Weise und unter welchen Bedingungen entstehen Gebäudeideen, wie werden Gebäude entworfen? Welchen Stellenwert hat die Entwurfsarbeit, neben Detailplanung und Bauausführungsüberwachung, am Gesamtentstehungsprozeß eines Gebäudes? Was macht einen gelungenen Entwurf aus?

Es liegt nahe, die Antworten nicht in der Theorie zu suchen, sondern in der konkreten Entwurfsarbeit namhafter und erfolgreicher zeitgenössischer Architekten. Die hier porträtierten haben Einblicke in ihre Arbeit gegeben und auf Hintergrundfragen geantwortet. Diese Antworten können jedem Architekten Anregungen geben beim Ringen um gelungene Bauentwürfe.

Vielfalt und Unterschiedlichkeit

Entstanden ist ein sehr vielfältiges Bild der heutigen Entwurfsszene, in der es keinen vorherrschenden, einheitlichen und dauerhaften Stil gibt, sondern eine Vielzahl unterschiedlicher Ansätze und Tendenzen. Entsprechend unterschiedlich sind die Entwürfe und Projekte in diesem Buch sowie die Persönlichkeiten, die hinter ihnen stehen. Dabei wird bei aller Unterschiedlichkeit deutlich: Voraussetzung für gelungene und erfolgreiche Entwurfsarbeit sind gereifte Persönlichkeiten, Engagement und reflektierte Überzeugungen.

Ganz bewußt wurden alle Architekten im Hinblick auf Vergleichbarkeit um die gleichen Materialien für die Entwerferporträts gebeten: handschriftlicher Namenszug, selbstgewähltes Porträtfoto, Vita, Beantwortung von zehn Fragen zum Entwerfen, freier Text über die eigene Sicht des Entwerfens sowie eine Auswahl einiger für die individuelle Arbeit besonders charakteristischer Entwurfsskizzen und Projektfotos.

Schon die Unterschiedlichkeit der auf diese einheitliche Anfrage zugesandten Unterlagen zeigt die Vielfalt der Persönlichkeiten: Manche Architekten schickten fast künstlerische, Freihand-, bisweilen auch analytische Entwurfsskizzen, andere sehr exakte, formale Zeichnungen oder fast diagrammähnliche CAD-Darstellungen, da sie »grobe Arbeitsskizzen« nicht erstellen oder nicht veröffentlichen. Manche Antworten oder freien Texte »unterboten« in ihrer entschiedenen Knappheit unsere Erwartungen, andere »überboten« den verfügbaren Rahmen bei weitem in ihrer theoretischen Auseinandersetzung und Begründung – vereinzelte Kürzungen waren trotz möglichst authentischer Wiedergabe unvermeidlich.

Aufschlußreich sind auch die Gewichtungen in den Lebensläufen, die selbstgewählte Form des Porträtfotos und natürlich die Signatur. Interpretationen bleiben dem Leser vorbehalten, hier sei nur angemerkt: Die deutlich formulierten Positionen vermittelten schon bei den Vorarbeiten für das Buch einen überzeugenden Eindruck von Durchgängigkeit und Nachvollziehbarkeit des Selbstverständnisses, der Haltung zum Entwerfen und der daraus entstehenden Entwürfe bis hin zur gebauten Realität.

Vielfalt und Unterschiedlichkeit heutiger Entwurfsansätze machen vor allem die Antworten zu einigen Fragen deutlich: So wurden als Kriterien für einen gelungenen Entwurf (Frage 5) viele, sehr unterschiedliche Merkmale genannt, je nachdem, wo der Schwerpunkt individuell gesetzt ist. Vor allem aber die Antworten auf sehr persönliche Fragen nach den Eigenschaften eines guten Entwerfers (Frage 8), nach dem Stellenwert von Teamarbeit (Frage 4) oder nach den Anteilen von Verstand und Gefühl beim Entwerfen (Frage 9) zeigen die unterschiedlichen Temperamente, die vielfach auch in den Entwürfen erkennbar werden.

Ohne in »Schubladen« einordnen zu wollen, lassen sich aus den Architektenporträts – mit fließenden Übergängen – durchaus einige Grundtypen von Entwerferpersönlichkeiten ablesen:

So gibt es einige, die aus sehr individuellem künstlerischen Verständnis und Gefühl heraus arbeiten. Die Ergebnisse sind oftmals eher expressiv, wie die Werke von Günther Domenig oder Hinrich Baller zeigen. Andere entwerfen auf der Basis eines stark theoretischen Überbaus und einer eigenen Entwurfsphilosophie, die häufig aus intensiver Beschäftigung mit der Baugeschichte erwächst. Zu dieser Gruppe gehören beispielsweise Josef Paul Kleihues und Max Dudler, deren Entwürfe formal diszipliniert und typologisch gebunden sind.

Im Gegensatz zu diesen beiden formbestimmt arbeitenden Gruppen gibt es eine Reihe von Entwerfern, die anscheinend ergebnisoffen an Entwürfe herangehen, auf der Suche nach individuellen Lösungen im Hinblick auf Wesen und Inhalt der jeweiligen Aufgabenstellung. Günter Behnisch sowie Fritz Auer und Carlo Weber gehören beispielsweise zu dieser Gruppe; in ihrer Arbeit ist oft auch der Hintergrund gesellschaftlich-sozialer Fragestellungen spürbar.

Es finden sich Entwerfer, die pragmatisch und logisch auf der Grundlage der Gesetzmäßigkeiten von Konstruktion, Material oder Nutzung zu ganzheitlichen Lösungen finden, wie Meinrad Morger, Heinrich Degelo und Benjamin Theiler. Einige thematisieren moderne Bautechnologien und energetische Entwicklungen, wie etwa Rainer Hascher und Sebastian Jehle, andere haben einen sehr eigenständigen formalen Stil mit Architekturelementen von individuellem Wiedererkennungswert entwickelt wie Mario Botta.

Die in diesem Buch vorgestellten zeitgenössischen Entwerfer repräsentieren mindestens zwei Generationen: die ältere, teils noch von Kriegserfahrungen geprägte und die jüngere, teils erst in der zweiten Hälfte des 20. Jahrhunderts geborene mit anderen Lebenserfahrungen. Ihre Entwurfsarbeit unterscheidet sich oftmals schon in den Arbeitsmitteln, vergleicht man etwa die Skizzen bei Gustav Peichl oder Hans Busso von Busse mit den Diagrammen und Visualisierungen derer, die mit den neuen Medien »aufgewachsen« sind, wie Markus Allmann, Amandus Sattler und Ludwig Wappner.

Gemeinsamkeiten
Vielleicht noch wesentlicher für Schlußfolgerungen zum Entwerfen sind gleichlautende Aussagen und Erkenntnisse der so unterschiedlichen Architektenpersönlichkeiten . So finden sich Gemeinsamkeiten in den Arbeitsabläufen (Frage 2). Generell wird unterschieden zwischen einer ersten Phase der konzeptionellen Arbeit, die den Hauptteil des Entwerfens ausmacht, und der anschließenden Ausarbeitungsphase. Die meisten Befragten folgen dem Schema der vier Stufen, wie sie Günter Behnisch benennt: Informationsphase, kreative Phase (»Brainstorming«), Bewertungsphase (Konzeptionsauswahl), Ausarbeitungsphase. Für fast alle sind Handskizzen und Arbeitsmodelle das überwiegende und bevorzugte Arbeitsmittel in der konzeptionellen Phase, da sie sehr schnelles und offenes Arbeiten ermöglichen. Der Zeichencomputer mit seinen Darstellungsmöglichkeiten wird dagegen in der Regel erst in der Ausarbeitungsphase zur Fertigung von Präsentationszeichnungen eingesetzt.

Trotz ihrer unterschiedlichen Temperamente arbeiten die Architekten offensichtlich zumeist sehr komplex, gleichermaßen

mit Verstand und Gefühl, um die vielfältige Aufgabe des Entwerfens zu lösen. Als Merkmale für einen gelungenen Entwurf nennen sie daher zumeist Ganzheitlichkeit und Vielschichtigkeit, und sie sind sich weitgehend einig darin, daß das Entwerfen der entscheidende Arbeitsschritt von höchstem Stellenwert im Planungsprozeß eines Gebäudes ist.

Schlußfolgerungen für das Entwerfen und den Entwerfer
Das Entwerfen von Gebäuden ist also ein sehr komplizierter Vorgang. Es stellt keineswegs nur eine einleitende Phase der Gebäudeplanung dar, wie es nach dem Leistungsbild der deutschen Honorarordnung für Architekten erscheinen könnte. Es ist vielmehr ein Prozeß ganzheitlich zusammenhängender kreativer Entscheidungen, der sich bis ins Detail des Bauwerkes erstreckt. Dieser Prozeß ist entscheidend für die Qualität eines Bauwerkes, denn er umfaßt die grundsätzlichen Planungsfestlegungen. Fehlentscheidungen in der Phase des Entwurfes haben weitreichende Folgen und können später im Detail kaum noch ausgeglichen werden.

Komplex ist das Entwerfen schon deshalb, weil oft mehrere Beteiligte und unterschiedliche Interessen zu vereinen sind, vor allem aber weil unterschiedlichste Anforderungen an das Gebäude erfüllt werden müssen: Der Entwerfer muß optimale Antworten finden auf Fragen zu Städtebau und Kontext, zu Funktion und Konstruktion, zu energetischen Aspekten, zur Gestaltung, zu Kosten und Wirtschaftlichkeit, aber auch Antworten zu den Bedürfnissen der Nutzer. Im Entwurf entwickelt sich aus all dem die spezifische Idee für ein Gebäude, der Leitgedanke im Kontext des Genius loci.

Die Anforderungen an einen Entwerfer, die dieser auch an sich selbst stellen muß, sind anspruchsvoll, entsprechend der Aufgabe. Dies zeigt die Vielfalt der Eigenschaften, die hier von einem guten Entwerfer erwartet werden, von fundierten Kenntnissen der Baugeschichte über sehr gutes technisches Verständnis bis hin zu künstlerischer Kompetenz. Wesentlich sind sicherlich die Fähigkeit zu ganzheitlichem Arbeiten mit Herz und Verstand, Engagement für die Aufgabenstellung sowie Offenheit, Phantasie und Vorstellungsvermögen für die Umsetzung von Visionen. Wesentlich ist die Kraft, Konflikte zu lösen, zwischen widerstrebenden sachlichen Anforderungen wie auch zwischen widerstrebenden Emotionen. Wesentlich ist die Fähigkeit zur Kommunikation, um komplexe Aufgaben auch im Team zu vermitteln und zu erarbeiten, die Entwürfe überzeugend zu vertreten. Schließlich ist es für einen Entwerfer unabdingbar, nach dem nötigen Brainstorming Entscheidungen zu treffen und Standpunkt zu beziehen. Der Begriff »Standpunkte« ist durchaus programmatisch im Untertitel zu diesem Buch – die Porträtierten haben ihn eindrucksvoll mit Leben erfüllt.

Auch die Öffentlichkeit und insbesondere Bauherren müssen erkennen, daß Gebäude nicht alleine nach den Gesetzen der Physik und der Geometrie errechnet werden können, sondern daß als wesentlicher, unverzichtbarer Schritt am Beginn eines Bauprozesses die ganzheitliche Entwurfsarbeit stehen muß. Diese verantwortliche und jeweils individuelle Entwurfsarbeit müssen Bauherren und Öffentlichkeit vom Gebäudeplaner einfordern, und sie müssen dafür Zeit, Budget und eigenes Engagement veranschlagen. Im komplexen Prozeß des Entwerfens werden nicht nur die Grundlagen für die Qualität unserer gebauten Umwelt gelegt. Der sorgfältige Entwurf ist auch eine Voraussetzung dafür, daß ein Gebäude in guter Haltung zum Kontext seine Funktionen im weitesten Sinne erfüllt und erst damit wirtschaftlich sein kann.

Die Anforderungen an ein Gebäude, die Vitruv und Palladio mit »Brauchbarkeit, Dauerhaftigkeit und Schönheit« benannten, lassen sich auch für unsere Zeit in logischer Fortschreibung definieren – die Voraussetzungen für ihre Erfüllung liegen in der qualitätvollen Entwurfsarbeit verantwortungsbewußter Entwerfer.

Anhang

Weiterführende Literatur
Die Architekten
Bildnachweis

Weiterführende Literatur

Allgemein zum Thema Entwerfen

Althaus, D.: Fibel zum konstruktiven Entwerfen. Bauwerk: Berlin 1999

Fuhrmann, P.: Bauplanung und Bauentwurf. Kohlhammer: Stuttgart 1998

Heisel, J. P.: Planungsatlas. Bauwerk: Berlin 2003

Joedicke, J.: Entwerfen und Gestalten. Krämer: Stuttgart 1993

Knauer, R.: Entwerfen und Darstellen. Ernst und Sohn: Berlin 2002

Neufert, E.: Bauentwurfslehre. Vieweg: Braunschweig 2000

Portmann, U. und C.D.: Vorschriftsgemäßes Entwerfen. Vieweg: Braunschweig 1997

Wilkens, M.: Architektur als Komposition – 10 Lektionen zum Entwerfen. Birkhäuser: Basel 2000

Speziell zu den beteiligten Architekten, Werkmonografien

Auer + Weber + Architekten: Works 1980–2003. Birkhäuser: Basel 2003

Behnisch, G.: Behnisch & Partner – Bauten und Projekte 1987–1997. Hatje Cantz: Stuttgart 1996

Blundell Jones, P.: Günter Behnisch. Birkhäuser: Basel 2000

Botta, M. The Cymbalista Synagogue and Jewish Heritage Center. 2001

Botta, M. Architectures 1980–1990. Gili: Barcelona 1991

Botta, M.: Ethik des Bauens. Birkhäuser: Basel 1997

Busse, H. B. von: Wahrnehmungen – Standpunkte zur Architektur. Krämer: Stuttgart 1990

Busse, H. B. von: Flache Dächer – nutzbare Flächen. Birkhäuser: Basel 1992

Busse, H. B. von: Gedanken zum Raum – Wege zur Form. Krämer: Stuttgart 1997

Dal Co, F. (Hrsg.): Mario Botta – Architetture 1960–1985. Electa: Mailand 1985

Frank, Charlotte (Hrsg.): Axel Schultes, Kunstmuseum Bonn. Ernst und Sohn: Berlin 1994

Frank, Charlotte (Hrsg.): Axel Schultes. In: Bangert Jansen Scholz Schultes. Berlin 1992

Gerkan, M. von: Von Gerkan, Marg und Partner: Architecture 1997–1999. Birkhäuser: Basel 2000

Gerkan, M .von: Von Gerkan, Marg und Partner: Architecture 1999–2000. Birkhäuser: Basel 2002

Gerkan, M. von: Von Gerkan, Marg und Partner: Architecture 2000–2001. Birkhäuser Basel 2003

Gerkan, M. von: Modell virtuell. Ernst und Sohn: Berlin 2000

Kleihues, J. P., und Shkapich, K. (Hrsg.): Josef P. Kleihues – The museum projects. Rizzoli: New York 1989

Mesecke, A., und Scheer, Th. (Hrsg.): Josef Paul Kleihues – Themen und Projekte. Birkhäuser: Basel 1996

Mesecke, A., und Scheer, Th. (Hrsg.): Josef Paul Kleihues – Museum of Contemporary Art Chicago. Gebr. Mann: Berlin 1996

Molinari, L.: Mario Botta – Öffentliche Bauten 1990–1998. Hatje Cantz: Stuttgart 1998

O´Reagan, J. (Hrsg.): Josef Paul Kleihues. Landon Press: Dublin 1983

Pizzi, E.: Mario Botta. Birkhäuser: Basel 1998

Schmidt, J.-K., und Zeller, U. (Hrsg.): Behnisch & Partner – Bauten 1952–1992. Hatje Cantz: Stuttgart 1992

Schneider, F.: leonwohlhage – Bauten und Projekte 1987–1997. Birkhäuser: Basel 1997

Schultes, A., und Frank, Ch.: Kanzleramt Berlin. Edition Axel Menges: Stuttgart/London 2002

Steiner, P.: Steidle + Partner: Michaelisquartier. Junius: Hamburg 2002

Waechter-Böhm, L. (Hrsg.): Carlo Baumschlager – Dietmar Eberle. Springer: Wien 1996

Waechter-Böhm, L. (Hrsg.): Carlo Baumschlager & Dietmar Eberle – Über Wohnbau. Springer: Wien 2000

Waechter-Böhm, L. (Hrsg.): Baumschlager & Eberle, Bauten und Projekte 1996–2002. Springer: Wien 2003

Weiß, K.-D.: Von Gerkan, Marg & Partner: Unter großen Dächern. Vieweg: Braunschweig 1995

Wefing, H.: Gustav Peichl – Münchner Kammerspiele, Neues Haus. Edition Axel Menges: Stuttgart/London 2002

Die Architekten

Allmann, Sattler, Wappner – Architekten
Bothmerstraße 14
80634 München
T 089-13992530,
F 089-169263
eh@allmannsattlerwappner.de

Auer + Weber + Architekten
Prof. F. Auer, Prof. C. Weber
Haussmannstraße 103 A
70188 Stuttgart
T 0711-268404-0,
F 0711-268404-88
stuttgart@auer-weber.de

Hinrich Baller, Doris Baller
Lietzenseeufer 8
14057 Berlin
T 030-3221713,
F 030-3227145

B & E Baumschlager-Eberle GmbH
Lindauerstraße 31
6911 Lochau, Österreich
T 0043-5574-43079,
F 0043-5574-43079-30
office@be-g.com

Behnisch + Partner
Gorch-Fock-Straße 30
70619 Stuttgart
T 0711-47656-0,
F 0711-47656-56
bp@behnisch.com

Bothe, Richter, Teherani
Oberbaumbrücke 1
20457 Hamburg
T 040-4440543,
F 040-44405443
info@bt-design-ag.com

Mario Botta Architetto
Via Ciani 16,
6904 Lugano, Schweiz
T 0041-91-9728625,
F 0041-91-9701454
mba@botta.ch

Stephan Braunfels Architekten
Kochstraße 60
10969 Berlin
T 030-253760-0,
F 030-253760-50
sba-berlin@braunfels-architekten.de

Prof. H. B. von Busse
Nederlinger Straße 4
80635 München
T 089-1595234,
F 089-155731

Delugan_Meissl
Mittersteig 13/4
1040 Wien
T 0043-1-5853690,
F 0043-1-5853690-11
delugan@xpoint.at

Günther Domenig
Jahngasse 9
8010 Graz
T 0043-316-827753,
F 0043-316-827753-9
offive@domenig.at

Max Dudler
Oranienplatz 4
10999 Berlin
T 030-6151073,
F 030-6145071

gmp von Gerkan, Marg & Partner
Elbchaussee 139
22763 Hamburg
T 040-88151-0,
F 040-88151-177
Hamburg-E@gmp-architekten.de

Hascher + Jehle
Otto-Suhr-Allee 59
10585 Berlin
T 030-347976-50,
F 030-347976-55
s.bockhop@hascherjehle.de

Kleihues + Kleihues
Prof. J. P. Kleihues
Helmholtzstraße 42
10587 Berlin
T 030-399779-0,
F 030-399779-77
berlin@kleihues.com

Léon Wohlhage Wernik Architekten
Windscheidstraße 18
10627 Berlin
T 030-327600-0,
F 030-327600-60
post@leonwohlhagewernik.de

Prof. Christoph Mäckler
Opernplatz 14
60313 Frankfurt
T 069-285707,
F 069-296289

Morger & Degelo Architekten
Spitalstraße 8
4056 Basel
T 0041-61-2699545,
F 0041-61-2699546
mail@morger-degelo.ch

Prof. Gustav Peichl
Opernring 4
1010 Wien
T 0043-1-5123248,
F 0043-1-5123248-71

Schneider + Schumacher
Westhafenplatz 8
60327 Frankfurt
F 069-256262-62,
F 069-256262-99
office@schneider-schumacher.de

Schweger + Partner
Valentinskamp 30
20355 Hamburg
T 040-35095977,
F 040-35095995
info@asp-architekten.de

Axel Schultes Architekten
Lützowplatz 7
10785 Berlin
T 030-230888-0,
F 030-230888-88
asa@schultes-architekten.de

Steidle + Partner
Genter Straße 13
80805 München
T 089-3609070,
F 089-3617906
architekten@steidle-partner.de

Jan Störmer Architekten
Michaelisbrücke 1
20459 Hamburg
T 040-369737-0,
F 040-369737-37
info@stoermer-architekten.de

Der Autor
Peter Lorenz, Dr. Ing., Architekt, geb. 1955 in
    Stuttgart
Studium in Stuttgart und Berkeley, USA;
    Stipendiat der Studienstiftung des
    Deutschen Volkes
1985 Promotion bei Prof. Jürgen Joedicke,
    Stuttgart; Preis der Freunde der Universität
    Stuttgart
Seit 1982 als Architekt in Esslingen und
    Stuttgart mit den Schwerpunkten
    ökologischer und energiesparender
    Wohnungsbau, Planen und Bauen für alte
    Menschen, Gewerbebau, Verwaltungs- und
    Bankenbau
Seit 1999 Dr. Lorenz – Architekten in Esslingen
Zahlreiche Wettbewerbserfolge,
    Projektentwicklungen und realisierte
    Bauten

Neben der eigenen Planungspraxis:
    Beratungstätigkeit, Seminare und
    Workshops zu Themen des Planens und
    Bauens, unter anderem zu Fragen des
    konzeptionellen Entwerfens und der
    Projektpräsentation
Diverse Beiträge in Fachzeitschriften und
    eigene Fachbuchveröffentlichungen

Kontakt:
Dr. Lorenz – Architekten
73730 Esslingen, Alleenstraße 39, Tel.
    0711/93082031, Fax 0711/93082010
73732 Esslingen, Camererweg 26, Tel.
    0711/373764, Fax 0711/3707714
e-mail: lorenz86@t-online.de

Bildnachweis

Alle Skizzen und Planzeichnungen wurden von
den Architekten zur Verfügung gestellt,
deren Entwerferporträt sie zugeordnet
sind. Die Skizzen in »Zehn Fragen –
zweihundertfünfzig Antworten« (Seite 138
bis 151) stammen von Christoph Mäckler.

Die hier reproduzierten Fotografien wurden von
den porträtierten Architekten zur Verfügung
gestellt; sie stammen von folgenden
Fotografen:

Bild Seite   Fotograf

10 Andre Mühling
16 Christian Kandzia
17 Christian Kandzia
18 Roland Halbe
19 Thomas Gotschall
20 Udo Hesse
22 Archiv Architekten Baller
25 Archiv Architekten Baller
26 Helene Waldner
28 Eduard Hueber
29 Eduard Hueber
30 Christian Kandzia
33 Christian Kandzia
35 Christian Kandzia
36 Archiv Architekten BRT
38 Christoph Gebler
40 Christoph Gebler
41 Christoph Gebler

42 Remy Steinegger
44 Pino Musi
46 Pino Musi
47 Nicolas Eccher
48 Uwe Rau
49 J. Weber
51 J. Weber
52 Annemarie Antippas
53 Archiv Architekt von Busse
56 Archiv Gartner
60 Miguel Dieterich
61 Archiv Architekten Delugan-Meissl
63 Archiv Architekten Delugan-Meissl
64 Ferdinand Neumüller
67 Gerald Zugmann
68 Florian Bolk
69 Stefan Müller
70 Stefan Müller
71 Stefan Müller
74 l Werner Pawlok
74 r Hugo Jehle
77 Svenja Bockhop/Hascher
     Jehle Architektur
78 Svenja Bockhop/Hascher
     Jehle Architektur
79 Werner Pawlok
80 Udo Hesse
84 Helene Binet
85 Helene Binet
86 Gitty Darugar
87 Christian Richters
88 Christian Richters

90 Wilfried Dechau
93 Christoph Lison
94 Ute Karen Seggelke
95 Müller
99 Fuxing Studio
100 Ruedi Walti
101 Ruedi Walti
102 Ruedi Walti
103 Ruedi Walti
104 Archiv Architekt Peichl
106 Archiv Architekt Peichl
107 Oszwald
108 Wilfried Dechau
109 Jörg Hempel
110 Jörg Hempel
112 Mathias Bothor
113 Archiv Axel Schultes Architekten
114 Archiv Axel Schultes Architekten
115 Archiv Axel Schultes Architekten
116 Archiv Architekten Schweger
118 Bernhard Kroll
119 Heiner Leiska
122 Das Haus
123 Archiv Architekten Steidle
124 Petra Steiner, Berlin
127 Franziska v. Gagern, München
128 Erika Dembrowsky, Mailand
129 Jan Störmer Architekten
130 KME Dirk Robbers
133 Ewald Glesmann, München
134 Christian Kandzia
135 Dr. Ulrich